中国文化传统在现代化进程中的
传承与转化研究

曹 丽 杨胜荣 著

人 民 出 版 社

目 录

下　编　传统与现代性的交融：当代中国文化图景

绪　论

　　本书的主题是考察文化传统在中国现代化进程中传承、转化的方式和途径，论述的视角，则是以两个世纪之交（19 世纪末 20 世纪初、20 世纪末 21 世纪初）的时代变革和社会思潮为背景，解读若干社会观念和知识分子探索中国现代性的思想话语。围绕本书的主题和视角，绪论主要阐述两个问题：第一，如何从中国现代化的历史脉络和西方现代性的思想演变出发，阐释"中国现代性"的意涵？第二，如何理解文化传统对于中国现代性构建的意义和价值？

一、中国现代化的历史脉络与文化内涵

　　中国的现代化包含着双重目标：形成现代中国的"社会世界"（社会秩序）与"意义世界"（心灵秩序）。从前者来看，是中国从悠久深厚的农耕社会向工业社会的变迁，作为"物质生活过程"的现代化，是源自欧洲、扩及全球的人类发展趋势，现代科技和工商业，强烈影响了二百多年以来的人类生活现实，中国当然也不例外。从后者来看，则关涉中国人在现代化进程中的文化意识和生活方式，如何既是"中国的"又是"现代的"。

中国现代化的"特殊历史规定性"与世界意义

　　中国作为一个具有数千年农业文明传统的东方大国，随着 19 世纪资本主义工业化和世界交往的全球扩张，被强行纳入现代化的世界进程之中，因

此，现代化的启动和殖民化的加深是同步进行的。中华人民共和国成立之后，苏式社会主义现代化又在中国打下了深深的烙印。这双重背景构成了中国现代化的"特殊历史规定性"。

对于现代化的后来者而言，首要的任务是如何在实现现代转型的同时摆脱依附性发展和边缘地位。第二次世界大战前后，殖民地、半殖民地国家争取民族独立、统一的解放运动，造成全球殖民体系的崩解和第三世界民族国家的兴起。以政治殖民化的终结为前提，以强有力的国家机器为依托，以工业化和经济增长作为自主发展的目标，是二战以后发展中国家的普遍特征。中国的现代化，正是在这一历史背景下展开的。从19世纪后期至20世纪初，中国进行了洋务运动、维新运动、清末新政和辛亥革命等内部变革，试图从生产技术和社会体制的层面上走西方式的现代化道路，摆脱外力侵逼之下日益贫弱的困境，并试图克服传统王朝体制衰败和解体引发的社会动荡。然而，这些革新举措都没有达到目的，未能阻止中国社会危机的进一步恶化：一方面，皇权终结了，取而代之的是军阀割据，战乱不已，整体的社会动员和组织内聚功能无从发挥，更不能有效地抵抗外力；另一方面，城市工业化在依附、半依附和传统体制的制约下进展极其缓慢，而广大乡村的小农经济受外来资本主义的冲击面临破产，内部商品化程度和农业资本主义因素受到抑制，旧的经济结构、生活方式和思维方式没有从根本上被触动。民国初年，当社会危机集中表现为政治危机并且愈演愈烈时，"重建国家"成为压倒一切的时代课题。马克思主义、中国共产党以及中国的社会主义运动，便是在这样的形势下登上历史舞台，通过与国民党的一系列政治和军事斗争，完成了民族的初步统一、独立和政权中心重建的任务。这一任务之所以能实现，关键在于中国共产党最大限度地顺应中国近代以来的民族主义历史潮流，并成功地动员、组织了占中国绝大多数人口的农民力量。在这一过程中，中国的工业建设和现代经济增长的成效极其有限，但中国共产党领导下民族民主革命的成功，为中国被延迟的现代化创造了新的历史条件。

中华人民共和国成立之后，中国共产党人始终致力于将中国从农业国转变为工业国，视之为当务之急。1956 年在中国初步建成的社会主义制度，是革命的国家政权，按照其所理解、认同的社会主义意识形态和价值观，重构生产关系和社会结构。与此同时，这也是推动现代生产力和经济增长的非资本主义发展模式。因此，通过社会主义改造而建立的制度，包含着"社会主义"和"现代化"的双重逻辑。从社会主义的逻辑来看，在实践中推行国有化以及加速农业集体化，被赋予了社会主义的目标取向，与资本主义相对抗，追求社会平等、公正，缩小社会贫富差距；取消现存社会中的资本主义因素，其目的是在工业化过程中建立社会主义的制度结构。从现代化的逻辑来看，作为对欧美资本主义工业文明的突破，社会主义现代化开创了另一条通向工业社会的道路："通过国家有计划地发展以国营企业和集体化农业为主导的国民经济，为突出国防现代化而走优先发展重工业的工业化道路，以高于资本主义的发展速度赶超发达国家。"[①] 欧美资本主义现代化和社会主义现代化，尽管政治制度、生产关系和社会结构、意识形态和价值观迥异，但作为生产的物质技术基础的工业生产方式是相似的，只有发展程度上的差别。

苏联解体，并不表明社会主义现代化发展道路的终结。中国改革苏式社会主义体制，经过四十多年的探索，在实践中走出了一条在经济成就和发展效率上超越资本主义工业文明黄金时期的中国式现代化道路。从非西方世界的现代化运动来考察，中国现代化的实践，是对苏联和中国赶超型现代化的继承和发展，形成了既不同于资本主义现代化也不同于赶超型现代化的一种现代化新模式。

作为现代化发展模式的制度结构的基本特征，主要体现在所有制、经济运行机制和国家权力结构三个方面。与赶超型现代化相比较，中国式现代化对传统社会主义的所有制和经济运行机制进行改革，在其中，商品、货币、市场、资本、利润的含义发生了变异，成为一种社会主义现代化的生产要素。与欧美资本主义现代化模式相比较，中国式现代化一方面继续保持国家

---

① 罗荣渠：《现代化新论》（增订本），商务印书馆 2004 年版，第 165 页。

政权对经济社会的主导性影响，另一方面通过调整国家与社会的关系、推进治理体系现代化，从而使体制外民营企业家，以及为改善物质生活条件而投身商业大潮的亿万普通民众，成为改革开放以来中国经济增长和社会发展的推动者。

农业文明向工业文明的世界历史性变迁，西欧的经验无疑是一个"巨型范例"，现代生产方式与资本主义生产关系的结合，构成这一现代化模式的核心，并由西欧向全球各个国家和地区广泛传播，具有世界性影响。中国经验的意义在于，"历史向世界历史的转变"，源于西欧的资本主义现代化并非是唯一的路径或模式，中国现代化的实践创新，正在构成另一个"巨型范例"。进而言之，从工业化、商业化和都市化内生的现代化"负效应"，到资本主义社会经济形态特有的矛盾，都指向现代工业生产方式与未来生产关系、生活方式和政治制度相结合的另一种方式或可能性，中国式现代化的世界历史意义，是在解决自身发展方式面临的矛盾和挑战的同时，找到一条走出资本主义工业文明内在对抗的道路。

中国现代化的文化内涵：一个历史学家的困惑与追问

中国 19 世纪后期以来的现代转型，首先是物质技术基础由农耕生产方式向工业生产方式的结构性变迁，与此同时，中国延续数千年的政治经济制度、文化价值理念和日常生活结构也随之裂变，呈现为"古今中西之争"。传统的政治经济结构在外力冲击下逐渐解体，传统文化赖以生长的社会根基被抽空，文化秩序与政治—经济秩序的同构关系被打破，进而引发文化价值理念的危机。在这种背景下，不仅一个一个的人成为中西文化的战场，而且整个社会也成为中西文化的战场，[①] 古、今、中、西纷然杂陈，一部分事物用西方文化解释，另一部分用传统文化解释；一部分问题用西方的方法解决，另一部分用传统的方法解决，社会、历史、自然、人生得不到统一的解

---

① 殷海光：《中国文化的展望》，中国和平出版社 1988 年版，第 215—216 页。

释，缺乏共同的价值根基。中国近代以来的"变"与"不变"，对于阅史观世者来说，由此成为巨大的困惑。

2005 年的"北京论坛"上，历史学家茅海建在发言中指出中国近代政治史和社会史研究在结论上的差异：政治史描述了日新月异的百年革命，在西方新思想、新技术导入后，中国城市、教育、学术、工业、金融业等方面的"现代化"；而社会史描述的却是社会结构与社会生活的千年不变，在中国近现代出现的所有新事物中，社会历史学家们都指出了其内在的或背后的传统因素，甚至指明了传统因素所起到的主导作用。对政治史研究更大的挑战，来自中国近代文化史研究的一个重要结论：中国就是中国，没有必要去往西方方向上"变"，如果有变化，也只能是在中国文化本身轨道上的变化，西方的因素不可能变为主体；中国文化没有必要变成西方文化的一部分，也不可能变成西方文化。① 对此，他讲述了自己的切身感受：

> 我在北京大学这一中国西方化标志性的文化部门上课时，睁开眼睛所见到的一切物质层面的东西，都是西式的，而看不到中国的传统，包括房子、课室、电脑、桌子等等的一切；但当我闭上了眼睛时，内心中所感受到的一切，又都是中国的，一点也都不西方，这些都是观念层面的东西。我们所有的社会变化，都是在我们自己的观念指导下进行的；我们的观念大多是中国的，相当部分是中国传统的；那么，我们的社会变化又是怎样地一次又一次地离开了自己的观念，变成"西方"模式的"现代化"的呢？②

2008 年，在纪念先师陈旭麓的文章里，茅海建述及学生时代跟老师之间的一次对吵：他主张以西化东，陈先生不同意，认为西化不了东。"现在

---

① 茅海建：《依然如旧的月色——学术随笔集》，生活·读书·新知三联书店 2014 年版，第 30—31、33 页。
② 茅海建：《依然如旧的月色——学术随笔集》，生活·读书·新知三联书店 2014 年版，第 33 页。

我的年龄大了，感到了陈先生的正确，西确实化不了东。'夷'入夏后，会有多种形态的异化"①。

在我们看来，茅海建先生的困惑和追问凸显了中国现代化的文化内涵：化解生活世界的分裂状况，确立现代中国人的安身立命之道。农耕生产方式向工业生产方式的转变，是身处"现代"（the modern age）的人最基本的生活境遇。农业文明是地方性的，工业文明则是世界性的，由于"产生了以往人类历史上任何一个时代都不能想象的工业和科学的力量"（马克思语），历史发展第一次显示出一种全球性的趋势。在工业化和经济全球化时代，中国人、美国人、日本人等都是无法分割的你—我、你们—我们，有相似的生存状态、共同维护的行为准则和共同遭遇的生活困境。如何"安身"，当今地球上的人们日益趋同或者不得不寻求共处之道。至于"立命"，即获得精神寄托，则有不同的历史记忆和价值选择。非西方社会的现代化，从来就不是"文化中立"的。在多数的情况中，民族文化，特别是有深厚底蕴的民族文化，总是对西方现代化的经验和蓝图作选择性地接受，且加以改造，由此形成了多元性的"文化转型"②。处身于现代化的物质生活和社会世界之中，除了对现代情境的基本认同，对当下的中国人而言，或许还需要一种能真切体验到的、与自身文化传统息息相关的精神信念，如此方可谓"立命"。

二、欧美文化语境中的"现代性"与"现代性问题"

"现代性"（modernity）是一个广泛流传同时又缺乏明确界定的概念。在我们看来，广义的现代性指称根源于欧洲的现代文明秩序，特别是以制度和文化规划为核心的整体结构；狭义的现代性，是对"现代现象"或"现代情境"

① 茅海建：《依然如旧的月色——学术随笔集》，生活·读书·新知三联书店2014年版，第2页。
② 金耀基：《论中国的"现代化"与"现代性"——中国现代的文明秩序的建构》，载《金耀基自选集》，上海教育出版社2002年版，第86—87页。

的一种觉悟，表征"现代意识"或"现代观念"。无论是社会现代化，还是与社会现代化进程相伴而生的理念形态，其演化早已超出欧洲的范围，成为全球性现象，在此意义上，"并没有与欧美的现代性绝然不同的中国的现代性"，对中国现代性的考察，需"带着中国问题进入西方问题再返回中国问题"。①

对于广义现代性的历史逻辑及其影响，刘小枫作了简要概述："现代现象本质上是源于西欧文化基因的社会演化，资本主义和社会主义的政治、军事、经济和理念的扩张，使现代现象与欧洲古代社会形态和理念形态出现裂痕。与此同时，现代资本主义和社会主义的经济制度和文化制度之演化，导致西欧文明以外的其他民族—地域的社会和理念随之发生现代性裂变，构成了二十世纪生活世界的基本现实。"②狭义的现代性，在观念层面体现为两种激进的现代意识：启蒙主义的现代性和审美主义的现代性。哈贝马斯指出，自法国启蒙运动之后，欧洲人出于对科学的坚定信念，相信"知识无限进步、社会和道德改良无限发展"，形成一种企图摆脱所有特殊历史束缚的现代意识，"在传统与现代之间造成了一种抽象的对立"。③审美主义的现代性在波德莱尔的生活与书写中得到典型体现，他将现代性定义为"短暂、飞逝、偶然"，企图"从流行的东西中提取出诗意的东西，从飞逝中抽出永恒"，这种"注重现在，当下即是"的生存体验和生活态度，不仅影响了先锋派艺术，而且渗透到日常生活领域之中，形成一种"瞬间化的生活制度"，由"先锋"变为时尚。④

无论是现代文明的演化还是现代意识的扩展，始终都没有摆脱危机，因此，现代性的建构同时也是"现代性问题"的弥散化过程。对资本主义现代化危机与现代意识危机最尖锐的反思与批判，迄今为止依然来自欧美的思想

---

① 刘小枫：《现代性社会理论绪论》，上海三联书店1998年版，第3页。
② 刘小枫：《现代性社会理论绪论》，上海三联书店1998年版，第2页。
③ 哈贝马斯：《现代性：一项未完成的方案》，收入汪民安、陈永国、张云鹏主编：《现代性基本读本》，河南大学出版社2005年版。
④ 参见丹尼尔·贝尔：《资本主义文化矛盾》，生活·读书·新知三联书店1989年版；唐文明：《与命与仁——原始儒家伦理精神与现代性问题》，河北大学出版社2002年版，第74—77页。

家和学者。① 马克思阐明了"资产阶级社会"经济形态内在矛盾的对抗性，以及"资本的统治"所形成的异化劳动和商品拜物教，在资产阶级社会内部无法克服。涂尔干关注工业社会中的"社会关系"危机，即社会结合的丧失和个体人格完整性的解体。韦伯关于现代性即理性化的阐述，与 18 世纪启蒙时代思想家对"理性法庭"的见解之间关键的差异，是他对工具理性扩张与价值理性分裂后果的悲剧性洞察。工具理性在科技、经济和政治领域的渗透与扩展，形成了理性化的"铁笼"——韦伯的这一思想，影响了法兰克福学派与后现代主义对启蒙理性的全面批判。主体观念是现代意识的核心。在欧洲文化语境中，贯穿于文艺复兴、宗教改革和启蒙运动的"人的解放"，表征的是从中世纪神权理性的独断中获得解放，确立人的主体地位。围绕超越、修正抑或克服现代性，在当代欧美文化语境中形成了三种思想话语。后现代思潮试图超越现代性的主体观念，不过，所谓"后现代性"只是现代性的延伸，实际上构成了现代性论述的一个激进的变种。② 以哈贝马斯等社会理论家为代表，则在反思启蒙理性的同时坚持现代性的正当性，认为现代性的制度和文化方案依然是未完成的，需要重新规划。而列奥·施特劳斯、沃格林等 20 世纪欧美反启蒙主义的保守主义思想家，通过阐释西方传统之前现代思想或理性的"古典经验"，试图从精神上克服现代理性主义的虚妄。尽管哈贝马斯与列奥·施特劳斯、沃格林在思想立场上相互对立，但他们的思想开启了重新考察"现代"与"传统"、"现代性"与"古典性"内在关联的致思路向，对于当下现代性问题的探讨具有特别重要的意义。

针对丹尼尔·贝尔关于资本主义文化矛盾的论述，哈贝马斯认为新保守主义错误地将资本主义经济与社会现代化所造成的负担归咎于文化现代性，

---

① 哈贝马斯认为，黑格尔是第一个意识到现代性问题的哲学家，他发现了主体性原则的片面性，洞察到"以主体为中心的理性"所导致的传统伦理生活总体性的分裂，但黑格尔所创立的启蒙辩证法的原则，依然是在主体哲学的框架内来克服主体性。参见哈贝马斯：《现代性的哲学话语》，译林出版社 2005 年版。

② 参见尚杰：《现代性与后现代性的基本特征》，载《中国社会科学报》2022 年 5 月 30 日。

在他看来，对现代性方案的怀疑和绝望，根源于经济与行政的合理性标准对"社会生态系统"和"历史的沟通性基层机构"的侵蚀，导致生活世界的分裂——日常生活实践中认知、道德—实践与美学—表现之间"不受约束的相互作用"已遭到了破坏，文化的现代性或现代主义知识分子的生活态度在这一过程中只是扮演了中介的角色。① 问题不在于放弃现代性方案，而是应当以"交往理性"重建生活世界的统一性：首先，需要一种社会改良运动，使社会现代化也可以被引向其他非资本主义的方向，并且生活世界可以在经济和行政体系的内部动力学之外独立地发展自身的体制；与此同时，将现代文化与传统中有活力的、积极的遗产重新联系起来，因为"现代"乃是与古典性的过去息息相关的一种时代意识，这种时代意识是通过更新其与古代的关系而形成自身的。哈贝马斯以"交往理性"为核心的现代性社会理论建构，可以说是一项旨在拯救主体性的努力，他所强调的"健全的理性"或理性的整全性，实质上是主体的社会性：个体是在与他人的交互关系中获得界定的。至于在重建生活世界的统一性中如何将现代文化与传统重新联系起来，哈贝马斯明确反对丹尼尔·贝尔等新保守主义思想家关于宗教复兴的主张，认为日常生活实践"会因为纯粹的传统主义而变得赤贫"。在我们看来，现代性并不能被归结为"被解放的传统"或"传统的现代性"，② 而是超越传统

---

① 对社会现代化与文化现代性关系的看法，表明哈贝马斯理论立场的历史唯物主义渊源，尽管他也承认文化现代性有其独立于资本主义经济政治结构的内在困境。换言之，现实与观念之间是辩证式相互作用、相互渗透和融合的关系，"社会实践总是不断地受到关于这些实践本身的新认识的检验和改造，从而在构成上不断改变着自己的特征"（参见吉登斯：《现代性的后果》，译林出版社 2002 年版）。

② "现代性要想成功地继承传统中有活力的、积极的遗产，必须通过现代性本身的原则将古典性吁请回来，即通过追认将古典性本真化——本真化是一个现代原则，是吁请传统的惟一的方式——从而成全传统的现代性"。传统的现代性应当同时具备古典性、现代性和后现代性。后现代性确立将来的首要性和在时间中的本源地位；古典性贞定一个"真正的过去"的意义和价值；现代性则把执关键的现在，作为存在显现自身的一扇永恒的窗口（参见唐文明：《与命与仁——原始儒家伦理精神与现代性问题》，河北大学出版社 2002 年版，第 83、96 页）。

与现代抽象对立的意识，立足于作为生活现实的"现代情境"，对传统中有活力的、积极的遗产加以确认和择取，使之进入现代人的生命体验和意义架构之中，以此充实现代意识。

列奥·施特劳斯和沃格林同为坚守保守主义立场的政治哲学家，他们从观念史的视角展开对现代性的批判。列奥·施特劳斯思想的立足点是关于古典德性概念的阐释。他心目中古典时代的政治哲学意指：普遍确信人能够知道什么是对的，什么是错的；能够知道什么是正义的（just）或者好的（good）或者最好的（best）社会秩序。这是一种基于自然法的人性观念和政治秩序理念。

> 一切自然存在者，至少是一切有生命的存在者，都指向一个终极目的、一个它们渴望的完善状态；对于每一特殊的自然本性（nature），都有一个特殊的完善状态归属之；特别地，也有人的完善状态，它是被人（作为理性的、社会的动物）的自然本性所规定的。自然本性提供标准，这个标准完全独立于人的意志，这意味着自然本性是善的。人具有整体之内的特定位置，一个相当崇高的位置。但他是由于自然本性而占据这个位置的；人具有的是秩序之中的位置，但他并未创制这个秩序。人的权能是有限的，人无法克服其自然本性界限。我们的自然本性是以多种方式被奴役着的（亚里士多德语），或者说，我们只是众神的玩物（柏拉图语）。这个界限尤其显示于机运之无法逃避的权能之中。善的生活便是按照自然本性去生活，这意味着安于特定的界限；德性在本质上就是适度（moderation）。①

以马基雅维里和霍布斯、卢梭及其德国古典哲学后继者尼采和马克思为

---

① 列奥·施特劳斯：《现代性的三次浪潮》，收入《现代性基本读本》，河南大学出版社 2005 年版。

代表的现代性的三次浪潮，深刻地改变了西方的精神趋向，以"人是自己命运的主人"这一现代性观念，拒绝古典德性概念，以之构成欧洲自由民主制的理念。然而，这种相信理性的权能（power）的现代文化，在其演化过程中却从相对主义走向虚无主义，正如斯宾格勒在第一次世界大战即将结束时出版的《西方的没落》一书中所指证的那样，"现代西方人再也不知道他想要什么——他再也不相信自己能够知道什么是好的，什么是坏的；什么是对的，什么是错的"。由此来看，西方现代性的危机就是主体性观念和理性主义的危机。

与此相似，沃格林拒绝关于理性的现代经验，通过对启蒙时代的批判和反思，回归欧洲文化传统中关于理性的古典经验，以此拯救"失控的现代性"。沃格林认为，在古典哲人那里，"理智意义上的理性被发现既是塑造秩序的力量，又是评价秩序的标准"。在对哲人自身的观照中，哲人认识到，"人并非自我创造的、自足的存在者，其生存的起源与意义均不在于自身。……从对这种生活的经验中涌现出令人好奇的问题：所有的实在，尤其是他自身的实在的终极本原（即 aitia 或 prote）是什么？"对这个问题的认识在哲人的心灵中带来了不安，进而在古典哲人那里转化成对一种与城邦既有生活迥然不同的生活的向往。他们发现，更值得过的生活是，"作为发问者，追问从哪来、到哪去之类的问题，追问他的生存的本原与意义"①。在沃格林看来，古典哲人的这种理性经验，乃是对来自超越的牵引、来自开端的压力，即对"神性实在"的回应，正是在人的心灵对神性实在的回应、参与中，真正的人性得以形成。然而，现代的启蒙理性强调人的主体性，对科学设置了"对于形而上学的禁忌"，在此禁忌的限制下，"实在的神性本原"这样的话题被排除在科学之外。另外，为了弘扬人本主义（humanism）的立场，启蒙对人的欲望、激情进行了正当化论证，使人性缩减为贪欲自我，并助长了人在政治、社会生活领域的权势欲。由于现代人"谋杀上帝"，拒绝参与

---

① 沃格林：《理性：古典经验》，载《思想与文化》第 29 辑，华东师范大学出版社 2023 年版。

由人进行的、神在其中作为伙伴的对话，被启蒙释放了对自由之渴求的人们面临着一个难解的问题：个体的生存总是有限的，来自无定深处的压力总是使经过启蒙而充满自主意识或主体性认知的人面临着归于虚无这一前景。①

观念论的立场，如哈贝马斯所言，是否混淆了社会现代化与文化现代性之间的区分，并夸大了精神气质、生活态度对现实的经济政治制度和日常生活结构的影响？这一质疑不仅针对丹尼尔·贝尔，同样适用于列奥·施特劳斯和沃格林。不过，二者的思想仍然具有启发意义。首先，他们的批判，揭示了现代性在意义架构上面临的最大问题，是人的神化与人的物化的两极化趋势。源于"西方现代性"的科学主义、功利主义、物质主义和虚无主义在人伦实践、政治和社会生活领域的渗透，使现代性本身成为一个问题乃至病灶。其次，尽管列奥·施特劳斯的意图是恢复自然法传统中的古典德性观念，沃格林则回归古典哲人的理性经验，但他们也意识到，作为生存处境或生活现实的"现代"是无法拒绝也无法摆脱的。列奥·施特劳斯指出，对理性的现代信仰是自由民主制度危机最深刻的原因，但"理论危机并不必然导向实践危机"，"自由民主制的有力支持来自一种决不能被称为现代的思之方式：我们西方传统之前现代思想"。沃格林承认，"以神性实在为目标"的生活绝非人们唯一可能的生活。"当人体验到自身的生存时，人并非无形体的、由理性塑造其秩序的心灵。他通过其身体参与有机的、动植物的实在，也参与到物质领域之中；在其心灵中，他不仅体验到朝向秩序的理智运动，而且体验到来自各种激情的牵引"。身体、心灵，激情、理性，这些因素从不同方向作用于人，它们之间的此消彼长形成了多种多样的生活方式。换言之，激情、贪欲无法从人的生存中取消，而"里比多反抗逻各斯"（舍勒语）或许正是"现代"的命运。列奥·施特劳斯和沃格林洞察到西方现代性所面临的精神困境，他们共同的诊断是汲取欧洲古典文明中蕴含的精神信念，拯救现代人的心灵秩序。对于非西方国家和文明而言，这一点同样具有现实的紧

---

① 叶颖：《反启蒙者沃格林》，载《思想与文化》第 29 辑，华东师范大学出版社 2023 年版。

迫性：在现代化进程中重新确认与自身文化传统的精神关联。

三、"中国现代性"的正当性与边界意识

"中国现代性"这一概念包含两个紧密联系同时又有所区别的构成要素：现代性在中国与中国的现代性。前者意指在中国现代化进程中，现代生产力要素和现代化的文化要素都是从欧美国家移植或引进的。[①] 无论是广义的中国现代文明秩序，还是中国现代文化价值观，其直接渊源是西方现代性。贯穿于社会行动，成为社会制度正当性基础的工具理性、个人权利和民族认同意识，[②] 尽管脱胎于欧洲从中世纪到近代社会形态和理念形态的历史性转化，但已逐渐成为现代社会的基本价值。后者则意指现代化的文化要素并非一个简单的移植过程，同时还涉及中国自身社会结构和文化背景的转化，以及中国的现代化实践在生活方式、制度模式、价值理念等方面对于人类现代历史进程的贡献。因此，"中国现代性"表征对西方现代性的批判性汲取，以及"特殊"与"普遍"之间的中国现代文明秩序。

如何批判地汲取西方现代性资源？

资本主义社会现代化的历史性变革体现在三个层面：在物质生活领域，工业化生产和生活方式持续扩展；在制度结构上，民主政治和市场经济的形成、危机和调整；在文化价值观或心灵秩序上，主体性观念与个人权利的正当性经由批判性反思得以确立。正如由欧美向全球扩展的现代化，使农耕文明中的人们逐渐摆脱了经济匮乏和形形色色的人身依附关系，个体权利在法律上逐渐得到扩展，基于对神权理性的拒斥和对人自身的肯定所衍生的社会和道德价值取向，如进步、发展、人权、平等、自由、民主、法治、公正、

---

① 从京都学派到梁启超、胡适、侯外庐为代表的中国学者对中国内部"近代性"的阐释，恰恰是以西方现代性为参照。

② 参见金观涛：《历史的巨镜——探索现代社会的起源》，法律出版社 2015 年版。

和平等，无论对于欧美社会还是非欧美社会来说，都是工业社会中具有现实影响的"现代性经验"，需要结合特定的"现代情境"加以修正或给予约束，但不能也无法全盘拒斥。与自足的、"大全"式的"古典性"相比较，现代性最珍贵的精神品质，并非"注重现在"或"追新逐异"，而是内在地包含着自我限定、自我反思。正因为如此，现代文明的秩序和价值，仍有生长、改进的空间。具体而言，摒弃主体主义、科学主义与物质主义的虚妄之后，现代性观念依然有其正当性。

首先，"生命内在的极限和紧张"①，对于古今中西的人来说，都是一个恒久的难题，与古典时代的超验信仰相比较，"近代"思想的正当性在于，它让人有信心或勇气在一种历史情境中安置其生存，在这个特定的世界中构建任何可能的东西，"纵使上帝并不存在"②。在西方，启蒙经历了以"理性"启"神性"的古典人本主义和以个体真实性启"理性"（自我意识同一性规定下的先验自我）的现代人本主义两大阶段，③ 分别对应类主体性与个体主体性。不过，当人试图取代上帝（神圣者、超越者），将自身神化时，就会堕入主体主义，忘记了一个基本的生存论事实："所有生命及我们自身都在努力塑造一种并非为我们的认识和行动而生的世界"④，这个世界不仅向人类而且也向动物敞开，人和其他生命以自己的方式生活在世上，与世界共存。而这就意味着，所有的生命种类"看"周遭世界中的事物，都离不开各自的"有限视角"和"初始处境"。作为生命世界中的一个成员，人

---

① 张灏：《我的学思历程》，收入张灏：《转型时代与幽暗意识》，上海人民出版社 2018 年版。

② 瓦莱士：《〈近代的正当性〉英译者导言》，载南京大学马克思主义社会理论研究中心"实践与文本"网站。

③ 参见张志扬：《启蒙思想中死去的和活着的》，载《中国书评》1994 年第 4 期。格尔茨指出，启蒙主义和经典人类学的类型学的（typological）方法，先尽力构造出一个人的形象作为模型、原型，以此为标准，真实的人都不过是它的翻版、畸变或近似物。无论是启蒙主义的"自然人"，还是经典人类学的"具有共同感知的人"，在寻求一个形而上学的实体、一个大写的人时，牺牲了实际遇到的经验实体、一个小写的"人"。参见 [美] 克利福德·格尔茨：《文化的解释》，韩莉译，译林出版社 1999 年版，第 264—265 页。

④ 梅洛-庞蒂：《1948 年谈话录》，商务印书馆 2020 年版，第 27 页。

并不拥有所谓的"上帝视角"。轴心时代的中西哲人突破了部落本位主义的狭隘人性，以不同的方式体悟到普遍的人性，赋予人在宇宙中的独特地位，但也自觉地对其做了限定。如梅洛－庞蒂所言，现代人在面临人类生命的模糊和困难之后，终将达到与古典哲人相似的认识："心灵的理性和一致不是在我们背后，而是在我们面前被推定的，我们既无法确定地到达，也无法拒绝"①。比如，作为"道德性动物"，恻隐之心是人先天具有的，在大多数哺乳动物中也有达尔文所言的"社会性本能"，特别表现为雌性对后代的关照。差别在于，人能凭借教化对恻隐之心"扩而充之"，超越血缘纽带，直至面向一切有生、无生之物，在一种情感意义的关联中，与人间万象、天地万物融为一体。然而，恻隐之心只是人性的潜能（孟子所谓的"心之端"），人同样可以使之消失殆尽，而有种种非人性、反人性行为。人有向善的潜能和倾向，也有先天的私欲，后者在群体层面同某种社会处境和文化心理、习俗、观念相结合，或者在个体层面作为独立、盲目的力量，推动群体或个人做出践踏人性的恶行。善（善意、善行）对每一个人都是一样的，不善（恶）则是无穷无尽的——借用维特根斯坦《逻辑哲学论》中的说法，那是"逻辑空间中的事实"。无论意向、观念还是行为，人能够听从人性的呼声，一心向善，也能够泯灭人性，无限作恶。因此，我们认为，守护基本的人性，以此作为人道与非人道的评判准则，乃是现代主体观念的价值根基。

其次，现代科学以数学—实验的方法探究（物理）自然，知识由此不断积累，同时又不断开发出未知的领域，而科学与技术的结合及其社会应用，在其合理方式上充分体现了"利用厚生之道"。知识和技能的运用，始终是人类生存的必需品之一，尽管有时有效有时失灵，甚至有时会变成一种毁坏生存的力量。西方现代科技的精神背景，出于西洋宗教的基源，"在基督教传统中所孕育的那种无餍求得的现代精神，只有在一个丰裕经济中

① 梅洛－庞蒂：《1948 年谈话录》，商务印书馆 2020 年版，第 36 页。

才能充分发挥，成为领导一个时代的基本力量"①。但是，科学主义与单向直线式的进步观念相结合，在现代文化的知识层面造成一种狂妄的自信和乐观，同时在精神和道德层面，它们又培育一种极端的怀疑主义和武断的取消主义。②事实上，20世纪人类所遭受的空前惨烈的人祸，现代技术的破坏性力量是主要推动因素之一。因此，科学万能论和对技术的崇拜，并非现代文明成就，而恰恰是危机的体现。经过这样解构之后，可以看到，现代科学及其蕴含的方法和精神，最可贵的一点就是"自知其所止"，而不是像各种形而上学和神学，断然宣称已洞悉了自然、社会和人生的奥秘，仿佛任何现象都能解释。换言之，在认知乃至生活和行动领域，人类无法通达无遮蔽的真理，"我们现代人并不拥有原则上向着知识和行动敞开的理性世界，而是有一种充满保留和限制的艰深知识和艺术，一种并不排除裂缝和空白的世界表象，一种怀疑自身并无论如何也不自诩为得到所有人认可的行动"③。现代科技如果要成为一种文明的建设性力量，唯有服务于人道范围内的事物。

最后，物质生活的巨大改善以及价值观念的多元化，构成现代性的主要特征之一。在西方，"科学技术催生的理性精神、市场经济带来的商业化潮流和民主政治所仰仗的个人权利自由主义等现代性基本要素，共同创造了近代以降西方社会持续世俗化或淑世主义社会运动"④。如今，社会世俗化已成为全球性趋势。西方的世俗化根源于对基督教神圣信仰的"祛除巫魅"⑤，但传统的习俗、制度和信仰在现代生活中逐渐丧失权威，不再具有神圣性，则是一个普遍现象。"世俗时代"的双重困境，已昭然若揭：一方面，科技一经济的物质主义所提供的"单纯的、没有反思的满足"，"使得自己削弱人的

---

① 《费孝通文集》第4卷，团结出版社1999年版，第309页。

② 参见张灏：《幽暗意识与民主传统》，新星出版社2006年版，第127页。

③ 梅洛－庞蒂：《1948年谈话录》，商务印书馆2020年版，第48页。

④ 万俊人：《现代性的多元镜鉴》，《中国社会科学》2022年第7期。

⑤ 按，这是对韦伯"理性化"的一种译解，参见苏国勋：《理性化及其限制——韦伯思想引论》，上海人民出版社1887年版。

力量并导致自己自身的堕落"①；与此同时，人们在这个时代陷入了一种恶性的相对主义："理解"一切，但什么都不承诺。② 从积极的意义上来看，我们认为"世俗时代"的这种生存处境，可以承受，也应该承受。既然任何一种文明、文明的任何一个阶段，都会面临危险，那么，就如尼采所言：哪里有危险，哪里就有得救。在世俗化过程中，物质生活的正当性得到承认，而且普通个体的苦痛和欢欣，愈来愈得到真实的呈现，"从来不曾有过任何时代，提供给人们如此多样化的生活形式"③。经验的、俗世的生活，或许从来都是破绽百出的图景，所谓"绝对"，遥远而虚幻。然而，哪怕破绽百出、伤痕累累，这是在大地之上、在人间的生活。人间烟火，都在万丈光芒之中。"现代"就是接纳这烟火，而不是扭过头去。没有被启示、被安排、被预告的"至真、至善、至美、至如"的"大全"，现实世界和人世生活，或许从来都"顺顺逆逆，情不尽性，用不得体，而势无已时"④，那又何妨？人活着，表征、见证"生生之道"，便已有依托。以罗素（1872—1970）为例，他曾自述一生的信念，大意是：对知识的追求、对爱的渴望和对人类苦难的同情。一战开始时，他反战，被英国舆论指斥为丧失民族主义立场，并因此被剑桥解聘，但他并没有以死抗争；爱过好几个女子，离过婚，爱而不得时，也未殉情。信念屡屡破灭，世间的生活仍值得眷念。在罗素身上，凝聚了英美近代文明世俗化运动中最合理的因素，犹如苏轼身上凝聚了中国古典文明最珍贵的品质。

从"多元现代性"的视域融合看"中国现代性"之意涵

现代化经验乃至现代性话语，曾长期笼罩在"欧洲中心论"之下。"多

---

① 史华慈：《中国与当今千禧年主义——太阳底下的一桩新鲜事》，载史华慈：《思想的跨度与张力——中国思想史论集》，中州古籍出版社 2009 年版。

② 参见瓦莱士：《〈近代的正当性〉英译者导言》，载南京大学马克思主义社会理论研究中心"实践与文本"网站。

③ 尚杰：《现代性与后现代性的基本特征》，载《中国社会科学报》2022 年 5 月 30 日。

④ 金岳霖：《论道》，中国人民大学出版社 2005 年版。

元现代性"概念的提出，是对现代性思想中欧洲中心论的批判，强调不同民族—地域文化传统的影响使现代性具有多元的性质。"中国现代性"在社会实践和理论构想上的可能性或依据，由此可以得到更清晰的阐述。

欧洲作为现代文明的开创者和先行者，是否提供了现代性的普遍范式？长期以来，这是不言而喻的。现代社会科学奠基者马克思和韦伯的相关看法，具有典型意义。在马克思看来，"工业较发达的国家向工业较不发达的国家所显示的，只是后者未来的景象"；资本主义生产方式以及和它相适应的生产关系和交换关系，乃是"现代社会"经济运动的"自然规律"，任何一个社会既不能跳过，也不能用法令取消这个"自然的发展阶段"，最多只能"缩短和减轻分娩的痛苦"。① 只有在资本主义现代化成为一种普遍的社会发展模式，而且资本主义生产方式的内在对抗愈演愈烈、无产阶级获得政治上的自觉之后，社会主义革命才能成为世界历史的必然趋势，生产资料由联合起来的劳动者占有，商品、货币、阶级、国家消亡，构成"一个完成的社会主义社会"（曼德尔语）的本质特征。与马克思相类似，韦伯在其《宗教社会学论集》的著名前言里阐述了他以其整个学术生涯所探讨的"世界史问题"，即"为什么科学的、艺术的、政治的或经济的发展没有在欧洲之外也走向西方所特有的这条理性化道路"。哈贝马斯指出，韦伯所持的是一种"谨慎的普遍主义立场"：合理化过程并不是西方特有的现象，尽管综观一切世界宗教，合理化只在欧洲发展成为一种理性主义。这种合理主义一方面具有特殊性，即为西方所特有，另一方面又具有普遍性，也就是说，它是现代性的普遍特征。20 世纪 50—60 年代在美国兴起的"现代化理论"，进一步隔断了现代性与西方理性主义的历史语境之间的内在联系，将现代性描述成一种一般意义上的社会发展模式。② 但正如艾森斯塔特所言，根源于欧洲的现代性文化方案和基本制度格局确实蔓延到了世界大部分地区，却产生了

---

① 参见《马克思恩格斯全集》第 44 卷，人民出版社 2001 年版，第 8—10 页。

② 参见哈贝马斯：《现代性的哲学话语》，译林出版社 2005 年版。

多种迥异的意识形态和制度模式，"现代性与西方化并不是同一回事"①。查尔斯·泰勒进一步指出，19世纪以来有关现代性的理论都是"现代性的非文化论"，在他看来，哪怕是在西方内部，现代性也是某种特定文化的产物，在各个非西方社会，由于不同的文化作为变化的起点都会对变化的结果产生不可忽视的影响，那么就很自然地会出现种种不同于西方现代性的现代性，"非西方的其它文化是以它们各自的方式成为现代的"。泰勒不仅强调现代性的文化根源的重要性，而且认为一些行为规范可以取得跨文化的共识，在现代社会中，人们都会发现对种族灭绝、谋杀、酷刑和奴隶制度……的谴责。罗尔斯认为，对公共规范的理性论证可以与不同的世界观基础相分离，泰勒则强调，普遍规范恰恰需要"特殊文化支撑"，比如，人权标准在西方以人道主义为基础，对人权的捍卫因而就与对人类主体性（human agency）的张扬相关，而佛教哲学的出发点则是"不害"的要求。② 这一看法的意义在于，在现代情境下，人们可以基于不同的精神信念形成行为共识，并从"单纯的共识"走向"更深的共同理解"，达到行为、情感和观念的视域融合——现代性的"复数"或多元性，在长时段的历史行程中，凝聚为具有普遍性的文明成果。

基于"多元现代性"的视域，广义的"中国现代性"，即是中国的现代文明秩序，包含技术、制度与观念三个基本层面；狭义的"中国现代性"，指的是中国现代化进程中文化价值观念和现代中国人心理情感模式（费孝通称之为"心态结构"）的建构：日常生活领域的礼俗规范、政治经济转型中的制度价值和心理—观念领域的意义架构。在这三个维度中，中国现代性的建构，首先需要回应"现代中国人应当生活在一个怎样的社会秩序中"，在寻求新制度——包括人伦秩序、经济制度、政治制度和文教制度——的实践过程中，确立中国现代文明的制度价值。五四新文化运动从"西洋近代文

---

① 艾森斯塔特：《反思现代性》，生活·读书·新知三联书店2006年版，第5—7页。

② 参见童世骏：《"说到底是一个道德问题"——探寻"多重现代性"概念的规范性内容》，见 http://www.xschina.org。

明"中所"请进"的文化价值观——个性独立、民主观念和科学精神，直至当下，仍具有现实意义，但要反思、克服陈独秀等人以传统与现代的断裂或对立为前提的激进意识。与此同时，则是要探寻中国人身处"现代情境"的心灵世界及其意义架构，特别是数千年文化传承中影响、塑造中国人的精神信念。换言之，在接纳源自欧美的现代文明成果的同时，以中国文化中的实践智慧充实中国人的心灵秩序，并以中国的现代性经验为现代人的安身立命提供借镜。

四、中国现代化进程中的历史记忆与文化认同

现代化全球扩展形成的不同模式，与特定民族—地域、国家的社会历史条件和文明/文化传统密不可分，已是显而易见的事实。文化现代性的差别与冲突至今仍是中西（外）现代性比较研究中最为复杂待解的问题，某种意义上也是中国现代性研究的最后难题。① 作为非欧美国家，中国现代性建构首要的问题，是回答现代中国何以是"周虽旧邦，其命维新"？或者说，什么才是现代中国人的生活方式和中华文明的未来？唯有切身体认作为一个中国人的文化身份和心理情感，以及我们的病与痛，我们的经验和希望，方能回答这一问题。作为一个思考的方向，潘光旦民国时期的感悟，仍适用于中国的当下和未来：他将与中华民族相对的环境称为"二十世纪的世界"，"我们的问题本身是：以此民族，入此环境，从民族一方的立场来看，究竟如何而后能'安其所''遂其身'？"他认为需要做三种功夫，首先不能不做相当的迁就，也就是竭力接受一部分目前宰制世界的西洋文化；其次是对西洋文化中的各个部分作一番挑选；其三是确定整个民族几千年的阅历和经验"可能的几微的贡献究属在哪里？怎样的可以整理出来，以供世界的采择？世界能采择到什么程度，就等于我们转移

---

① 参见万俊人：《现代性的多元镜鉴》，《中国社会科学》2022 年第 7 期。

世界到什么程度"①。以下从两个方面阐述我们初步的思考：如何汲取中华文明演进的经验？如何在现代化进程中重新确认与中国文化传统之间的精神关联？

"一体"与"多元"动态平衡的中华文明复合体

所有文明的内部都存在差异和分化，或者说，在任何一种特定文明内部都存在着多样化的文化模式，像中国这样历史悠久的国家，一方面，在其文化传统中蕴含着立国精神和国家特性；另一方面，塑造其历史的绝非单一传统，而是"模式更复杂、明显不协调的传统组合在其中发挥作用"②。中华民族多元一体的文明格局，贯穿于历史和现实之中，蕴含着珍贵的经验。

就历史而言，中国的地域、民族、政治边界之内的联系、融合程度和范围，与文化融合的程度和范围并不总是一致的。历史上的中国首先是一个地域和族群的概念，其次是一个政治国家的概念，最后才是一个文化概念，它们之间的关系是国家包含在地域和族群之内，文化包含在国家之内，从可辨认的、具有实在性的特征，逐渐向主观的认同过渡。中国的范围在一个有伸缩的同时相对独立的地理单元之内，这个地域范围限定了其中各个族群之间的血缘融合和遗传交流，使之具有地理人种（蒙古人种）之内的地域人种（包括华北地域人种、蒙古地域人种、西藏地域人种、东西亚地域人种）的特征；在地域—族群范围之内，是中国政治边界的移动，大一统王朝或国家统辖的疆界呈现出核心政权—地方政权—外围藩属的差等结构；在这个政权形式的差等结构内部，又分化出数目众多的作为文化现象的民族多样性形态；而后，各民族在经济生活、政治结构上的联系和文化观念上的认同、凝聚，构成了"文化中国"的共同体。

就思想而言，春秋战国时期的"百家争鸣"显示了中国这一地域—族群、

---

① 《潘光旦文集》第九卷，北京大学出版社 2000 年版，第 48—49 页。

② 彼得·卡赞斯坦：《多元多维文明构成的世界》，《世界经济与政治》2010 年第 11 期。

政治和文化承载体的混合性和多维向度。秦汉帝国在政治上的大一统，初步实现了疆域、族群和国家的整合，儒学自汉武帝以后成为中国政治意识形态和伦理秩序的合法性基础，但它没有消灭法家和道家，法家融入帝国政治系统和宗法制度之中，道家则转向民间，演化为道教和玄学（魏晋南北朝时期）。西汉末、东汉初，佛学东传，一度与儒学争夺意识形态的统治权，在长达一千年的中古时代，佛教广泛渗透到民间信仰之中，并且极大地形塑了士大夫阶层以儒学为底色的思维方式、抒情方式和生命态度；本土化的佛学——禅宗，融入宋明道学（"新儒学"）。自唐代尤其是元代以后，中亚的伊斯兰教进入中土，从此构成中国之内的一个相对独立的文化模式。明清之际，天主教辗转东来，至康熙、雍正禁教，两百年间终未能蔚为大观。晚清天主教与新教一起卷土重来，但其传播范围和影响程度，未能与儒、道、释相抗衡。总之，作为中国文化认同依据的，首先是大一统的政治意识，在这"一统"范围内，从汉武帝至有清一代，儒学的政治和伦理原则、精神信念，事实上构成了中国传统文化的主干，但不论是儒学自身，还是中国的整体文化格局，既有历史性的变异，又有区域性的差异，儒学在其任何一个演变阶段上，都遇到了中国这一地理疆域和政治实体内部不可跨越的边界；在儒学的主导性影响之下，所呈现的恰恰是文化"多元"与政治"一体"格局。20世纪以来的中国经历了皇权——帝国体制解体和现代多民族国家重建这一历史变局，在此过程中，欧洲（以及19世纪后期以来的美国）的工艺技术、自然科学、政教制度和各派思潮长驱直入，渐次向中国文化和社会生活的各个领域渗透。西学的引入，不仅是一种推动中国政治、经济和社会变革的力量，它还提供了不同于儒、道、释、伊斯兰文化的解释模式和价值取向，一百多年来中国人对于自然、历史、人生的种种观念因此而得到拓展，并对中国本土的各种文化模式构成巨大的冲击。不过，它像儒学一样，没有也不可能改变中国数千年来形成的多元文化格局。从中华五千多年文明史中，可以汲取有益的经验。在中国历史上，大传统和小传统、雅文化和俗文化、庙堂文化和民间文化，始终存在张力，但二者之间又能保持最低限度的价值共识，因而文化多元异质并未妨碍文化的多元共生。所谓"最低限度的价值共识"，其核心并非某种超越性的文化理想，而是制度层面的秩序原则和日常人际交往领域的行为准则，是通过个体之间的交往、社会利益群体和族群之间的博弈而形成的规范、信念，如同亲密关系中的"磨合"一样，是"活出来"而不仅仅是"想出来""说出来"的。如同中华古典文明一样，中国尚在发展中的现代文明秩序，混合了多种异质的文化元素。在百年来中国人的生活方式、心理情感和价值观念中，异质、多元的文化因素，有已经融合的、融而未合的、相互冲突的，所有的文化处境都是当下中国人的生活现实。中国作为一个悠久、深厚的文明复合体，"旧邦新命"的前景，依然是保持包容性和推陈出新的创造活力。

自晚清以来，始终萦绕在中国人思想和生活中的一个问题是，潜移默化影响着中国人的思想方式和行为方式，哪些是我们需要确认并继承的，哪些又是我们需要克服的？由此出发，区分传统文化中"历久弥新"的因素和固化为"沉疴"的因素，进而在思想上、生活实践中克服"历史重负"，汲取"历史遗产"，不仅是思想讨论的核心论题，更是社会发展的重大课题。从章太炎、胡适到费孝通所期待的"中国文艺复兴"，并非要消融中国既存的多元文化模式，而是全面、深入地吸收西学，"会通"并且"超胜"西学，与此同时，通过自身文化传统的传承与转化，形成现代中国人独特的生活方式和价值理念——这不仅是中国人希望自己如何生活的安身立命之道，同时也是中国人面向"人类世界"的"希望原理"。

重新确认与中国文化传统的精神关联

文化传统历经一个多世纪的裂变之后，如何进入当下中国人的情感和观念之中，成为中国人"心灵秩序"的构成要素？对这一问题的回应，意味着在当代中国的生活现实中重新确认与传统的精神关联，体会中国文化之美善。通过温习两位中国现代知识分子的人生感受，或许能够为当下的中国人提示某些路径。

第一位是鲁迅。对于人生世事的感受，鲁迅的内心充满断裂：

楼下一个男人病得要死亡，那间壁的一家唱着留声机；对面是弄孩子。楼上有两人狂笑；还有打牌声。河中的船上有女人哭着她死去的母亲。人类的悲欢并不相通，我只觉得他们吵闹。①

街灯的光穿窗而入，屋子里显出微明，我大略一看，熟识的墙壁，壁端的棱线，熟识的书堆，堆边的未订的画集，外面的进行着的夜，无穷的远方，无数的人们，都和我有关。②

同样，在他的文学作品中，既有祥林嫂、人血馒头等等，又有闰土、阿顺这样的人物，如林毓生所言，鲁迅对后一类人物的描写，倾注了深刻的人间情感，它乃是由中国文化所孕育出来的人情和善意："中国人的道德情操中的最高境界里，有一种设身处地的同情心，它会产生不同身份下的同一之感，这种平等比由上而下同情式的平等要高得多。"③无论在实际生活还是文学书写中，鲁迅一方面深知自己内心深处的"毒气"和"鬼气"——韩非的"峻急"和庄周的"随便"，并始终警惕所有关于"黄金世界"的许诺，与此同时，他又凭借中国人数千年生活经验凝聚而成的人道精神，不懈地与内心的黑暗捣乱，以对人世间的深深眷恋来抵抗绝望和虚无。在此意义上，"鲁迅把传统精神置放在现代意识的洗礼下深化了，升华了，具有了形而上学的光彩"④。

第二位是费孝通。费孝通自述，他在大学时代形成的人生态度是深植于乡土中国的文化背景之中的。不过，在抗战时期经过了几年的内地生活之后，费孝通非但没有从这种知足的人生态度里获得内心的平静和恬适，相

① 鲁迅：《而已集》，人民文学出版社 2006 年版，第 136 页。
② 鲁迅：《且介亭杂文末编》，人民文学出版社 2006 年版，第 142 页。
③ 林毓生：《现代知识贵族的精神——林毓生思想近作选》，香港中文大学出版社 2023 年版。
④ 李泽厚：《中国现代思想史论》，安徽文艺出版社 1994 年版，第 122 页。

反，他对自己所承受的中国传统价值观念——静止、循环的"植物文化"，迁就现实的"乡愿道德"，以及沉痼似的"过渡心理"，表示了厌憎；对于现代西洋文化所体现的"人生的另一条道路"——如杨庆堃所言，其精神"在动里，在创造里，在理想的外形化的过程里，在永远不会餍足的追求里"，费孝通表达了理知上的欣赏，认为"动"乃是人的本性，不满足于现状的"理想"和进取精神对文化发展具有重要意义。但在情感和生活习性上，他又存着对"现代文化"的一点畏惧，甚至试图在佛家的精神世界里寻求寄托。可以说，费孝通价值认同的困扰并不仅仅是一种个人的经验，而且是"在时代错杂里过日子"的许多国人的心理写照。1942年，美国国务院文化关系司邀请六所中国大学每校选派一名教授赴美一年，进行研究、交流和介绍中国。在第一批五名教授中，费孝通作为云大代表被选中。他在美国从1943年6月一直住到1944年7月。访美归来的1945年，费孝通结合历史材料和亲身见闻写成《初访美国》一书，书中有一部分以人类学家的细腻笔触描述了他在中美不同价值观之间的取舍。作为一个社会人类学家，费孝通的特色是从亲身接触中去感受中美之间文化差别在日常生活中的具体表现。在他看来，文化的深处时常并不在典章制度之中，而是在人们洒扫应对的日常起居之间；由于每个人都受着一套从小潜移默化中得来的价值体系的控制，因此愈是基本的价值，我们就愈是不假思索。从这种观察文化的视角出发，费孝通描述了中国人和美国人在文化基本价值体系上的差异，以及他本人在不同价值对照中所进行的判断和选择。其中最动人的，是他对中国"鬼的世界"的理解和感悟。

　　中国人普遍生活在一个有"鬼"的世界中："传统成为具体，成为生活的一部分，成为神圣，成为可怕可爱的时候，它变成了鬼。"费孝通从追念年少时的经验出发，认为能在有鬼的世界中生活是相当幸福的，而且"衷心觉得中国文化骨子里是相当美的"。他从小在鬼世界里长大，对于鬼慢慢地从恐惧变成好奇，从好奇变成爱慕。费孝通对于鬼的态度逐渐改变是在祖母死的那年。往常，祖母总是在近午时刻下厨房看午饭预备得怎样，她到厨房看了以后就快开饭了，这是费孝通幼时熟悉的情景。祖母死后不久，有一天费孝通独自坐在庭前，向祖母的卧房望去。也是在近午时刻，他似乎看到祖母的影子又从卧房中出来到厨房中去。过了一会，想起祖母已死，有一些惆怅，绝不是恐惧，而是"逢到一种不该发生的缺憾竟其发生时所有的感伤"，"同时好像又领悟到了一种美的情景既已有了就不会无的认识"：

> 永恒不灭的启示袭上心来，宇宙展开了另一种格局。在这格局里我们的生命并不只是在时间里穿行，过一刻，丢一刻；过一站，失一站。生命在创造中改变了时间的绝对性：它把过去变成现在，不，是融合过去，现在，未来，成为一串不灭的，层层推出的情景。①

鬼的世界展示了具体、生动、活着的历史，费孝通从中感受和领悟到了传统积极的方面——现在与传统之间是一种"亲属关系"，在认取这关系时，我们给予新旧之间一种承续和绵延的意义，凭借着这种历史情感，个体的生命不再是片刻的串联，而历史也成为了灵感的源泉。

从知识分子能够而且必须承担的学术使命出发，古典传统的现代转化、现代"革命传统"的汲取、西方近现代文化的语境化处理，以及中国现实经验的解读和总结，是建构现代中国现代性的基本途径，这是一条已经开始而远未走完的路，它需要几代中国学人的持续努力才会逐渐变得明晰。

---

① 《费孝通文集》第三卷，团结出版社 1999 年版，第 298 页。

上　编
西学东渐与中国文化传统的重构

第一章 “进化”观念与中国现代意识的形塑

　　源自西方的进化论对中国近代社会思潮和思想建构的影响，已是人所共知的事实："进化论急速地涨涌于戊戌前后，主宰了直至五四前后的中国思想界，成为这一时期主流思潮"[1]；"从戊戌变法时期到'五四'前夕，整整一代的革命者，都信奉进化论"[2]；进化论作为"现代中国世界观的基本成分"，最初与民族危亡的刺激有关，"后来更主要是由于它是以现代科学的成果出现，以及进化隐含的进步的必然性"[3]。藉此之故，治中国近代思想史和文化史的学者，对清末民初的进化论进行了详尽的探讨，尤其注重文献的整理和进化观念在维新派、革命派和《新青年》同人思想构成中的作用。但现有的研究，对进化论在 20 世纪 20 年代至 40 年代的传播和影响状况鲜有讨论，对包含在进化论之下的种种纷繁歧异的知识前提、观念模式和社会诉求的认识，还有许多需要澄清的地方。进化论与近代中国的关系仍然是一个有待展开和深化的课题。本章在前人的基础上增补一些有关进化论传播的文献，对涉及中国近代思想家如何理解和运用进化论的若干论说进行简要分析。

---

[1] 陈卫平：《世纪末的新世界观——中国近代进化论思潮》，载高瑞泉主编：《中国近代社会思潮》，华东师范大学出版社 1996 年版，第 73 页。此外，参见曾乐山：《中西哲学的融合——中国近代进化论的传播》，安徽人民出版社 1991 年版，第 38、134 页。

[2] 冯契：《中国近代哲学的革命进程》，上海人民出版社 1989 年版，第 6 页。

[3] 张汝伦：《理解严复——纪念〈天演论〉发表一百周年》，《读书》1998 年第 11 期。

一、晚清民国进化论传播的阶段和特征

从进化论在近代中国传播的历史来看，《天演论》的出版和《民铎》杂志"进化论专号"的刊行，乃是两个标志性的事件，以此为界标，可以将中国近代进化论的历史划分为三个阶段。

第一个阶段从 19 世纪 70 年代至 1898 年《天演论》出版时为止。这一时期的进化论主要是经由传教士之手，零星地夹杂在声、光、电、化等西式"格致"之学中传入中国，"较之甲午战前弥漫整个思想界的洋务浪潮来说，进化观念和进化论还只是一条潜在的小溪，它游离在整个思想体系之外，仅为极少数知识分子（从地域讲，集中在以上海为中心的东南地区）所注意"①。比如，郭嵩焘在光绪三年十月三十日的日记中曾提及"歪费尔达摩生"（即达尔文）在贝格尔号上的探险航行和著述活动；1889 年上海格致书院的春季特课考试中，出现了有关达文（即达尔文）和施本思（即斯宾塞）学说的题目，钟天纬的答卷和批阅者的批语显示他们对达尔文、斯宾塞已有粗浅的了解。尤其值得注意的是，康有为、章太炎、严复等人在即将登上中国思想和政治舞台的准备时期，已从不同的途径形成了各自的进化观念，② 严译《天演

---

① 马自毅：《进化论在中国的早期传播与影响》，载《文化史研究集刊》第五辑，复旦大学出版社 1987 年版，第 272 页。

② 按康有为的自述，他在 19 世纪 80 年代初大量阅读《万国公报》、《西国近事汇编》和各类格致新书之后，就已确立了进化观念，其早期著述如《康子内外篇》《民功篇》以及《万木草堂口说》《康先生口说》等讲课笔记中，已引证与进化论有关的地质古生物学与天体演化学说，尽管其描绘的宇宙和人类进化图大多荒诞不经；但直至 1898 年初刊布的《董氏春秋学》一书（此书撰述当在 1896 年秋天之后，参见朱维铮：《求索真文明——晚清学术史论》，上海古籍出版社 1996 年版，第 239 页），康氏才将公羊三世说和礼运大同说相结合，提出以三世说为基础的历史进化论。关于康有为进化论的形成时间，诸家说法不一，萧公权倾向于康氏在 19 世纪 80 年代就已形成进步论的社会进化观。（参见萧公权：《近代中国与新世界：康有为变法与大同思想研究》，江苏人民出版社 1997 年版，第 42、377 页），汤志钧则认为康氏在戊戌政变后才受天演进化观的影响（参见《大同"三世"和天演进化》，《史林》2002 年第 2 期）。严复在 1876—1879 年留英期间，已熟知达尔文和斯宾塞，他在 1895 年发表的那一组被史华兹称为严复"原则宣言"的时论，便充满了进化论的观念。

论》的手稿本在 1895 至 1898 年期间已开始对维新派知识分子发生影响。①

第二个阶段以 1898 年严译《天演论》的出版揭开序幕，到五四运动前后，在中国出现了传播和宣传进化论的热潮。对中国近代社会和思想转型产生巨大影响的两代知识分子（以康有为、严复、梁启超、谭嗣同、章太炎、孙中山为代表的中国第一代新型知识分子和以陈独秀、李大钊、鲁迅、胡适为代表的新文化运动领袖），都以进化论作为他们基本的思想预设和社会文化批判的理论武器。在此期间，严复半属翻译半属创作的《天演论》，对激发中国知识群体和普通民众的危亡意识、呼唤现代民族国家意识的觉醒、塑造新型世界观和历史意识等方面，都有不可或缺的影响，有的学者甚至认为《天演论》译著的出版"标志着现代中国思想的开始"，"作为现实中得到普遍认同的世界观，进化论已内化于近代中国人的文化心理结构中，成为近代中国独特的精神传统"②。这里需要补充的是，清末民初进化论传播的西学资源，主要引入的是马尔萨斯、赫胥黎、达尔文、斯宾塞和海克尔的学说；此外，日本学者的进化论著作在这一时期的进化论传播中占有相当比例，其所发挥的桥梁作用亦不容忽视，日本在 20 世纪初成了中国留学生接触和了解进化论的另一个通道。③

第三个阶段从 20 世纪 20 年代初至 40 年代末。作为一个起始性的标志，《民铎》杂志 1922 年推出的"进化论专号"（第三卷第四号、第五号）颇能

章太炎在 19 世纪 90 年代对进化论的引证，见之于《膏兰室札记》（收入《章太炎全集》第一卷，上海古籍出版社 1979 年版）。

① 按王栻的考证，《天演论》最早木刻本当是 1894 年或 1895 年的陕西味经售书处刻本（此手稿本现已收入王栻主编的《严复集》）。梁启超、康有为阅读过此手稿本。谭嗣同《仁学》（1896）、《报贝元征》和《石菊影庐笔识·思篇十五》等著述，已论及自然和人类演化过程，并提及《物类宗衍》（即《物种起源》）中有"争自存宜遗种"之说。

② 张汝伦：《理解严复》，《读书》1998 年第 11 期；陈卫平：《世纪末的新世界观》，载高瑞泉主编：《中国近代社会思潮》，华东师范大学出版社 1996 年版，第 94 页。

③ 比如，日本生物学家丘浅次郎 20 世纪初曾在弘文学院为中国留学生开设生物进化论讲座。参见汪子春、张秉伦：《达尔文学说在中国的传播和影响》，载陈世骧主编：《进化论研究》，科学出版社 1983 年版，第 12、17 页。

显示中国进化论所涵盖的知识和思想谱系的特点。在总共 15 篇文章中，既包括达尔文生平和进化论思想在达尔文之前和之后进展的介绍、关于海克尔和鲍德温（J. M. Baldwin）进化观以及进化的方法、证据和突变论的专题论述，又包括进化论与社会学、历史学和唯物史观乃至佛学等社会科学和人文科学相关性的探讨，这表明进化论在生物学、社会科学和哲学三个方向上的演进已同时得到关注，进化论也从"以进化之理，释经世之志"（梁启超语）的思想史取向，逐渐转换为以专业学者的译介和著述活动为主的学术史建构。首先从 20 世纪 20 年代中期至抗日战争爆发前的十余年间，有大量的进化论著作出现，其中有不少是面向公众的普及性读物，体现了"进化"作为一种常识观念的渗透和扩展；其次，进化论作为社会史和文化史的指导原则，已在理论视角上分化为社会进化论与生物进化论之间的对立，社会进化论内部又有互助论、创化论和马克思主义社会进化观念之间的对立，多元的进化观业已形成；第三，在生物进化论和遗传学的结合中推衍出来的文化生物学和优生学也在这一时期引入并在中国获得了支持者，前者是一种学术理论，侧重于从生物学的角度解释社会文化现象，后者则是一种社会运动，试图致力于人种改良的政策实践，它与严复、梁启超以来"改造国民性"的呼声一脉相承，并赋予"中国问题"的解决方案以新的内容——"国民性"的优劣不仅仅是一种生物学的喻隐，而是具有了实际的生物学含义；第四，在这一时期，伴随着西方的解剖生理学、植物学、遗传学等学科渐次传入，进化生物学作为一种知识体系和学科建制在中国也得以确立，并且在古生物学和古人类学、经典遗传学等领域取得了突出的成就，而达尔文进化论和孟德尔—摩尔根遗传学也成为生物学学科教育的指导原则和核心思想。[1]

---

[1] 参见刘学礼：《西方生物学的传入与中国近代生物学的萌芽》，《自然辩证法通讯》1991 年第 6 期；董光璧主编：《中国近现代科学技术史》（中卷），湖南教育出版社 1997 年版，第 688—739 页。又，20 世纪 50 年代初，"达尔文主义基础"曾经是高中课程，但把米丘林学说视为达尔文学说发展的"更高阶段"（方宗熙、王以诚编：《达尔文主义基础》，高级中学课本，人民教育出版社 1952 年版，第 74—130 页），这显然是苏联影响的结果。

总之，近代中国的进化论最初是作为西式"格致"之学的附庸传入中国，从戊戌前后至五四前夕，进化论对中国的政治和社会观念变革产生了广泛的影响，而在 20 世纪 20 至 40 年代，进化论主要是作为一种涵盖了自然科学、人文科学和社会科学的知识和思想体系而出现的。

二、如何看待中国知识群体对进化论的误读？

进化论尽管是从西方引入的，中西进化观念因而具有许多共同的特征——尤其是将"进化"视为"进步"或作为"进步"意识的"科学"论据，彰显了中国近代思想与西方近代思想共同关注的主题，即以"进步"为普遍的"现代性"之核心因素。但是，中国近代的进化论传统所特有的中国背景，又使之与西方进化论有相当程度的不同，而不能将它视为后者的翻版。所谓的"中国背景"，最重要并且最显而易见的是中西社会形态的时代性差异，以及中国社会所面临的特殊境遇；其次是中国本土的文化传统的各个方面对生长于其中的个体的不同影响，中国近代思想家的个性、知识结构和生活经历，对他们理解和运用进化论的方式也会产生影响。与此同时，进化论从西文语言（以及日本语）翻译为汉语时存在的误差亦不容忽视。关于中国近代进化论传统的研究一直是思想史家和科技史家关注的热点课题之一，并已形成诸多论说，以下围绕中国近代思想家对西方进化论的"创造"和"误读"问题，作一简要评论。

就"创造"而言，许多研究者指出，从戊戌变法时期到五四前夕的中国思想家，都将进化论从一种自然科学理论上升为世界观[1]，他们对进化论主要关注的角度不是生物学，而是世界观，在具体的理论形态上，则集中阐述

---

① 如陈卫平说，"进化论从西方来到中国后，就发生了变异：其核心不再以论证自然界事物的演进过程为对象，而是以变革人们的世界观为对象"（《世纪末的新世界观》，载高瑞泉主编：《中国近代社会思潮》，华东师范大学出版社 1996 年版，第 102 页）。

进化论的历史观（进化史观）；① 这种"创造"的思想资源，乃是依据中国传统文化尤其是先秦诸子理论，或由先秦时代奠定的中国文化的"普遍主义"取向②。就"误读"而言，"自严又陵介绍一册天演论以后，我们日常报刊杂志上看到一大堆物竞天择，优胜劣败的话。……然而进化论本身的根本意义，却不甚为学者们所注意"③。进而言之，中国近代思想家所接受的与其说是达尔文的生物进化论，不如说是斯宾塞主义（社会达尔文主义）。④

的确，从康有为直到新文化运动时期的陈独秀、李大钊，在阐述各自的世界观时，都持一种普遍进化（从宇宙、自然进化到生命进化和人类社会进化的普遍性和一致性）观念，而且他们都引证各自所接触到的自然科学知识，"证实"自然界尤其是有机界的进化，再以此为依据来"证实"人类社会的进化，即遵循从普遍到特殊的论证程序。这一方面显示了他们直接将自然科学知识作为思想建构的基础，从而与此前的中国古典哲学传统出现疏离（这是中国"近代思想"开始的一个标志），⑤ 但这种不自觉的科学主义倾向表明他们对如何处理自然、生命与人类社会之间的联系和区别这一恒久的难题，尚未有足够的理论自觉。我们以康有为和孙中山的进化理论为例，对此略作分析。在康有为那里，自然进化与历史进化和"人道进化"之间，联系

---

① 参见冯契：《中国近代哲学的革命进程》，上海人民出版社 1989 年版，第 91、129 页。

② 参见高瑞泉：《中国现代精神传统》，东方出版中心 1999 年版，第 40—43 页；郝翔等：《进化论与中国近代社会观念的变革》，武汉水利电力大学出版社 2000 年版，第 72—75 页；李强将中国文化中的普遍主义因素概括为"对理想、道德的一种乌托邦式的追求"，"普遍主义"也可称之为"道德主义"（参见杨旭日：《自由主义与中国政治——李强先生访谈录》，载《学术思想评论》第七辑，吉林人民出版社 2002 年版；李强：《严复与中国近代思想的转型》，载刘桂生等主编：《严复思想新论》，清华大学出版社 1999 年版，第 367 页）。

③ 陈兼善：《进化论发达史略》，《民铎》第 3 卷第 5 号，1922 年 12 月 1 日出版。

④ 这是史华兹《寻求富强：严复与西方》（江苏人民出版社 1989 年版）一书的核心论述之一。

⑤ 冯友兰指出，康有为等近代思想家"积极吸取当时自然科学的知识，并且对于它极其信赖"。（《中国哲学史新编》第六册，人民出版社 1989 年版，第 123 页）李泽厚也说："他们热诚接受自然科学的洗礼，选择和采取了当时自然科学对世界的唯物主义的科学解释，来作为建立自己的世界观和本体论概念的依据。"（《中国近代思想史论》（修订本），安徽文艺出版社 1994 年版，第 207 页）

仅仅是形式上的，因为历史和人道的法则无法从自然进化中"一以贯之"地推导出来（作为"变""日新"的进化并不能呈现出变化的规律或动因）；同时，以"三世说"为构架的社会进化所包含的内容——从君主专制、君主立宪到民主共和的依次递进（且由"天命"所决定），与《礼运注》提出的文明进化阶段——人类最初是采集经济，以后又经历了渔猎阶段，然后有了农业生产，并知道铸金等等，可以说是并列的关系，康有为并没有说明它们之间在理论上和事实上的关联何在。而康有为的"人道之进化"——既指"求乐免苦"方法的改进，也是"不忍人之心"的扩充，与前述两种历史进化模式之间，同样看不出有什么必然的联系，甚至人道进化的这两种表现之间也是如此。受过自然科学训练的孙中山所阐述的进化理论，在系统性和实证性方面都比康有为由一系列断言和推理构成的进化理论大为改进。在《孙文学说——行易知难（心理建设）》《三民主义·民权主义》和《三民主义·民生主义》中，孙中山分别提出了三种人类进化模式：人类认识发展史由"草昧"（不知而行）进入"文明"（行而后知）再入"科学"（知而后行）；人类历史分为四个时期，即人同兽争（用气力），人同天争（用神权），人同人争、国同国争、民族同民族争（用君权），国内相争、人民同君主争（用民权）；从社会生产力的发展水平出发，人类社会经历了太古吃果时代、渔猎时代、游牧时代、农业时代和工商时代五个阶段；在社会进化的动因方面，孙中山认为是"求生存"，而"求生存"乃是由"天然力与人为力凑合而成"，其中人为力（最主要的是政治力和经济力）在社会进化中有重要的作用，人类在认识、政治制度和社会经济领域形成的发展或进化阶段，可以看作是"求生"的原动力及其运行机制（"天然力"和"人为力"的相互作用）表现的不同结果。到此为止，进化理论依然是贯通的。但是，孙中山的另外两个论断，即人类进化是一个"互助"（与其他物种的"竞争"相对）不断扩展并必将达到"世界大同"，以及人类进化"后来居上"的所谓"突驾说"，却难以纳入上述理论体系之中，它们只能被视为游离于孙中山关于人类进化的解释之外的、纯属个体信念或政治需要的产物。

从戊戌、辛亥到新文化运动时期的其他信奉进化论的思想家，谭嗣同和梁启超关于社会历史进化的看法，整体上未超出康有为"三世说"的框架，谭嗣同的"两三世"说（《仁学》四十七、四十八），梁启超的"三世六别"说（《论军政民政相嬗之理》）以及对"三世之义"的相对化处理（《读〈春秋〉界说》），近乎变戏法。章太炎《菌说》《訄书·原变》诸文对自然和人类演化"随序之相理"的阐述，理论上极其混乱，尤其是在进化动因的解释上，从物竞天择、适者生存出发，却用拉马克式的"用进废退"加以说明，进而将进化的原因归结为思想和意志，可谓"拉杂失伦"，而他的"俱分进化"及其解决之道（"五无"）也很难说是对作为现代进化论之前提预设的历史目的论和历史决定论的深刻反思①。朱执信在《人生问题》《生存的价值》《睡的人醒了》《复古应芬函》和《恢复秩序与创造秩序》，陈天华在《中国革命史论》，以及邹容在《革命军》等文献中表达的进化论，并未超出孙中山关于"互助"原理和进化与革命之关系的思想。鲁迅青年时期发表的《中国地质略论》《人之历史》等文章中的自然演化论思想与同一时期的《文化偏至论》《摩罗诗力说》中的"培物质而张灵明"观念，如果不是对立的，至少也是分裂的，而他在《热风·随感录四十九》《我们现在怎样做父亲》中基于"生物的真理"而相信的进化论，不过是后胜于今、青年胜于老人。李大钊、陈独秀在信奉马克思主义对历史的解释之前，其思想中所包含的进化观念，在深度上还不及孙中山。胡适从《新青年》时期就一直崇奉的作为实验主义之世界观基础的生物进化论，即是杜威的如下观点——把进化了解为生物学的进化，把经验了解为应付环境的办法，于是"进化观念在哲学上应用的结果便发生了一种历史的态度"。在这一时期的思想家中，严复阐发的"天演哲学"，以及他对社会进化论和生物进化论的了解，至今来看依然是最复杂也最深刻的。

在我们看来，中国思想家在清末民初构建的进化理论，与其说是"世界观"，不如说是"社会进化论"，宇宙或自然的普遍进化主要是一种生物学的

---

① 参见汪晖：《汪晖自选集》，广西师范大学出版社 1997 年版，第 50—52 页。

隐喻——"自强保种"和社会变迁"日趋于善"（梁启超语），并非贯彻了达尔文的生物进化论，而是一种由时势所激发的、未经过论证的直觉信念。①由于"进化"本身便是一个含义丰富而混杂的概念，也就不存在中国思想家对进化论的"误读"问题。②

三、危机意识与进步意识：进化论的思想史效应

在信奉进化论的前提之下，中国近代思想家围绕进化史观而形成有差异的乃至相互冲突的社会进化理论和社会改造方案。最显而易见的差异是在维新派和革命派之间，前者以进化的渐进性论证中国实行君主立宪的合理性，后者则以"革命者，天演之公例也"号召在中国实行民族、政治和社会革命，或者说实行民主共和的必要性。几成定论的看法是，维新派所固守的乃是"庸俗进化论"，而革命派主要通过革命促使中国社会的发展，其"革命进化论"具有时代的进步性。③冯契还分析了《新青年》同人之中陈独秀、李大钊、鲁迅与胡适"代表了进化观的两个不同的发展方向"，在陈独秀、李大钊和鲁迅那里，进化论发展为唯物史观，而胡适的进化论则指向实验主义和

---

① 李泽厚在谈到康有为那一代人的"世界观"时曾说："他们的世界观体系不是一个无矛盾的整体，恰好相反，他们常常在不同时期不同方面陷入甚至在逻辑上都是根本冲突不能自圆其说的地步。"（《中国近代思想史论》，安徽文艺出版社 1994 年版，第 124 页）

② 汪晖和李强指出，史华兹在判定严复为强调国家富强以及个体的利益和自由从属于国家利益和自由的"社会达尔文主义"者时，是出于对社会达尔文本身的错误理解——在《天演论》中，赫胥黎对斯宾塞式社会达尔文主义的批判，其问题意识针对的主要是一个社会共同体内部的生存竞争，"然而，严复面对的首先是在殖民主义的世界氛围中确定生存权利的方式问题"，因此，严复（以及其他中国近代知识分子）的民族本位取向与社会达尔文主义之间并无联系（参见汪晖：《严复的三个世界》，载《学人》第十二辑，江苏人民出版社 1997 年版，第 60—61 页，又参见前引李强：《严复与中国近代思想的转型》，载刘桂生等主编：《严复思想新论》，清华大学出版社 1999 年版，第 382—383 页）。

③ 其间当然也有不同的声音，陈旭麓就曾强调维新派（及后来的立宪派）与革命派之间"不同一性中的同一性"。参见《近代中国社会的新陈代谢》，上海人民出版社 1992 年版，第 290—295 页。

多元论的历史观。① 冯友兰和李泽厚则从思想资源和知识结构这一视角出发，考察了维新派和革命派以及维新派内部在进化观念上的差异。冯友兰认为，东西方文化相互接触并开始在康有为等晚清思想界的领袖人物身上发生影响的时候，"他们将西方来的新文化与中国固有的文化联系起来，使西方文化变成中国人可以理解的东西"，此即是"格义"，维新时期的主要倾向是从中国传统文化的观点看西方文化，用中国传统文化的模式去套西方文化；而在现代革命时期中，主要倾向是从西方文化的模式去套中国传统文化。他同时指出，属维新派阵营的严复可称得是"中国第一个真正了解西方文化的思想家"，与康有为和谭嗣同不同，"严复是站在西学的立场，以西学为主，从西学看中学，对于中学做格义"。② 李泽厚则比较了孙中山与康有为进化观念所依据的知识前提的不同："孙中山的进化发展观念不是康有为那种玄学的神秘产物，而不过是对于自然科学和社会现象直观的、相互的概括结果，拥有明确的科学论据。"③

我们认为用改良和革命两种现实政治立场的差别分别对应"庸俗进化论"和"革命进化论"，在学理上缺乏根据。对社会进化的原因、机制和过程，中西社会进化论者除了对社会的"进步"或"发展"持肯定态度之外，从未达成过一致的看法。"改良"或"革命"涉及社会进化的方式（主要是社会进化的机制）问题。这一问题与生物进化机制——遗传性变异（突变）的连续性和非连续性对物种范围内个体适应的影响，以及新物种如何从先前的种群中分化出来（此即物种水平上的生物进化）——并无直接的联系；如果像孔德、斯宾塞那样在社会进化与生物进化之间作类比，从而在生物的连续性变异和非连续性变异与社会变迁的方式（改良和革命）之间建立对应关系，那也必须先形成可以在社会与生物之间进行类比的理论模式，即寻找贯

---

① 冯契：《中国近代哲学的革命进程》，上海人民出版社 1989 年版，第 313 页。

② 冯友兰：《中国哲学史新编》第六册，人民出版社 1989 年版，第 124—125、153 页。

③ 李泽厚：《中国近代思想史论》，安徽文艺出版社 1994 年版，第 350 页，又参见同书第 100 页。

穿并主导或支配社会与生物的普遍动力机制。如前所述,无论是康有为还是孙中山,除了断言自然和人类都在"进化"之外,更多的是强调社会进化的特殊性(孙中山明确将"物种进化"和"人类进化"视为两个逐渐分离的过程)①,这意味着无论是社会的"改良"还是"革命",都无法从生物进化机制的知识性证据中获得非此即彼的答复,因此,无论是"进化有渐,因革有由"(康有为语),还是革命乃"天演之公例",都同样是未经论证的断言。其次,从"社会进化"的历程来看,是"改良"还是"革命"更一般或更普遍,取决于主体从何种角度观察历史的变迁,基于历史社会学的特殊事实无法形成关于历史普遍法则的理论判断。简言之,维新派的主张"改良"和革命派的号召"革命",既不能从社会进化的普遍法则(假如有这样法则的话),也不能从宇宙进化或有机进化的普遍法则(宇宙进化或有机进化的统一性乃是自然哲学概念,而非自然科学概念)得到"科学"的论证。与其说是维新派和革命派因"改良""革命"的差异而形成两种类型的进化观(主要是进化史观),不如说是他们因对中国当时政治形势持不同的立场而形成两种政治派别,这两个政治派别为了使其政治立场和社会改造方案具有合法性,都试图将其纳入社会进化乃至生命进化、宇宙进化的"公例""天理""天命"等普遍性的理论构架之中。但是,我们透过进化观念的差异和冲突所看到的依然是政治意识形态的纷争,而非进化观念在理论逻辑上的相互驳难。在进化观念的具体阐述方面,从戊戌到辛亥期间的思想家群体对社会进化阶段的划分差异甚大,但对理论本身的分析应当同思想家个人所属的政治派别分开来看,通过个体思想的广泛比较来确定他们所依据的知识前提、观念模式的同一性和差异性之所在。这对于《新青年》同人进化观念的差异问题也同样适用。在五四前夕,同是新文化运动的领袖,但陈独秀、李大钊与胡适的政治理念和现实政治立场的差异就已存在,陈独秀、李大钊主要受法国大革命之后激进民主主义思潮的影响,而胡适在留美期间的"政治训练",则浸染于

---

① 严复本人明确认同斯宾塞的"天人一贯"论——带有机械论色彩的宇宙进化观。

美国式的自由主义，并将其与胡适本人所理解和认同的实验主义的理论立场相结合，只不过这种政治上的分歧尚未成为《新青年》同人关注的焦点。①陈独秀、李大钊之转向唯物史观，不仅是接受马克思主义对于历史的解释，同时还是政治立场的转变（在当时，是由激进民主主义向布尔什维克主义的转变），以及社会身份的转变——由"思想人物"经"批评时政"进而成为参与政治实践的"行动人物"，而胡适本人的政治立场始终未曾大变，因此，陈独秀、李大钊与胡适的进化观念之差异在多大程度上是政治立场差异的意识形态表述，还是源于进化观念自身的理论逻辑，仍然是一个需要具体分辨的问题。

冯契和陈卫平分别从哲学史和政治思想史的角度，对进化论在不同阶段对中国近代思想的影响提出了自己的看法。冯契认为，从历史观上来说，中国近代哲学的演变经历了从道器之辨演变到进化论和唯物史观。19世纪末，中华民族要解放，需要进化论来鼓舞中国人"自强保种"，来反对维护封建传统的天命论和复古主义，所以进化论在当时成了先进的中国人手中的哲学武器，中国资产阶级思想家在这一时期形成的哲学体系"以进化论为主要特征，并逐渐摆脱经学的外壳而取得了近代的形式"。但是，以建立在近代科学（首先是生物学）基础上的进化论解释社会历史的演变则是不科学的——将社会进化的动因归之于"物竞天择，适者生存"，或者归之于社会有机体各部分的互助合作，都不能真正科学地解释历史的进化。正是由于五四前后

---

① 关于法国等欧陆传统的民主主义和英美传统的自由主义之源流及其差异，参见《顾准文集》（贵州人民出版社1994年版）。在《新青年》同人中，鲁迅的思想和政治态度最为复杂。他在留日期间所写的文章，从语言风格到观念都受到章太炎的影响（参见王元化：《思辨随笔》，上海文艺出版社1994年版）；从回国到参与新文化运动，他经历了近十年的沉默期，从《彷徨·孤独者》和《朝花夕拾·范爱农》等文艺作品中所流露的情绪来看，他对中国政治和中国民众的精神状态可以说非常悲观，一方面相信严复《天演论》所言的"世道必进，后胜于今"，但又困扰于"庄周的随便"和"韩非的峻急"之中。在致许广平的信中，他称自己的态度为"个人主义"与"人道主义"的冲突。（对鲁迅所声言的此种困扰的分析，参见林毓生：《热烈与冷静》，上海文艺出版社1997年版）。

中国社会和政治局势发生了变化，而进化论不能从哲学上回答"中国向何处去"的问题，这就促使一些先进的中国人寻找新的哲学武器和革命方案，与现实政治态度的转变（由激进民主主义向马克思主义转变）相适应，"在世界观上，他们从进化论发展到唯物史观，并进而提高到辩证唯物主义"。总的来说，进化论"为中国人接受唯物史观吹响了前奏曲"。① 陈卫平指出，进化论得到社会普遍认同的一个标志，即是被广泛地用来指导解决时代的中心环节——政治问题，到新文化运动时期，其领导人和参与者一方面依然崇信曾经指引了辛亥革命的进化论，另一方面又在选择新涌进的各色各样的"主义"以取代进化论，这表明曾一度作为政治思潮主流的进化论开始"退落"。但他又强调，进化论为中国近代三大政治思潮即民族主义、自由主义和社会主义都奠定了理论基础，并且融入了这三大政治思潮之中，而且新文化运动期间进化论著作的大量译介使中国人对进化论的认识更进了一层：不仅认识了它的世界观意义，而且认识了它的知识意义。②

五四以后，进化论在中国的传播和影响，除了观念领域的历史观和政治思想之外，其演变还涉及知识史和社会史。以观念史而论，尽管 20 世纪 20 年代中期以后，采用唯物史观的社会进化论著作和译作大量出版，在关于社会进化这一论题上或许影响最大，然而进化论观念的多元取向至少在知识分子群体中仍是一个更加显著的事实。强调"生存互助"比"生存竞争"在社会进化过程中更重要的，不仅仅是无政府主义者，它对倾向于社会平等、民主的其他政治思想同样有极强的感染作用；柏格森充溢着主体生命意识的创造进化论，成为五四前后强调理性精神和道德意志的许多思想家的支援意识，杜威的来华讲学和胡适对作为"达尔文一派的进化观念"之运用的实验主义的诠释，亦有不小的影响；此外，古典文化进化论（主

---

① 冯契：《中国近代哲学的革命进程》，上海人民出版社 1989 年版，第 14、84、256—257、564 页。

② 陈卫平：《世纪末的新世界观》，载高瑞泉主编：《中国近代社会思潮》，华东师范大学出版社 1996 年版，第 73、94、120 页。

要是对泰勒著作的编译）、非马克思主义的社会进化论和奠基于自然选择学说的文化生物学等观念模式，也构成了一部分学者和思想家的学术思想资源。就知识史而言，源于社会进化论的"发展""进步"观念和"历史的态度"，以及生物进化论的基本常识，通过普及性读物和教科书的传播，其影响远远超出了知识分子群体的范围，我们甚至可以断言，一个受过中等教育的学生，对进化论的掌握也会比康有为等大多数晚清思想家更系统一些。

将五四之后进化观念的多元取向和关于进化论的知识意义之深化，置于社会史的视角下来观察，我们认为能获得更加清晰的理解。晚清以降，尽管政权更迭和政局动荡一直是中国社会变迁的主旋律，但近代化的建设也在缓慢地进展，与中国思想文化关系最紧密的当是现代教育体制的建立和留学潮流的形成，从小学到大学的完整学制和学习科目、专业的配置，以及到海外受教育途径的拓展，使得传统的士大夫阶层转变为新型的知识分子群体。将近代意义上的知识分子和传统士大夫区别开来的，首先是知识结构的差异，对于前者来说，儒家经义仅仅只是所受教育的一小部分内容，或者只是大学院系中文史专业的分支，源于西方的自然科学、技术科学和社会科学成了知识学习的主要部分；其次，近代知识分子的社会身份和活动空间的分化也日益明显，除了"学而优则仕"的传统路径和致力于颠覆现存政权结构的职业政治家群体之外，还出现了实业家群体和学院知识分子群体，这三大知识分子群体所关注的问题、从事的工作以及利益取向和价值选择，已不像传统的士大夫阶层一样具有同质性。从这一历史背景来看，康有为、梁启超等人代表了传统士大夫与近代知识分子之间的过渡形态，他们接受的教育主要是八股应试的科目，同时又通过自学接触到西方的自然知识和社会知识，而且在从事政治实践时，自觉担当着传统士大夫的社会身份，只是在寻求传统体制之内的政治革新受挫之后，方才与之疏离；辛亥革命和新文化运动的领导人，大多受过新式教育，但同五四之后成长起来的知识分子相比较，他们身上"旧学的根柢"要更浓厚一些。对于中国近代进化论的演变而言，上述历史背景显示的阶段性在于，清末民初的思想家无论其了解的现代自然知识和社会知识的深浅程度如何，他们注意的并非进化论在知识层面上的可靠性问题（1903 年出版的由马君武节译的达尔文《物种起源》，其影响远不能同《天演论》相提并论），而是进化论蕴含的政治含义及其对中国思想观念革新所能提供的价值支持。五四以后，随着现代教育体制和学科体系的逐渐成熟，中国出现了进化生物学家和以进化论为指导的社会科学家，他们首先要解决的是进化论作为一种知识体系和研究方法的根据、适用范围等问题，在实证研究的基础上表达某种社会关怀，或者是在进化论的学科规范研究中得以自足，将进化知识的建构、传播和进化观念的社会应用分离开来。作为学院知识传统和以思想构建为主导的进化论，在 20 世纪 20 年代初至 40 年代末的传播和影响，由于与当时以社会动员为宗旨的共产主义、三民主义、自由主义和无政府主义等未发生直接关联，因而便显得"沉寂"，但事实是进化论由政治思潮的主流转化为学术思想的一个重要构成部分。

总体而言，尽管进化论在近代中国的传播，从知识史的角度来看颇为混乱，但具有重要的思想史意义。除了蕴含"进步""发展"的进化观开启了中国的各种现代思潮，进化论的另一个重要影响是，社会达尔文主义所传达的种族意识，融入民族主义政治意识之中，从而促进了中国的民族觉醒。晚清士人面对西方列强（以及日本）的入侵，深切感受到"亡国灭种"的威胁，致力于挽救民族危机的各种言论，一方面，通过历史考证和想象建构"黄种"在血缘上的纽带，以章太炎为代表的国粹学派率先提出所有中国人都同属"炎黄子孙"，在此意义上，"黄种"有如一个扩大了的宗族，经由血缘的纽带拥有共同的文明，"黄种""白种"等的区分混合了生物学上的和文化特征上的差异，保国、保教、保种是三位一体的目标。另一方面，民族觉醒是通过批判、反省"国民性"或民族劣根性而展开的，尽管"国民性"批判的主旨是文明批判和社会批判，然而国民体格上的柔弱，往往与心理、人格上的弊病等量齐观，从优生学视角进行的中国民族性探讨，更是注重种种国民劣根性的生物学基础。① 因此，进化论对于中国现代意识的影响，是"冷"（危机感）、"热"（进步意识）交织的。由此可见，作为中国思想家关注的焦点，并由他们努力阐述的人类进化图景，如同一幅色彩斑驳的拼贴画，在现代性观念笼罩之下的进化思想史上并无实质性的创获，但无论对中国知识分子群体的自我启蒙还是经由知识分子对民众进行启蒙来说，却是意义重大的，因为它既传达了危机感，也传达了希望和梦想。

---

① 严复致熊纯如书信中曾言及"西人谓华种终当强立，而此强立之先进，以其有种种恶根性与不宜存之习性在，须受层层洗伐，而后能至"。按潘光旦的释义，严氏此论，"其旨以为人类之进化，舍天择而末由"（潘光旦：《二十年来世界之优生运动》（1925)，载《潘光旦文集》第一卷，北京大学出版社 1993 年版，第 347 页）。潘光旦《民族特性与民族卫生》(1936)、《优生原理》(1948) 等著作，体现了将优生学的知识视角与挽救民族危亡的社会关怀相结合以改造中华民族性的思想努力。值得注意的是，非欧美社会中的种族观念，虽然与欧美社会中的种族主义有着不同的政治和文化含义，但二者却共享相似的知识前提和社会偏见（参见冯客：《近代中国之种族观念》，江苏人民出版社 1999 年版，第 62—89 页）。严复 1895 年发表了引起广泛反响的《原强》一文，其中所阐述的进化观念和种族观念在清末民初的知识分子中颇具代表性。严氏对达尔文《物种起源》一书的"大旨"如是理解："所谓争自存者，谓民物之于世也，樊然并生，同享天地自然之利。与接为构，民民物物，各争有以自存。其始也，种与种争，及其成群成国，则群与群争，国与国争。而弱者当为强肉，愚者当为智役焉。"关于世界人种概况，严氏又言："盖天下之大种四：黄、白、赫、黑是也。……而黑种最下，则亚非利加及绕赤道诸部，所谓黑奴是矣"（《严复集》第一册，中华书局 1986 年版，第 5、10 页）。

第二章 "科学"观念与中国新文化的奠基

历史上，中国人一方面与异域的交往和对外部世界的了解不断扩展，同时却固守"华夏中心"的观念，认为自己不仅在诗书礼仪方面，而且在地理方位上也居于地球（"天下"）的中心。以传统天下观的解体为契机，知识结构转换引发的价值危机构成了中国文化重建的历史起点。五四新文化运动，将民主与科学作为中国新文化的一体两面。科学对中国现代转型的影响，主要表现为三个层次：一是从洋务运动的"富国强兵"、清末民初的"物质救国"到当代的"四个现代化"和"科教兴国"，现代科学及其工艺技术被视为推动中国现代化的主要力量；二是在"开启民智，扫除蒙昧"的号召之下，科学知识、方法及其包含的精神价值和社会功能，作为文明、现代的生活方式的知识基础，体现了日常生活领域的现代性；三是现代科学知识和思维方式形成了新的自然概念和宇宙观，并引向对人生和社会的重新理解，科学世界观逐渐取代传统的道德中心主义的理学世界观，构成中国文化现代性的深层内核。我们的关注点在第三个层次，即追溯由五四新文化运动所激发的科学世界观的建构、分解和重构的思想历程，尝试性地探讨以科学世界观作为中国文化现代性方案的潜力、限制和新的理论方向。

一、传统天下观的解体与中国的"知识危机"

近代意义上的世界地图及相关知识（包括地球的自然概貌、民族国家的地理分布和地图测绘方法等）传入中国并发生影响，始于明末耶稣会传教士。清道光、咸丰年间，除传教士的大量译介之外，还出现了中国士人吸收域外新知而撰述的世界地理志，世界地图的传播日益普及，其所传达的知识逐渐成为中国普通民众（主要是读书人）的常识观念。透过晚明至晚清近三百年间世界地图和图说的传播，可以看到中国传统的天下观念在这个过程中发生的变化及导致的结果。

晚明至晚清世界地图的传播与影响

明末，西方传教士随着地理大发现后欧洲诸国的海外殖民活动梯航东来，在他们随身携带的物品中，便有当时最先进的世界地理图籍。作为耶稣会教士"学术传教"策略的实施结果，世界地图因此而为部分中国士人所知。明清之际在中国刊刻的地图，最初是利玛窦绘制的《万国舆图》，从1584年至1609年，此图有不少版本，并多次被翻刻，其中以1602年李之藻在北京的刻本最为完善且传布最广。[①] 这个刻本的显著特色是图文结合，在大椭圆形的地球图之外，尚有六幅小图，分别附有九重天图、天地仪图、南北两半球、日蚀图、量天尺、周天黄赤二道错行小图；文字除地名外，有题识、说明、表和附注。其说明部分是对各个图的解说，表则有纬度里数表和太阳出入赤道纬度表。《万国舆图》实际上是一部简明的世界地理图志，它引进了西方的地圆说和经纬度制图法，介绍了地球五带说、五大洲和当时各个地区、国家的大致方位。明末第一部世界地理的中文著作，则是艾儒略编译的《职方外纪》（初版刊于1623年），是书历述五洲各国的风土人情、气候名胜，对欧罗巴的介绍篇幅最大也最重要，为17世纪的中国读者提供了大量前所未知的外部世界的知识。书中地图有"万国全图""南北舆地图"两幅、"亚细亚图"、"欧罗巴图"、"利未亚图"和"南北亚墨利加图"。图中文字均用汉语标出，比起此前利玛窦的世界地图，在系统性和真实详尽方面都大大推进了。卷首地球全图之后，有一节文字解说《五大洲总图界度解》，其中

---

① 参见洪业：《考利玛窦世界地图》，载《洪业论学集》，中华书局1981年版。

的知识大多已为利玛窦述及，不同的是文中对天圆地方的观念作了澄清，谓"天圆地方，乃语其动静之德，非以形论也"，并说明不存在"地球中心"："地既圆形，则无处非中。所谓东西南北之分，不过就人所居立名，初无定准。"① 除此之外，明清之际传入中国的世界地图，现今可考者，尚有《万国图记》与《坤舆全图》《坤舆图说》。前者是一本世界地图册，为利玛窦于1595 年在南昌编撰，1600 年进贡给万历皇帝（已佚）；后者系南怀仁编撰，1674 年出版，包括东西两半球世界地图及其解说（分自然地理和人文地理两部分）。

18 世纪初，受"中国礼仪之争"的影响，作为对教皇禁约的回应，康熙帝发布禁教令，其后雍正、乾隆二朝对传教士的排拒愈加激烈，世界地理图志和其他西学的传播遂告中断。直至 19 世纪上半叶，传教士才又掀起传播世界地理知识的第二波热潮。在马六甲出版的最早中文报刊《察世俗每月统记传》（1815—1821）上，已有关于世界史地知识的介绍，而在广州创刊的中国第一份报纸《东西洋考每月统记传》（1833—1838）则专设有地理一栏，共有文章 35 篇，对东南亚、南亚和欧洲的自然、人文地理均有广泛介绍。比如，道光甲午年二月载"地球全图之总论"，叙述地圆、地球小太阳大、昼夜及四季之形成、气候、陆地海洋方位等；道光乙未年刊的地理栏内有"列国地方总论"，分述亚、欧、非、美四大洲的国别，以亚、欧为详。② 在此前后，马礼逊、麦都思和米怜分别在马六甲出版《西游地球闻见略传》（1819）、《地理便图略传》（1819）和《全地万国纪略》（1822），袆理哲 1848 年在宁波出版《地理图说》，慕维廉 1853 年在上海出版《地理全志》，罗存德 1855 年在香港出版《地理新志》，俾士 1859 年在广州出版《地理略论》，都是关于地球基本知识的普及读物。此外，1839 年创办的马礼逊学堂的课程中，有地理一科，所用教材是柏利的《地理学》；《遐尔贯珍》月刊（1853—

---

① ［意］艾儒略：《职方外纪校释》，谢方校译，中华书局 1996 年版，第 27 页。

② 参见爱汉者等编，黄时鉴整理：《东西洋考每月统记传》，中华书局 1997 年版。

1856）上亦有《地理撮要》和《地理全志节录》等文章。以上由新教传教士输入的世界地理图志，较之利玛窦、艾儒略、南怀仁等，不仅增加了新的信息，而且传播媒介也趋于多样化。

与此同时，受鸦片战争失败的刺激，一部分留心世务的中国士大夫开始主动了解外部世界的状况，编撰了一批世界史地的著作。魏源的《海国图志》，徐继畬的《瀛环志略》和姚莹的《康輏纪行》中，都附有世界地图及文字说明，其中以徐继畬的图文最为翔实可靠。《瀛环志略》卷一有《地球图》（分成两幅，南北美洲单独绘一图），乃徐继畬在美国传教士裨治文等帮助下，参照中外图籍绘制而成，并有《地球》一节文字加以解释。在对地球的总体描述中，包括地形如球、南北极、赤道、海陆分布、各大洲的主要国家及各大洲在世界形势中所处的地位等等，简略但很清晰。正如有的论者指出，徐继畬的注意力集中于地球的地理奥秘，以及这个星球上生存的人类的历史，他对世界的介绍性描述完全是以地球为中心的，因而遗漏了一些重要的信息（例如，他没有明确说明太阳并不围绕着大地运转）。① 但是，比起利玛窦世界地图中"矮人国"等荒诞不经的传说，就可明白这一时期关于世界的理解和认识已经有了巨大的进步。

19 世纪 60 年代以后，在洋务运动的带动之下，西学潮涌而入，日益成不可阻挡之势，各种新式学校、译书出版机构和报章杂志如雨后春笋一般遍布城乡。据统计，从 19 世纪后期至 20 世纪初，单是史地类的译书便达到 185 种，② 若加上单篇的文章和未译或未正式出版的教科书，其数目将更可观。其中有关世界地理图志的介绍，在数量和新增信息等方面，毫无疑问要远远超过此前的任何一个时期。

上述世界地理图志传入中国之后，其影响在不同时期差异甚大，而中国人在对这些新知作出回应的时候，是以自己特定的理解为前提的。简单地

---

① 参见德雷克：《徐继畬及其瀛环志略》，山西人民出版社 1987 年版。

② 参见钱世训：《近世译书对中国现代化的影响》，《文献》1986 年第 3 期。

说，中国人的世界图景中，有两个根深蒂固的观念：天圆地方和中国位于世界（地球）的中心。这一点利玛窦初到肇庆时曾经深有感触："他们的世界仅限于他们的十五个省，在它四周所绘出的海中，他们放置上几座小岛，取的是他们所曾听说的各个国家的名字。所有这些岛屿都加在一起还不如一个最小的中国省大。"① 为了迎合中国人的这种心理，利玛窦在绘制世界地图时，不得不抹去福岛的第一条子午线，在地图两边各留下一道边，使中国正好出现在中央。这个插曲预示着中国人接受与传统观念全然不同的世界图式将是一个曲折艰难的过程。

明清之际天主教传播的鼎盛时期，中国天主教徒达 27 万多人，② 但耶稣会士的"学术传教"走的是"上层路线"，即针对以朝廷为核心的各级行政部门中的达官贵人和士大夫阶层，即使在这个范围内，西学的传播面也是极其有限的。尽管士大夫们对耶稣会士"咸与晋接"，但对传教士带来的种种"西洋奇器"，大多只是抱着猎奇的态度，只有李之藻等少数几个对科学感兴趣的士人在理智上接受了世界地图，并在某种程度上突破了"华夏中心"的观念："尝试按图而论，中国居亚细亚十之一，亚细亚又居天下五一，则自赤县神州而尽斥为蛮貊，得无纷井蛙之诮乎！"③ 不过，就是热心刊刻利氏地图的诸人，按洪业先生的考证，对这一套新的地理知识，多半也不甚了了。④ 时人的反应，按诸《圣朝破邪集》（1639）和《不得已》（1665）等文献，更多的是将地圆说、世界大势的分布视若海外奇谈，"由是知利玛窦地图，当时虽行甚广，且学者著述，亦多采纳以备舆地之一部，然就一般之情形言之，中国人之地理知识，并未因此而冲出旧有的传统认识"⑤。《职方外纪》一书在明清间多次被翻刻，其影响的范围较利氏地图广泛，其遭遇则与

---

① 利玛窦：《中国札记》，何高济等译，中华书局 1983 年版，第 179 页。

② 参见熊月之：《西学东渐与晚清社会》，上海人民出版社 1994 年版。

③ ［意］艾儒略：《职方外纪校释》，谢方校译，中华书局 1996 年版，第 9 页。

④ 参见洪业：《考利玛窦世界地图》，载《洪业论学集》，中华书局 1981 年版。

⑤ 张维华：《明清之际中西关系简史》，齐鲁书社 1987 年版。

利氏地图相类似。在地图测绘方面，1708 至 1718 年完成的《皇舆全览图》采用的就是由传教士输入的经纬度制图法，然而这种方法并没有推广。

在整个 18 世纪，没有新的世界地理图志传入中国，但明清之际的世界地理著述仍为中国人所知。1782 年成书的《四库全书》及《总目》在史部地理类，载录有《职方外纪》《坤舆图说》《别本坤舆外纪》和《西方纪要》四书。就前两者而言，《总目》在介绍了《职方外纪》的内容之后，结论是"所述多奇异不可究诘，似不免多所夸饰；然天地之大，何所不有，录而存之亦足以广异闻也"①。《坤舆图说》则被当作抄袭东方朔的《神异经》一书，谓"疑其东来以后，得见中国古书，因依仿而变幻其说，不必皆有实迹"，同时又承认"核以诸书所记，贾舶之所传闻，亦有历历不诬者，盖虽有所粉饰，而不尽虚构"，其最终的价值也不过是"存广异闻"。②值得注意的是，这一时期有华工、华商、官员和信奉天主教的国人远渡重洋，游历异国，有些人留下了亲身见闻，如陈伦炯《海国闻见录》、樊守义《身见录》、谢清高《海录》、程逊我《噶剌纪略》、王大海《海岛逸志》等，初刊于雍正八年（1730）的《海国闻见录》中还附有四海总图。但我们只需看《明史·外国传》、第二部《大清一统志》（完成于 1784 年）和《清朝文献通考》（刊于乾隆年间）等官方权威文献，就不难发现上述两类著述没有进入当时权力中枢和知识阶层的视野，他们对于世界的看法仍然是："大地东西七万二千里，南北如之。中土居大地之中，瀛海四环。其缘边滨海而居者，是谓之裔，海外中国亦谓之裔。裔之为言边也。"③当英国的炮舰直逼中国门户时，尽管此前已有关于英国史地的可靠介绍，但朝野上下却"震于英吉利之名，而实不知其来历"。

在 19 世纪上半叶新教传教士输入的世界地理知识中，真正对中国本土

---

① 《四库全书总目》（七十一卷），中华书局 1965 年版，第 632 页。

② 《四库全书总目》（七十一卷），中华书局 1965 年版，第 632 页。

③ 龚缨晏：《鸦片战争前中国人对英国的认识》，载《东西文化交流论集》，上海文艺出版社 1998 年版，第 243 页。

产生影响的,当在《东西洋考每月统记传》刊出一系列介绍地理的文章之后,其直接受益者是魏源、徐继畬和梁廷枏等人,至于超出这个范围的影响,至今还未发现有明确的文献记载。《海国图志》和《瀛环志略》刊刻之时并未受到重视,但从 19 世纪 60 年代到 90 年代,这两部书一直是讲求洋务、热衷"新学"的官员和士人最重要的"地球指南"。晚清两代士人冯桂芬、王韬和康有为、梁启超等都有文字记录他们读这两本书后所受到的思想冲击,梁启超在 20 世纪 20 年代对此作了总结:"此两书在今日诚为刍狗,然中国士大夫稍有世界地理知识,实自此始。"① 需要指出的是《海国图志》等书中"世界眼光"和"天朝心态"矛盾交织的复杂情况。《海国图志》共附有 72 幅地图,其全球总图和各洲的分图划界疆域非常清楚,与此形成鲜明对照的是,第 74 卷《国土总论》中有《释五大洲》一节,从地理学的角度对世界中心进行考辨,旨在说明中国位于世界中心(另一篇《释昆仑》从文化上论证中国处于世界中心)。② 魏源实际上不相信西方的地球图说,而杂以释典的四洲说,并牵强附会地去证明释典所说为正确,进而考订中国居于世界中心,优越于其他民族和国家。在《海国图志》等书广泛流传的过程中,其文本中的这种矛盾无疑在后人的知识和观念中也会留下或深或浅的痕迹。

19 世纪 60 年代以后,世界地理著作的译介数量激增,传播媒介多样化,表明外部世界的真实信息已愈来愈清晰地呈现在中国人面前,受众对象的主体从士大夫阶层扩及新式学校的学生和识文断字的普通大众——尽管在中国总人口中,这一部分人所占的比例依然是很小的。1902 年,清政府颁布新学制,各地中小学堂纷纷采用新式教科书。以中国知识分子最早自编的新式教科书《利济教经》(1895)为例,其《地球章第十四》运用三字经的形式,将东西半球、五大洲、四大洋等地球基本知识表述得浅显易懂;经学部审定

① 梁启超:《梁启超论清学史二种》,朱维铮校注,复旦大学出版社 1985 年版。
② 参见章鸣九:《〈瀛环志略〉与〈海国图志〉比较研究》,《近代史研究》1992 年第 1 期。

通行的《初等小学国文教科书》第 70 课这样编"桔"字:"盘中有桔,其形圆,父告我曰,地球形圆,亦如此桔。"由此可见,三百年前令饱学之士们感到莫名惊诧的地理知识,现今已成为儿童蒙学的内容。再以 1906 年出版的王邦枢《初等中国地理教科书》为例,全书 52 卷 40 章 120 课,涉及天文地理、人文地理、亚洲大势、中国大势等,已经是集天、地、史、政为一体的近代型知识系统了。如陈旭麓先生所言:"中国人对世界的认识,是由地理推及其他的,是由地及史及政的。"① 尤其是这样完整的知识结构作为与中国数千年的传统日益疏远的中小学生们的必修课时,以"华夏中心"天下观的倾覆为基点的中国文化之近代转型,便获得了现实的基础,并为这个漫长、曲折的转型过程确立了一个真正的起点。

中国传统天下观及其解体

世界地图直观地显示着人类生息繁衍的地球的自然概貌、人类族群及政治结合形式的区域分布状况,人类历经数千年的活动、交往和探索,并伴随着种种幻想和推测,方获得这样真实的"地球指南",而中国人从世界大势中明确自身所处的方位和面临的境况,足足花了三百年。世界地图的传播与接受之间的距离,以及这一过程中特有的认知障碍,根源于中国传统天下观的顽固,它作为一种客观的文化限制,决定了世界地图在中国发生影响的具体方式。

在世界的各大古老文明中,中华文明的早熟乃是公认的事实。殷商时期,古人已从方位的观念来认知他们的世界,其基本结构是中央与四方;两周时期,进一步发展为"中国""天下"与"五服"这一具有层次含义(差序格局)的结构;春秋五霸尊王攘夷,文化意义上的夷夏观念融入天下观之中,逐渐形成一个方位、层次和文化交织的框架:"天下由诸夏及蛮夷戎狄组成,中国即中夏,为诗书礼乐之邦,在层次上居内服,在方位上是中心,

---

① 陈旭麓:《浮想偶存》,华东师范大学版社 1997 年版,第 525 页。

蛮夷戎狄形同鸟兽，在层次上属外服，在方位上是四裔。方位和层次可以以中国为中心，无限地延伸；诗书礼乐的华夏文化也可以无限地扩张。最后的理想是王者无外，进世界于大同。"①

　　秦汉的大一统巩固并强化了这种天下观念，其影响至晚清而不衰。在这个天下结构中，居于核心地位的无疑是层次观念——中国对四裔的统率，它既是身为"天子"的皇权合法性根源，又是以朝贡贸易为主的天朝对外关系体制的依据；在实现方式上，它宣称是以德服天下，而事实上起作用的乃是以武力做后盾的国威。认知上的方位观念和文化心态上的夷夏之别，从功能的角度看，都是为了维护这个核心。于是在中国历史上就出现了一种奇怪的情形：一方面，中国与异域的交往和对外部世界的了解一直不断地在扩大，"在汉代，中国人第一次注视西方，知道西域天地广阔，国家众多，物产新奇，民情殊异"②；唐以后，中国的船只就已经往返于南洋诸岛国之间，并通过波斯和阿拉伯商人的中介，与欧洲有广泛的贸易往来；从《史记》开始，对异域山川道里和风土人情的记载始终未曾中断；自秦汉初步形成较完整的地图符号体系以后，各种职贡图、外国图、华夷图和航海图等几乎每个朝代都在绘制，最迟到郑和下西洋时，中国自身所掌握的域外知识足以打破"华夏中心"的方位观念。但另一方面，这些知识的积累非但没有导致新的世界图式的萌生，反而作为天朝上国威服四海、夷夏分殊的凭证。由此可见，中国人心目中的世界形象，在西方近代世界地理知识传入之前，就根深蒂固地有一种认知上的障碍，单纯的知识传播是难以突破这种障碍的。这种自我中心的天下观，并非中国独有，在古代世界里，毋宁说是一种普遍的文化现象。欧洲在托勒密时代后，一千多年间盛行的是宗教寰宇图（习称"轮形地图"或"T—O"地图），世界被绘成一个圆盘，圆盘被分成几部分，以表示世界被分成几个大陆，在大陆上杂乱无章地分布着许多河流和山脉，而且那

---

① 邢义田：《天下一家——中国人的天下观》，载《中国文化新论·根源篇》，台北经联出版事业公司1984年版，第454—454页。
② 黄时鉴：《中西关系史年表》，浙江人民出版社1994年版，第4页。

些较典型的 T-O 地图非常突出地把耶路撒冷画在圆的中心。① 到公元 14 世纪以后，在地中海地区开始出现实用航海图，地理大发现增进了欧洲人对世界各地的了解，古希腊的经纬度制图法，随文艺复兴而再度得到使用，并改进投影法以表示地球表面的曲率，至 16 世纪，耶稣会传教士进入中国前夕，欧洲的制图学和世界地理知识率先进入近代时期。而中国和其他非欧洲文明一样，仍受蔽于以自我为中心的天下观。

明末传教士带来的世界地图，在或接受或猎奇或拒斥的士大夫那里未能引发观念危机便不难得到理解，因为此时的中国社会，思想文化仍在一种传统的形式中得以自适自足，文化夷夏观支配下的优势心理并没有被撼动。清初的承平和百年盛世，使上层统治者和士大夫阶层迷醉于"天朝德威远被，万国来王"，更强固了天朝上国的心态，对于域外的变化和种种新知达到视而不见的地步。鸦片战争充分表露了王朝体制的内部衰败，在"山中之民有大声音起"的同时，朝野上下感受到外力侵逼乃"千古一大变"的威胁，天朝意识有所收敛，但仍旧顽强地盘踞在头脑中，魏源等人"以夷制夷"观念框架中的"世界眼光"便是这样的产物。在其后的王韬、马建忠和何启、胡礼垣等人那里，知识与价值观念之间的矛盾和冲突仍以各种不同的方式表现出来。只有到了中国面临着亡国灭种的危险，清王朝气息奄奄的关头，"华夏中心"观才受到致命打击而趋于解体。

二、科学世界观与中国文化现代性的展开

在参与者的追述和后人的历史记忆中，"五四"事件与"五四"前后兴起的新文化运动已经连为一体，并成为中国迈向现代化过程中一个关键的转折点。由"五四"知识分子发起的思想革命和社会变革，被公认为中国历史上的第二个"百家时代"，并且是理解百年以来中国社会与文化变迁的一个

---

① 参见李约瑟：《中国科学技术史》（第五卷第一分册），科学出版社 1976 年版，第 74—88 页。

重要线索。陈独秀将《新青年》同人的"罪案"归结为拥护"德先生"（Democracy）和"赛先生"（Science），"认定只有这两位先生，可以救治中国政治上、道德上、学术上、思想上一切的黑暗"①。尽管围绕《甲寅》《东方杂志》和《学衡》的知识群体，与《新青年》同人在具体观点和思想、政治立场方面多有歧异，但五四新文化运动的主流无疑就是陈独秀所言的民主和科学，而这一运动之长远的历史效应，就在于它提出了中国文化的现代性问题。

五四新文化运动与科学世界观的建构历程

西方现代科学最初由耶稣会传教士传入中国，并促进了明清之际的士人对天文、历法和算学的研究兴趣。但科学对中国社会变迁真正产生影响，应始于晚清的洋务运动时期，其内容是与"船坚炮利"有直接关系的"声光电化"，被称为"格致"，是道咸以降"西学"或"新学"的主要构成部分。大约在甲午至戊戌变法之间，日本哲学家西周用"科学"翻译 Science 或 natural philosophy 的用法，开始被严复、梁启超等人所采用；清末民初，带有儒学印记的"格致"被"科学"所替换。也正是在这一阶段，国人对科学的致用之道、社会功能和方法论特征已有了清晰的认知，与《新青年》同年创刊的《科学》聚集了一个科学家共同体，他们对科学的精神价值作了集中、系统的阐述，并形成更广泛的科学话语共同体——一个运用科学的或准科学的语言，利用科学的公理化的权威从事社会文化活动（其中也包括科学和技术活动）的知识群体。在此意义上，五四新文化运动可看作是一场科学话语共同体的运动②。胡适1923年的文章对此有生动的描述："这三十年来，有一个名词在国内几乎做到了无上尊严的地位；无论懂与不懂的人，

---

① 陈独秀：《〈新青年〉罪案之答辩书》，载《陈独秀文章选编》，生活·读书·新知三联书店1984年版，第318页。

② 参见汪晖：《现代中国思想的兴起》下卷第二部，生活·读书·新知三联书店2008年版，第1106页。

无论守旧和维新的人，都不敢公然对他表示轻视或戏侮的态度。那个名词就是'科学'。"①

戊戌变法时期的思想家，不仅崇信西方的科学知识，深受实证主义科学观的影响，而且开始了科学世界观建构的尝试："他们把西方科学发展某阶段上的具体结论，视为确定无疑的真理，并且直接用于宇宙论和世界观的论证，又从宇宙论（天道）直接推论出历史观或人生观（人道）。"② 比如，谭嗣同将"以太""电"和"仁""心力"相等同，严复则把斯宾塞的社会达尔文主义扩展为"宇宙达尔文主义"，他所诠释的"天演"概念贯通了自然、历史、人生和伦理的一切领域。无论是以中释西，还是以西释中，都构成了梁启超所说的"不中不西亦中亦西"之"新学"，与天理世界观若即若离的科学世界观已具雏形。至新文化运动期间，陈独秀宣称科学是"新时代的信仰"，作为这种新信仰的理论结晶，吴稚晖于1923年发表《一个新信仰的宇宙观和人生观》，用物理主义的机械决定论，系统阐述了"一团漆黑"的宇宙观和"人欲横流"的人生观，唯科学主义的思维方式在其中达到极致。但是，在清末民初的思想语境中，反科学主义的言论始终未曾断绝。第一次世界大战中新式武器造成空前惨烈的杀伤力，使杜亚泉、梁启超等人对西方现代科学技术以及机械主义的生活方式产生了幻灭感，反复进行的中西文化论战到1923年终于转变为"科学与人生观"的论战。与陈独秀相反，张君劢宣告了"新玄学时代"的到来。经过科玄论战，科学世界观的建构实际上已处于分解的状态：现代新儒家重建传统的"心性之学"，拒斥唯科学主义对人生和社会问题的解释；另有一些学者和思想家则试图在科学（包括自然科学和社会科学）与儒学之间进行沟通和融会，比如张申府对孔子和罗素、潘光旦对儒学和达尔文主义、费孝通对儒学与功能学派的相互诠释，便形成了一些独特的思想个案，潘光旦、费孝通等人的学术思想甚至开启了"现代

---

① 胡适：《〈科学与人生观〉序二》，载张君劢等：《科学与人生观》，黄山书社2008年版，第9页。

② 高瑞泉：《现代中国精神传统》，东方出版中心1999年版，第219页。

社会科学的儒家思想传统"。与此同时，继续系统地重构科学世界观的尝试，在中国马克思主义思潮中得到了充分的体现。

马克思主义的广泛传播，马克思取代孔子成为国家、社会核心价值体系的象征符号，无疑是中国现代思想史上最为重要的事件。在中国马克思主义的发展过程中，马克思主义基本原理始终是作为科学的真理和"行动指南"而发挥作用的，对科学世界观的认同和持续性建构，是中国化马克思主义的一个显著特色。总体来看，它可分为三个阶段。从五四时期马克思主义的传播到毛泽东思想的成熟，科学世界观主要是在科学的社会观和历史观这一特定层面上展开的。陈独秀在科玄论战中明确表示"唯物的历史观"乃是"完全真理"："我们相信只有客观的物质原因可以变动社会，可以解释历史，可以支配人生观。"在他看来，"物质的即经济的原因"[1]。李大钊此前已从经济史观的视角对中国近代社会进行过解释。瞿秋白通过肯定社会现象和自然现象遵循完全一样的"因果的必然"，引入了唯物主义世界观和唯物主义辩证法，此后艾思奇在影响广泛的《大众哲学》中也着力宣传马克思主义的科学世界观和方法论，毛泽东在延安时期更有《实践论》《矛盾论》的创作。不过，毛泽东对认识论问题的探讨是在实践经验的基础上强调客观实际和主观能动性的结合，以及知（理论）与行（实践）的统一。在指出辩证法和形而上学是两种对立的宇宙观之后，毛泽东并没有对辩证的宇宙观作详细的论证，而是重点阐述矛盾特殊性原理。正如许多中外研究者所言，毛泽东思想乃是一种行动的哲学或改变世界的哲学，而非学院哲学，中国共产党人的军事和政治斗争经验在其中得到了最生动有力的理论总结。毛泽东思想之为科学世界观，是由它成功地解决了中国革命问题而被确证的。在学术研究领域，尤以唯物史观派的历史学影响最大，张君劢如是言："在我们今日之中国，正是崇拜西洋科学，又是大家想望社会革命的时候，所以唯物史观的学说，在中

---

[1] 陈独秀：《〈科学与人生观〉序一》，载张君劢等：《科学与人生观》，黄山书社2008年版，第7页。

国能如此的流行，是不足为奇的。"①

随着中华人民共和国的成立，马克思主义科学世界观的建构进入第二个阶段，即从苏联移植过来一套严整的"辩证唯物主义和历史唯物主义"体系，分别从存在（世界的本原）、实存（世界的发展规律）、真理（认识的本质和发展规律）、历史（历史的本质和发展规律）和人（共产主义和人类解放）五个方面，复制了西方形而上学的结构，这可以说是对理学世界观最系统的结构性替代。冯友兰以理学思想家的眼光深刻地解读出其中的政治和文化含义：

> 通观中国历史，每当国家完成统一，建立了强有力的中央政府，各族人民和睦相处的时候，随后就会出现一个新的包括自然、社会、个人生活各方面的广泛哲学体系，作为当时社会结构的理论基础和时代精神的内容，也是国家统一在人的思想中的反映。②

在最近的四十年多来，与改革开放和中国特色社会主义理论体系的形成相适应，马克思主义科学世界观的建构，一方面坚持了新民主主义革命时期提出的实事求是的思想路线，另一方面在发展生产力和促进经济建设的同时，强调以人为本的社会和谐与科学发展，马克思主义科学世界观作为科学历史观的特质再度凸显。

以上对五四以来科学世界观嬗变的简要概述，表明科学世界观是在传统社会逐渐解体、天理世界观走向衰落的背景下兴起的。它不仅与现代科学知识、方法和精神的传播密切相关，而且也是社会和政治变革的内在要求；在理论层面上它是抽象的，但它的运用则强烈地影响日常生活和心态结构。

---

① 张君劢：《人生观论战之回顾》，载《民族复兴之学术基础》，中国人民大学出版社 2006 年版，第 86 页。

② 冯友兰：《三松堂自序》，人民出版社 1998 年版，第 353 页。

"科学与中国"的未来

正如五四时期"赛先生"的代言人所感知的那样，现代科学是欧洲对世界文明所作的持久贡献，它已成为人类的共同财富。清末洋务运动以来，中国的工业化和社会转型，始终伴随着现代科学及其技术应用的广泛引进、开发和创新，科技毫无疑问是中国现代化的重要推动力量。在这一过程中，现代科学还扮演着通过知识启蒙重塑社会文明的角色。20 世纪 30 年代，科学家共同体继续吁请"赛先生"，以各种方式开展"中国科学化运动"，倡议"以科学的方法整理中国固有的文化，以科学的知识充实中国现在的社会，以科学的精神广大中国未来的生命"[1]。直到中国当下，"科学化"依旧是民众日常生活现代性的主要体现和未竟之业。因此，"五四"先贤以科学开启民智的文化启蒙运动有着划时代的意义："他们使用'赛先生'一词作为护符，用这个具有魔力的护符来驱走迷信、保守主义以及对过去的盲目忠诚，以便把人的智慧解放出来，去思考人类所面临的种种紧迫问题。"[2]而这同时意味着，日益迈向现代化进程的中国人，必须要承担科学时代的社会风险和心灵重负。早在 20 世纪初，那些敏感的新式知识分子便对此有所自觉，如章太炎以善、恶"俱分进化"质疑单线的社会进步，王国维为"可信者不可爱，可爱者不可信"而苦恼，青年鲁迅对物质主义和技术化压抑人的"灵明"的抨击，等等。经过两次世界大战的洗礼，尤其是当代的环境恶化和核战争的阴影，但凡受过科学教育的中国人，都早已放弃了"科学万能之梦"。事实上，任何一种文明都有可能反过来伤害文明的创造者。现代科学和技术是现代中国人无法拒绝的一种文明生活类型，同时，也只有凭借科学的认知态度和精神，才能避免科学及其技术运用所带来的危险。"赛先生"来到中国，已不再是单纯、幼稚的过客，而是饱经风霜的旅者。

---

[1] 段治文：《中国现代科学文化的兴起(1919—1936)》，上海人民出版社 2001 年版，第 233 页。

[2] 费侠莉：《丁文江：科学与中国新文化》，新星出版社 2006 年版，第 119 页。

科学在人类生活中自有其恰当的位置和确定的意义，而这就需要考察、体认什么是人类生存的"文化必需品"。人类作为"文化动物"，表明本能的需求和生物性的满足均需要借助文化的手段或经过文化的"文饰"。基本的文化形式有其发生学的历史。对这个复杂的史前史学和哲学人类学问题，此处无法展开论述，只能简单地陈述结论性的看法：哪怕是一个简陋无闻的原始生活群体，其成员要想生活下去，也必须要有对周围环境的认知以及用于谋生的工具和技能；他们还需要规范行为的道德和安抚内心恐惧、忧虑等种种情感的超越经验的信仰；在艰辛劳作的余暇，他们也有休息、娱乐、游戏的需求，并通过肢体语言、刻画符号或集体节庆表达一个想象的世界，抒发情感的愉悦。当一万年前文明起源之时，知识和技艺、道德和信仰以及游戏和审美，已作为人类生活中必不可少的文化形式得以定型。就广义而言，它们也是科学、宗教和艺术的原生形态。一万年以来种类繁多、内容广泛的各种文化形式，都可以看作是以上原生形态的衍生物。换言之，科学、宗教和艺术是人类看待世界的三种基本思路，尽管在特定文化群体中它们所包含的内容或所处的位置各不相同，甚至会出现一种文化形式覆盖或取代其他文化形式的状态（如西方中世纪的宗教—形而上学世界观和宋明以降道德中心主义的天理世界观），但我们总是能够从任何一个文化形态中将它们分辨出来。在世界各大文明中，西方文化的现代性是最早形成的，按马克斯·韦伯和哈贝马斯的看法，它乃是从宗教和形而上学中分化出现代科学、伦理和法律的理性主义与自主的艺术，分别从客观化的、符合规范的和审美的角度感受、理解世界。由此来看五四时期的科学启蒙和此后社会生活科学化的文化实践，它表明中国古典文明中原有的知识和技艺——就广义的科学是"描述、预测、解释并理解围绕在我们周围的这个世界的系统尝试"而言，也就是中国文明中的科学，在中国现代转型中已不够用，因而需要引入西方的现代科学文明。在"物质救国"时潮的激发之下，现代科学及其技术应用对于中国的意义也就更加明显。但是，这并不意味着中国的科学化就必然能够取代或排斥传统的道德理性和艺术精神。新文化运动期间，陈独秀和蔡元培曾分别提出"以科学代宗教"和"以美育代宗教"的论说，他们将宗教视为蒙昧和迷信的同时，也就把科学和艺术视为信仰，使之具有宗教的功能。从今天来看，这显然是一种过于乐观、偏狭的预言。五四以来唯科学主义世界观所遭遇的质疑乃至解构，更能说明这一点。科玄论战中"科学派"主将胡适和丁文江，都把"为全种万世而生活"或"社会不朽"作为自己的信仰，而且试图从自然主义宇宙观或以科学知识为依据进行客观化的论证。然而，他们的论证恰恰缺乏严格的科学性。以胡适的论证为例，他认为："根据于生物学及社会学的知识，叫人知道个人——'小我'——是要死灭的，而人类——'大我'——是不死的，不朽的；叫人知道'为全种万世而生活'就是宗教，就是最高的宗教；而那些替个人谋死后的'天堂''净土'的宗教，乃是自私自利的宗教。"[①] 面对由知识所确定的"小我"之死灭和"大我"之不朽这一现象，自我主义乃至虚无主义，与"为全种万世而生活"，在逻辑上都是同等可能的，或者说，都能够成为"有理由的信仰"。因此，胡适的信仰实际上已经过了超越知识依据的价值选择，从而也就不再是纯客观的科学论证。最近两百年以来，科学的解释力和技术的实用功能日益取得了文化主宰的地位，唯科学主义不仅是权威的思想方式，而且还是主导的生活方式。然而，当代人类所面临的各种全球性问题，表明仅仅凭借科学和技术，人类的生活是无法自足的。

总之，广义的科学及其运用，始终是人类文化的必需品，"现在西方化所谓科学（Science）和'德谟克拉西'之二物，是无论世界上哪一地方人皆不能自外的"[②]。但科学不是唯一的文化必需品，它不能取代广义的宗教和艺术对于完整的人类生存所具有的意义和价值。中国文化的现代性之形成，还需要道德和信仰、审美和艺术精神的转换和重建。

---

① 胡适：《〈科学与人生观〉序二》，载张君劢等：《科学与人生观》，黄山书社 2008 年版，第 23 页。
② 梁漱溟：《东西文化及其哲学》，载《梁漱溟全集》第一卷，山东人民出版社 1989 年版，第 338 页。

科学世界观重构的理论方向和文化意义

科学主义理论上的缺失，是否意味着科学世界观的建构面临着无法解决的困境？或者说，"科学"最终只能成为一种意识形态的修辞？五四以来科学世界观所经历的一系列建构、分解和重构，显示了无论是以具体的自然知识、科学方法还是以自然主义一元论为基础所形成的宇宙观，都不能称之为经验科学，也就是不能得到证伪，将"思想体系"等同于"科学体系"并建立"统一的科学"，反过来会侵犯经验科学。但是，正如张东荪所言，作为形而上学的宇宙观"必须殿以一个人生观"，"一切形而上学都只是人生哲学的序言"。① 对人生、社会的理解，必然关涉对人与世界关系的洞察，无论是否成功，科学世界观总是现代性思想的一个核心层面。当代中国马克思主义科学世界观的重构，其主要特点，是阐释以实践为中介的自然观，逐渐摆脱了"唯物主义在其发展过程中变得敌视人"的状况。不过，通过科学和"工业"（科学的技术应用）所确证的"在人类历史中即在人类社会的产生过程中形成的自然界是人的现实的自然界"，包含着由马克思所阐述的社会信念和人性理想：它是"完成了的人道主义"和"完成了的自然主义"，是"人和自然界之间、人和人之间的矛盾的真正解决"，是"历史之谜的真正解答"。② 而试图以实证科学的严格性表述实践自然观的当代中国学者，大多都回避了马克思实践唯物主义的价值指向，这依然是唯科学主义的马克思主义的一种变形。通过"回到马克思"的学术路径和思想取向重构科学世界观，以之作为中国文化现代性的奠基，无疑是一个富有潜力的理论方向，对此应当有多重视角的理解和引申。同样是从《巴黎手稿》的理论构想出发："自然科学往后将包括关于人的科学，正象关于人的科学包括自然科学一样，这将是一门科学。"③

---

① 张东荪：《科学与哲学》，商务印书馆 1999 年版，第 183 页。
② 《马克思恩格斯全集》第 42 卷，人民出版社 1982 年版，第 120 页。
③ 《马克思恩格斯全集》第 42 卷，人民出版社 1982 年版，第 128 页。

　　然而，要使自然科学和人的科学相统一，需沿着马克思的思想轨迹，深入到《德意志意识形态》、《1857—1858年经济学手稿》和晚年的人类学笔记之中，探寻"自然史"和"人类史"的互动机制——在此意义上的科学世界观，将是联结自然、社会和人生的纽带。作为中国文化现代性的一个理论方案，还需要在马克思分别同以达尔文、孔子为代表或象征的知识和思想传统之间进行深入的跨时空对话。马克思和达尔文之间的对话，旨在围绕历史的自然基础以及历史过程中人对自然关系的变化，阐明人类实践与地球生态系统的依存关系及其平衡法则，在人类群体生活层面上确立科学的社会发展观念和行为模式。而马克思和孔夫子之间的对话，不仅在于检测人类解放（马克思）和个体道德完善（孔子）之间沟通的可能性，更重要的是如何使相互分立乃至冲突的知识、信仰和审美这三种基本的文化形式在个体生存中具有完整性，即通过平衡而达至和谐，这将是一种立足于个体的现代中国的生存哲学，亦是基于马克思思想的科学世界观的归宿。

　　科学世界观的重构，不仅是普遍的宇宙观和知识论问题，而且还与晚清以降持续不衰的东西方文化论战这一语境密切相关。科玄论战中"玄学派"对"科学的认识论"或"科学的宇宙观"的适用范围提出的质疑，实际上揭示了中国现代思想的"主体性转向"这个无法回避的问题："自然科学的方法和规律不再能够提供道德与伦理的基础，以自然科学的发展为特征的西方文明也不再能够提供文化的示范，中国人既需要回到主体方面，也需要回到自己的文明之中寻求解决现代文明危机的途径。"① 在认定"人生观问题之解决，决非科学所能为力"之后，张君劢所指出的是一条"侧重内心生活之修养"的道路。但是，现代新儒学的开展，至少在两个方面吸收了现代科学文明的成果：首先，如牟宗三所言，中国文化富于"综合的尽理之精神"，"分解的尽理之精神"则明显不足，"一方面有很高的境界、智慧与气象，而另

---

① 汪晖：《现代中国思想的兴起》下卷第二部，生活·读书·新知三联书店2008年版，第1333页。

一方面又是空荡荡的"，此"空荡荡"的方面，牟氏前期的哲学生涯试图用理则学（逻辑）来加以弥补，以重建新儒学的逻辑架构，冯友兰等人也在相似的方向上做了开创性的工作。其次，无论是梁漱溟主张对民主和科学"全盘引进而又重新改过"，还是牟宗三通过论证道德主体的"良知坎陷"而"开出"民主与科学，现代新儒学诸家均致力于在其思想体系中包容科学以资"政道"。即便如此，现代新儒学对心性、天理和天道的诠释，依然是"直截了当以人生观为中心来解决宇宙问题"，因而其关于宇宙人生的见解，同传统的理学世界观一样，具有道德中心主义或人类中心主义的性质。在这种思维模式中，道德主体、认知主体和政治主体的结构性分化最终又是由道德主体加以统摄的，如李明辉所言，"道德主体必为最高的（或者不如说，真正的）主体，因为只有它能决定实践活动之方向与意义，而认知活动之意义亦须由它来决定"。就此而言，基于现代自然知识和社会知识以及科学法则和科学精神的科学世界观，与现代新儒学之间，在根本的理论方向上难以调和。

胡适曾将五四新思潮的意义概括为"研究问题，输入学理，整理国故，再造文明"。无论是科学世界观的建构，还是现代新儒学的致思路向，从学理上探索中国文化现代性的同时，实际上都怀抱着"再造文明"的期愿。那么，涵盖了自然、人生和社会的解释系统的中国文化现代性方案，将是陈寅恪所预言的"新宋学"，抑或是"反传统的科学世界观"？或许，眼下所有对这个问题的回答难免都显得片面和空泛，与其说这是个理论构想的问题，不如说是文化实践问题，因此，未来的历史会给出答案。

第三章　天演与位育：潘光旦的人文之思

　　潘光旦（1899—1967）自称是"人文论者"、"人文思想者"，他从 20 世纪 20 年代至 40 年代思想探索的核心之点，可以看作接通《达尔文全集》和《十三经》的一系列努力——从"演化论哲学"出发，形成以"位育"为主导观念的人性—文化理论和社会—政治思想。基于"人文的立场"，他阐述了"人文生物学"和"新人文思想"。前者"用生物学的眼光盘诘人类社会"，后者意在构建"关于真正的人的学术"。从思想史的角度来看，潘光旦将演化论的生命观、知识性结论与先秦儒家的人文信念和思想方式进行贯通，以回应他身处其间的民族出路问题和现代文明危机。潘光旦的探索提出了至今仍需要讨论的问题：达尔文和孔夫子的跨时空对话何以可能？潘光旦的理论整合和价值调和面临哪些困难？他所阐述和坚守的"人文立场"，在当下具有怎样的意义？本章对潘光旦人文思考的历程和脉络进行考察，并对上述问题作初步的回应。

一、人文史观的问题意识与思想脉络

"人文生物学"和"新人文思想"的问题意识

　　人文生物学所表征的思想，是潘光旦作为一个优生学家的基本学术见解，正如他在自我陈述中所言，其"眼光"直截了当是优生学的，学术传承则属于生物学派。"新人文思想"的酝酿和提出，则标志着潘光旦的思想已超出单纯优生学的范畴，他试图寻求一个更广泛的思想综合的"总参考点"，从而使他始终崇尚的人文思想的内涵得以扩展。尽管潘光旦批评中国传统文化的弊端之一就是未能发展出对纯粹理智的兴趣，但他本人的学术工作同传统的儒生一样，仍然不仅仅是为了求知，而是应对其所处时代和社会的种种现实问题。

潘光旦的人文生物学思想，在问题意识上自觉地承续清末民初思想家的进化史观所特有的现实关怀。潘光旦的人文生物学是在 20 世纪 20 年代至 40 年代中国进化论的学术史转向这一背景中展开的，他所认同的生物学派的立场，构成了这个时期中国多元的进化理论格局中的重要一支。从 1924 年的《西化东渐及中国之优生问题》，到避地西南写作《优生与抗战》诸文，潘光旦的著述广泛涉及人才、性别、婚姻、家庭、性心理、民族、宗教、教育、家谱和世系等领域，均围绕"种族竞存"展开，着眼于种族或民族的遗传品质的改进，以此观察民族文化盛衰和人才消长的"生物的背景"。在这种人文生物学的理论立场背后，是他对中华民族出路的关切：从如何提高民族健康和"种族竞存力"这一角度，为中华民族复兴或中国民族问题的解决提供一种理论上的设计。由此可见，潘光旦所接受和阐述的人文生物学思想，在知识前提和理论视角的选择上，与清末民初思想家群体的进化论历史观有明显的差异，直接渊源于在欧美有极大影响的进化生物学和人类遗传学，但其问题意识依然是立足于"生存竞争"，与严复、梁启超"改造国民性"的呼声一脉相承。

以第二次世界大战的爆发为契机，国际和国内局势的变化，以及战争带来的巨大破坏力，使潘光旦的社会关怀超出了中国民族问题的视野，开始思考现代文明的困境和人类不同群体的相处之道等"现代性问题"。具体来说，潘光旦的问题意识集中在两个方面，一是社会思想领域的"支离灭裂"以及思想政治化、宗教化的后果，一是科技发展导致的"童子操刀，其伤实多"问题。

写于 1936 年的《欧洲局势与思想背景》一文里，潘光旦引述英国批评家阿诺德的看法，认为西洋两千多年的社会思想史"从大处看去，似乎始终是一个个人主义与社会主义互为消长或彼此对垒的局面"，19世纪以来，又增加了阶级和民族两个角色，"于个人与集团的冲突之外又添上了集团之间自身的冲突"，英法、德意、苏俄在国际政治上的合纵连横，并没有跳出这两种冲突所造成的阵线。① 二战结束后，潘光旦同意丘吉尔关于这次战争是意识形态战争（Ideological War）的论断，即"个人与社会互争雄长的思想背景渲染了全部的西洋历史，也烘托了一九三六年前后整个的欧洲局势，也终于招致了第二次的世界大战"。就国内来看，源于西洋的社会思想三大派别——个人主义、阶级集体主义和民族集体主义，亦随着欧化东渐的潮流在中国登场，不仅有政治力量做后盾，并且形成"党化政治"对全社会实施控制。在他看来，"数十年来国是的混乱，这种思想上的争斗与信仰者的操切行事要负很大的责任"。无论是西洋还是中国，思想的政治化和宗教化，正在形成一种真正意义上的"政教合一"的局面，"改革或革命主义和实际政治打成一片……主义是成套数的，是多少先经过一番规定的，是有一定的解释而发生疑义需要重新解释时又须诉诸一定的权威的，是具备了近乎教条的形式与精神、只许信仰而不容怀疑评论的"。他预感到，"就目下的形势来说，苏联的集体主义和英美的个人主义也许正酝酿着一次更新奇广大的奴役、战争与死亡来，亦未可知"。总之，中外政治和社会生活的纷扰，从思想立场来看，在很大程度上是出于社会思想的"不健全"，这促使潘光旦"寻求一个途径，一个涉及基本见地的途径，使支离纷扰的思想园地，使布满着荆棘、壁垒以至于阵地的政治的局面，多少得一些宁静的机会"。②

从第二个方面来看，科学发达和技术昌明之所以表现了不少"摧杀败坏

---

① 参见潘光旦：《欧洲局势与思想背景》（辑入《政学罪言》），《潘光旦文集》第6卷，北京大学出版社2000年版，第35—40页。

② 潘光旦并没有将观念冲突作为社会政治冲突的决定因素，后者还涉及群体间的实际利害问题。参见潘光旦：《欧洲局势与思想背景》（辑入《政学罪言》），《潘光旦文集》第6卷，北京大学出版社2000年版，第40—41页。

的力量"，原因不在科技本身，它本身无所谓好坏，好坏系于人的如何控制运用。三百年来，物的研究与认识、物的控制与运用，几达登峰造极，然而，"我们窥见了宇宙的底蕴，却认不得自己；我们驾驭了原子中间的力量，却控制不了自己的七情六欲；我们夸着大口说'征服'了自然，却管理不了自己的行为，把握不住自己的命运"①。以近代自然科学的发展而论，已造成了"五蔽"：其一是蔽于分而不知合，几乎完全侧重在分析与专精，分而又分、细之又细的结果，对于从事的人，以及其人的意识情趣，则日渐偏枯。其二是蔽于知与用而不知其更高的价值，即对科学的精神、客观的态度、谨严的取舍、持平的衡量等足以影响人生态度和培养风度情趣者了无顾及。其三是蔽于一尊而不知生活之多元，即科学已成为一个崇拜的偶像。其四是蔽于物而不知人，科学倾注其全力于物的认识与物的控制，而忽略了人，尤其是忽略了整个的人。其五是科学助长了对于进步的迷信。第二次世界大战的教训就在于，仅仅注意技术的科学，以至于仅仅提倡精神上不能和人生的根本问题发生联系的科学，无论勉强成功到何种程度，是无补于国家民族的危亡的。在潘光旦看来，人生的根本问题，即人的自我认识和自我控制。然而，"人至今没有适当的与充分的成为科学研究的对象"：生物学与动物学仅仅将人视同于物，而对于人之所以为人不能有所发明；各门社会科学以人为对象的研究，则犯了忘本逐末、舍近求远、避实趋虚的通病。以文化人类学为例，名为研究文化的人，实际是研究了人的文化，文化的产生者本身究竟是什么一回事，我们的认识并没有因文化人类学者的努力而增加多少。人体生理学、心理学、医学一类的科学进入了人身，但它们所采用的分析方法，将整个的人分解为各个部分，则犯了"支离破碎"的毛病。总之，"人属于一个三不管的地带"，"人对自身的认识与控制是一种尚待展开的努力"。②

---

① 潘光旦：《说童子操刀——人的控制与物的控制》（辑入《政学罪言》），《潘光旦文集》第 6 卷，北京大学出版社 2000 年版，第 10 页。

② 潘光旦：《说童子操刀——人的控制与物的控制》（辑入《政学罪言》），《潘光旦文集》第 6 卷，北京大学出版社 2000 年版，第 10—12 页。

由此可见，潘光旦基于对所处时代的政治和社会生活领域内群体冲突的感受和认知，以及对科技的反思，试图提出一种"健全的社会思想"和"真正的人的学术"，从而将他已确定的"人文生物学"的理论立场进一步扩展为"新人文思想"。

自然选择、心理遗传和文化选择：人文生物学的知识依据

"人文生物学"是潘光旦对优生学基本原理的称谓。他从高尔顿和达尔文的思想出发，将优生学定义为"研究人类品性之遗传与文化选择之利弊以求比较良善之蕃殖方法，而谋人类之进步"①。优生学首先是一种生命科学的知识系统，而后是以这种知识系统为基础的"优生哲学"和社会改造方案。以下重点考察人文生物学的知识依据。正如潘光旦所言："学说往往为时代之产物，往往为一时代比较独具之事实所限制，故其适用之程度，必不若创说者所预期之甚。"②对于潘光旦本人所阐述的人文生物学，我们也应如是观。

潘光旦认为，生物演化论和遗传学使人文生物学成了"坚强有根据之学科"。达尔文的自然选择理论运用于人类研究，以及高尔顿的人类心理遗传概念，再加上从社会达尔文主义者那里移植过来的"文化选择"概念，构成了人文生物学的知识依据。

达尔文演化论的基本法则是变异、遗传和选择。在有机进化的三个"因缘"之中，变异是基础，遗传是关键，而选择是进化的动力。尽管围绕自然选择的争论远未结束，但它依旧是目前关于生物适应及其进化的一种最具有解释力的科学假说。达尔文本人对作为生物种的人类乃是经由自然选择而形成这一点深信不疑。在《人类的由来》一书中，他提出人和其他哺乳动物同属于一个共同祖先的不同支派的后裔。最近半个世纪以来，史前人类化石的

---

① 潘光旦：《优生概论》，《潘光旦文集》第 1 卷，北京大学出版社 1993 年版，第 254 页。

② 潘光旦：《意国奇尼教授之民族自然兴替观》（辑入《人文史观》，《潘光旦文集》第 2 卷，北京大学出版社 1994 年版，第 347 页。

大量发现，倾向于支持达尔文的这个假说。史前考古学还提供了另一项重要的事实，即文化的发生与人属的出现同步，伴随着能人、直立人到现代智人的人类种系发生史，史前文化也经历了二百多万年的演化，现代智人诞生并向全球扩布的过程中，人类文化的基本形式——技术、知识、语言、伦理、艺术、宗教（神话和巫术）——也已经形成。对于现代智人产生以来的人类历史，群体遗传学的研究提供的重要事实是，人类群体内部存在着遗传多态性现象，现今几个主要的地理人种的分化始于 10 万至 5 万年前，依据现存的化石推断，当现代智人的足迹遍布全球之后，现代的主要人种及其分布格局就已大致形成。另一个同样重要的事实是，从现代智人产生以来，人的基因型并未发生变化。因此，现代智人产生以来的人类进化，乃是一种文化（包括体外和精神两方面）进化。潘光旦对达尔文阐述的"天演进化之理"极为服膺，明确指出，优生原理即人文生物学，乃是从达尔文的演化论推演而来的。不过，关于自然选择作用于人类的基本单位，至今仍有不同看法。达尔文在《物种起源》一书中认为，物种只是一个人为的分类学单位，生存竞争事实上是以种群内部的个体为单位的。斯宾塞将演化论应用于社会学说，其持议始终以社群（social aggregate）为单位，于社群中之个体则略而不论。潘光旦在这个问题上的基本看法是：选择行使之效力，"纵不足以及个人，犹可以及种族，而生物界之所谓优胜劣败强存弱亡者，固始终以种族为单位也"①。

人文生物学的另一个知识渊源是高尔顿的心理遗传理论。1869 年，高尔顿发表《遗传的天才》一书，建立了智力天赋的家谱研究法，通过对杰出的法学家、科学家、著作家等人物的家族系谱的调查，以说明杰出的个体出自一定的家系，因而推断才智具有先天遗传的成分。此后，高尔顿的研究对象扩展到对心理缺陷的探讨，并运用统计方法定量地测定人类生理和心理品

---

① 潘光旦：《优生概论》，《潘光旦文集》第 1 卷，北京大学出版社 1993 年版，第 251 页；《演化论与几个当代的问题》（辑入《优生与抗战》），《潘光旦文集》第 5 卷，北京大学出版社 1997 年版，第 33 页。

性的遗传程度及其在群体中的分布规律。潘光旦称人类身心品性共同遗传的假定，乃是优生学术和优生运动"所以存在的理由"，他为此作了广泛的译介和阐述。在人类的基因型和表现型的关系上，基因是体，身体是末；在人体的结构和功能的关系上，"结构为体，功能为用"，即先有人的生物结构和形态，而后才有各种生理和心理功能；在人的生理功能和心理功能的关系上，前者为体，后者为用，即心理功能是从生理功能中派生出来的。① 由于人的机体结构和相应的生理功能都具有遗传基础，因此，心理品性也是遗传的。不过，遗传品性从基因型到表现型的传递，以及各种身心品性的表现，都有其必需的条件，"它们决不会自动地发展为品性，而必须有可以发展的境遇"。换言之，遗传与其所由发展的环境，或"性"与其所由发展的"养"是分不开的。② 就品性的全部总起来看，可以说"性"比"养"更基本，它是一个人前途成就的强有力的因素。从潘光旦关于人类身心品性遗传的言论来看，他对高尔顿的理论基本上全部接受。潘光旦的家谱、世系、人才研究，不仅采用了高尔顿的材料和方法，而且将高尔顿的心理遗传假说视为"坚实有根据之科学"。然而，人类遗传学的研究进展，表明高尔顿的心理遗传假说并不可靠。高尔顿用相关系数定量地表示人类身心品性的遗传程度，但由于他所处理的对象的性状（人类行为和心智）不像豌豆或果蝇的性状可以不可逆地固定下来，也就是说，人类行为和心智的变异大多离不开环境的作用，因此，即使通过对人类行为和心智的测量和统计分析能够证明诸性状确有先天遗传因素，依旧无法阐明人类成员之间行为和心智差异的遗传机制。现在只能说，影响智力和人类行为的生物学因素可能是广泛存在的，不过，决定可测性状的基因无法鉴定，对它们的数量、遗传方式或

---

① 参见潘光旦：《优生概论》，《潘光旦文集》第 1 卷，北京大学出版社 1993 年版，第 256 页；《文化的生物学观》《平等驳议》，《潘光旦文集》第 2 卷，北京大学出版社 1994 年版，第 319、354—355 页；《优生原理》，《潘光旦文集》第 6 卷，北京大学出版社 2000 年版，第 271、321—324 页。

② 参见潘光旦：《生育限制与优生学》，《潘光旦文集》第 1 卷，北京大学出版社 1993 年版，第 357 页；《优生原理》，《潘光旦文集》第 6 卷，北京大学出版社 2000 年版，第 292 页。

行为方式，不可能作任何特异的推断；由于在定量水平的分析经常不能分清遗传的（天赋的）和环境的（抚养的）影响，因此，对参与形成个性结构、认知能力，可能还有人的社会行为的遗传差别，迄今仍然不能提供肯定性的知识。①

达尔文首次阐明了人类物种的形成是有机进化的产物，但他只谈及自然选择，"而不知人造的社会势力或文化势力亦未尝无选择的巨大影响"，直至 19 世纪末，社会达尔文主义者才提出"社会选择"的概念。潘光旦认为，社会选择（又称文化选择、人文选择）相当于达尔文《人工驯育下之动植物变异论》一书中的"人工选择"，"其所根据之原则大要与天择者无殊"，"由动植物之人工选择，进而推论人类之文化选择"。②自然选择并不因人类物种的形成而停止，在人类历史的演化过程中，它始终是一个基础性的动力。然而，与有机界的其他生物相比，人类的独特之处是拥有文化。

> 到了有文化的人类，选择的活动即不限于自然界的种种物质的与生物的势力，人类自身的种种活动，即其自身所造作与积聚的文化事物便有不少选择的力量，可以转移他的品性，可以影响他的竞存与位育的力量。③

对于任何人类个体而言，文化是通过后天学习获得的，那么后天习得的文化如何才能影响（选择或淘汰）人的品性遗传呢？这要联系自然选择作用于人类的途径或方式来理解。如同有机界的其他生物一样，人类之所以形成，最初是凭借自身比较独立的品性与此种品性的世代传递，而人类的确立

---

① 参见 Motulsky 主编：《人类遗传学：问题与方法》，人民卫生出版社 1999 年版，第 641、645—683、705—708 页。

② 潘光旦：《优生概论》，《潘光旦文集》第 1 卷，北京大学出版社 1993 年版，第 251 页；《优生原理》，《潘光旦文集》第 6 卷，北京大学出版社 2000 年版，第 388—391 页。

③ 潘光旦：《中国之民族问题》，《潘光旦文集》第 9 卷，北京大学出版社 2000 年版，第 497 页。

与维持却靠选择的力量。在生存竞争激烈的环境里，并非所有的人类品性都合乎竞存之道。那些有助于生存的品性，就被保留和传递到后代；不适应生存之道的品性，则遭到淘汰。这个自然选择的过程，在人类是通过死亡、婚姻和生殖三个途径施展其力量的。就死亡一途来说，除了胎期内的自然死亡（选择率高达三分之二）和胎儿出生后一年内的婴儿死亡（不只是环境的状态所造成，且同时与遗传品质有密切关系）之外，人为死亡也会对人口繁衍和遗传品性的传递有相当的影响，而这其中显而易见有文化势力的操纵；婚姻和生殖本身既是生物行为，同时也是文化行为。因此，文化的选择作用指的是文化通过直接参与人类的死亡、婚姻和生殖而间接影响到自然选择的结果。潘光旦认为，人类作为一个生物物种的演化，其主要原因是自然选择；当人类产生之后，"文化愈进，则化择力愈周遍，天择力愈减缩"[1]。不过，自然选择和文化选择很难严格地划分。

> 一则文化选择要发生效用，势必经过生殖与死亡的两大关口，而这两个关口都是生物学的，都属于自然的范围。再则一部分的人文选择的势力一半也是自然的，例如战争，人类以外的动物也有战争的现象，而许多的心理学家都承认斗争是人类天性中的一种行为倾向，甚至于认为它是一种本能，不过自从文明日进以后，因为种种文化势力的推波助澜，更见得变本加厉罢了。[2]

按照潘光旦的解释，既然文化具有"选择作用"，那么它应当像自然选择一样，以可遗传的文化变异作为发生作用的"原材料"。换言之，必须假定，既创造了文化，同时又被文化所塑造的诸心理品性具有先天遗传性；或

---

[1]　潘光旦：《西化东渐及中国之优生问题》（辑入《优生概论》），《潘光旦文集》第1卷，北京大学出版社1993年版，第286页；《优生原理》，《潘光旦文集》第6卷，北京大学出版社2000年版，第388页。

[2]　潘光旦：《优生原理》，《潘光旦文集》第6卷，北京大学出版社2000年版，第391页。

者文化行为通过影响生物行为（生殖、婚姻和死亡），达到"精质的人为离合"，这样，文化的势力通过对人类基因频率流动的干预，对人类的遗传多态性及其表达产生影响。举例来说，乱伦禁忌这种文化行为的产生，虽然没有改变人类的基因型，却能使人类繁衍出体质上健康的后代；近亲结婚则适得其反，会造成后代的有害形变。医学遗传学所说的优生——婚前健康检查、遗传咨询、产前诊断等等，与这个特定意义上的文化选择相对应。

如果说，自然选择淘汰不利于生存和繁殖的生物体，增进那些有更好的机会生存和繁殖的生物体对于环境的适应性，那么，文化选择的效能则体现在两个方面：一是促进心理品性的变异，心理品性的变异愈大，文化创造力愈强；一是使身体健康和有才智德行的个体有更多的生育机会，留下更多的子女，或者使身体残疾、病弱和缺乏才智德行的个体减少甚至没有生育机会。根据身心品性的先天遗传原理，前一种方式能增进后代的身体健康和文化创造力，后一种方式则至少能使现有的体质状况和文化创造力不至于衰退。在后一种意义上，文化行为顺应或者限制自然选择的行使，结果是有利于人类个体（进而是个体所属的群体）的生存和繁殖。而文化的"反选择"，便是指文化的制度和设施阻碍了心理品性的变异，或者使身心品性不健全的个体留下后代。

潘光旦虽然倡导优生学，但他很清楚地认识到，人类对自身遗传品性的认识并不意味着从此可以操纵自己的生物学前景：一方面，因为人类的遗传结构同其他有机生命一样倾向于保守，即使生活环境中的事物最终会引起"精质细胞"或"基因"的改变，也将会迟缓到几千年几万年以上；另一方面，优生或改良人种，尽管可以在"精质的人为离合"上想办法，但既然"精质绵续，在普通有机情势之下，不能因外界势力而发生变化"，则"精质进步之意义有限"。① 他并且指出"优生学识尚属幼稚"，"就研究一方面而论，此学尚在材料搜集时期；整理工夫既不足，则前途具体结论之如何，其可因

---

① 潘光旦：《优生原理》，《潘光旦文集》第 6 卷，北京大学出版社 2000 年版，第 271 页。

归纳而得之法则又何若，更有不可臆断者矣"。① 此外，当优生学在 20 世纪二三十代与种族主义合流之时，他从达尔文关于种群中个体变异性的思想出发，正确地指出"种族武断论者"将种族看作在遗传上一致，乃是犯了模式论的知识错误。由此可见，潘光旦对优生学术之科学基础的把握，在当时的优生学家中也是非常准确、出色的，这使他将欧美的优生学引入中国时，即使在纯粹知识的层面上也没有一味照搬，而是有选择地接受。

人文生物学探讨"人类一切品性之遗传问题"和"文化选择或社会选择之利弊问题"，其目的是"谋人类进步"。综上所述，潘光旦的核心见解是：人类应做的是使"文化势力之善者"与自然选择并行不悖，即"利用天择的原则，而不用其方法"，通过"效法自然"（以文化选择影响"精质的人为离合"），达到人类"精质上的进步"——此即优生学意义上的"人文进化""人类进步"之意涵。

基于演化论和遗传学的"优生哲学"

在中国近代学者中，潘光旦是对由达尔文开创的"生物学革命"及其思想影响作出正面回应的一个突出代表，继严复之后，他将由达尔文奠定的、运用生物学法则解释人类现象的知识系统和思想方式引入中国。与"天演哲学"相比较，人文生物学的一个显著特色是在知识与思想之间建立直接的联系，潘光旦对"人文进步"的看法，以及由此引申出来的对人性、文化乃至历史、社会和政治的见解，直接依据生物演化论和遗传学知识；换言之，生物学知识构成了潘光旦学术思想的一部分，并且是他评判现实问题的尺度之一。

首先，潘光旦从"对于生物学与遗传学所发现之种种"的"信仰"出发，将生命看作遗传因子和精质细胞世代绵延的过程，"不要说个体的生死，就是万千物种的推陈出新，此伏彼起，也不过是过程中的一些关口，一些路牌

---

① 潘光旦：《优生原理》，《潘光旦文集》第 6 卷，北京大学出版社 2000 年版，第 261 页。

而已"；生命的本质"自其同者而观之，固人与阿米巴可以相提并论，自其异者而观之，则同父母所生的兄弟便很有区别"，①一体和万殊之于生命都是同样真实而且同等重要的。作为有机进化的产物，"人是生物的一种，任他有挟山超海换斗移星的大本领，他逃不了生物的根性，免不了生物原则的支配"②。与此同时，人类是一种文化的动物，文化使人类不仅仅只是负载遗传因子的工具，而且具有意识、愿望和理想，能够发现自然选择并非有"一百分的效率"，有不能使人满意的地方，而且多少也可因人力而有所左右。因此，"生命是一个过程，人类一切有意义的努力无非是要辅助这个过程，使愈益丰满，愈益便利"。③

其次，潘光旦侧重于从生物学的角度揭示文化的生物基础和人性的生物特质，在"人"与"文"的关系上，认为"有人斯有文"。文化作为人类的产物，并非一种凭空的虚构，而是根据人类比较独有的生物性才发生的。人类不仅天生具有某些文化能力（aptitude），如语言能力、音乐能力等等，而且某些文化因素乃是根源于对生物性的顺应。比如，家庭作为人类社会组织最基本的单位，便不仅因为它的社会效用，而且有其生物之根据，"其单位之身份乃自然所赋予，社会之认彼为单位者，不过顺应自然耳"。④男女之间因天赋品性的差异而形成的分工，体现了社会功能以自然功能为基础。儒家所确认的爱有差等——自亲子之爱、兄弟之爱，推而为戚族之爱、国人之爱等由近及远、由亲而疏的伦理情感，乃是"同情心发展之自然程序也"⑤。潘光旦

① 潘光旦：《优生教育论》，《潘光旦文集》第 9 卷，北京大学出版社 2000 年版，第 87 页。
② 潘光旦：《说"才丁两旺"》（辑入《人文史观》），《潘光旦文集》第 2 卷，北京大学出版社1994 年版，第 372 页。
③ 潘光旦：《优生教育论》，《潘光旦文集》第 9 卷，北京大学出版社 2000 年版，第 86 页。
④ 潘光旦：《中国之家庭问题》，《潘光旦文集》第 1 卷，北京大学出版社 1993 年版，第 69、130—132、217 页。潘光旦进而认为，一夫一妻制家庭自有猿类以来，就一直维持着。参见《中国伶人血缘之研究》《姓、婚姻、家庭的存废问题》，《潘光旦文集》第 2 卷，北京大学出版社 1994 年版，第 148、411—412 页。
⑤ 潘光旦：《生物学观点下之孔门社会哲学》，《潘光旦文集》第 8 卷，北京大学出版社 2000年版，第 134 页。

所阐述的"文化的生物学观"，是从达尔文以来进化生物学家普遍认同的一种解释：被称为文化的能力和创造物，由于具有生物学上的适应性，因而为自然选择所厚，并作为人类的社会性本能或文化本能的一部分传承下来。对于不同的历史时代和社会形式中何以会存在着相同或相似的文化因素，文化生物学的假说在文化唯物主义、文化的观念决定论和文化传播论之外，提供了人类自我理解的另一种视角，尽管"文化"在何种程度上根源于"自然"，生物学家内部的看法也并不一致。

第三，潘光旦将"生物学解释"扩展到历史和社会领域，发挥了一种"人文史观"。他在"史观"上所持的是"唯人"的立场，即"人类本质"首先指的是遗传素质，而所"唯"之"人"，并非"常人"，而是"人才"。文化的发轫、维持、累积和发展，主要靠的是少数人的聪明智慧。在此意义上，"人才"亦即"好人"，"人文史观"可称之为人才史观，"人文论者"等于"唯人论者+好人论者"。进而言之，形成人才的因缘有三类，一是属于生物遗传的，二是属于文化背景的，三是属于平生遭际的，此即"生命的三边形"。三种因缘之中，遗传最为基本。①

潘光旦没有文化先于智人、与人属的出现同步的认识，而是认同他那个时代的流行观念——人类产生以后，继而才创造了文化，因此，他对"生命的三边形"的"先后本末"的规定，现在来看并不确切。在现代智人形成以后，这些因素仍然存在，但其间的关系不仅与现代智人产生以前的人类种系发生史时期不同，而且更加错综复杂。遗传相对于环境和文化更为基本的看法，唯有在文化具有生物的边界这个特定意义上才具有确定性：首先，人类在物种水平上是一种智能动物（homo sapiens）这一基本事实，表明心智潜能和生物本能乃是人类生物系统内部并行的两种功能，这二者构成了人类的物种特征，它们都是人类在地球上生息繁衍的必要条件；其次，任何人类群

---

① 参见潘光旦：《人文史观与"人治""法治"的调和论》（辑入《人文史观》），《潘光旦文集》第2卷，北京大学出版社1994年版，第335—336页。

体及其文化，在任何时空场景中都会面临着生物上的限制，依据物种水平上的进化不可逆原理，以及基因型的保守性特征，人类不能变回猿类祖先，即使是像近邻黑猩猩那样生活，也会很快陷入混乱乃至崩溃。在这一点上，潘光旦正确地指出，人类具有"天然的种种限制"，遗传便是其中的一种。

第四，潘光旦认同优生学和人种学的观点：个体身心品性的遗传差异同样体现在血系和生物团体上。以血系论，所谓"有根柢的旧家"和"有根柢的血缘"之所以涌现出才智和才性都很高的人才，是与"良好的遗传"分不开的。种族和民族作为两个主要的生物团体，前者是一个生物分类学的概念，后者至少有一半以生物血缘做基础，因为"民族是许多血统大同小异的人们的集合体"，"民族性"乃是由生物的绵续性（遗传）与文化的绵续性（历史）构成，亦即具有"先天的根据"。[①] 潘光旦还认为，一个民族的形成，实际上和一个个人或一个家族没有多大分别，即都离不开生物的遗传、地理的环境和文化的遗业，在这三个因素之中，"遗传最为基本，其次是环境，又其次是文化"，"生物遗传的力量，应用到地理环境上去，便产生文化；遗传越优越，环境越良好，文化便越发达"。[②] 以此为出发点，他断言各个民族在创造文化的能力上是有差等的。

心智能力的个体遗传差异能否在民族或种族的水平上体现出来？即使心智能力的差异具有"遗传的根柢"，但这种差异是在个体水平上随机分布的，高尔顿用生物统计学方法在群体水平上得出的相关系数（即不同血系、种族的文化有着先天遗传品质上的差异），在不同血系、种族混合的群体之间作比较，事实上都会出现类似的结果。因此，种族或社会集团在文化创造力上

---

① 潘光旦：《明清两代嘉兴的望族》，《潘光旦文集》第 3 卷，北京大学出版社 1995 年版，第 434 页；《忘本的教育》，《潘光旦文集》第 8 卷，北京大学出版社 2000 年版，第 555 页；《民族特性与民族卫生》，《潘光旦文集》第 3 卷，北京大学出版社 1995 年版，第 38—40、43—44 页。对"民族"、"种族"、"国族"三个概念的界定，以及对"民族性"的考察，是潘光旦人文生物学集中关注的问题之一，需单独讨论，此处只是简略提及。

② 潘光旦：《人文史观与"人治""法治"的调和论》（辑入《人文史观》），《潘光旦文集》第 2 卷，北京大学出版社 1994 年版，第 335—336 页。

的不同，恐怕应该到"生物的因子"之外去寻找。潘光旦本人在这个问题上其实也是模棱两可的，他一方面同意生物统计学家关于家世遗传的分析结果，但又认为，"从统计得来的结论，不能适用于个人"。

第五，"生物学的阶级是永远抹杀不了的"。潘光旦认为，"初民时代"的人类社会组织，是由"自然阶级"占据支配地位，即生活在"自然"状态下的"初民"，受"适者生存之自然律"的支配，"有智力者"和"顽弱者"之分，有充分的生物事实为依据。简言之，"天演进化之公理"或"适者生存之自然律"，通过生产、婚姻、死亡等途径作用于人类生活，"自然阶级"的产生和分化乃是自然选择的结果，而这样一个具有智识、权势差等格局的社会，于种族有"正本清源之效，种族因之而日登优良仁寿之域"。尽管自然选择"不因人力而异其趋或杀其势"，但"文化"本身便意味着对"自然"状态的打破，"社会阶级"取代"自然阶级"成为社群生活的核心组织，表明文化势力的作用已超过自然选择的影响。当文化顺应生物法则的时候，"社会阶级"的差等格局可以看作以"自然阶级"为基础的引申或扩展，因而文化的影响与自然选择是相一致的；当文化"与自然背道而驰"之时，则会对"适者生存之自然律"造成扭曲或破坏，文化影响的结果便会造成反选择的局面，"有智力者"与"顽弱者"之间的界限由人为而非"自然律"设定，"阶级间种种不公允不平衡之情状"由此而产生，并引发"文明人类"的"社会问题"。①

潘光旦进而追溯"自然平等论"的起源：那些"优秀而卑贱贫困之分子"意识到此种人为的"不公允"，"由一己而推至他人，由境遇之不一致，推而至天赋之一致"，终于形成一种建立在自然平等论基础上的社会哲学。以潘光旦人文生物学的眼光来看，自然平等论"不特与科学事实相抵触，且亦为常识所不容许"，因此，以人类天赋一致为出发点的种种政治学、经济学、

---

① 潘光旦：《平等驳议》(辑入《人文史观》)，《潘光旦文集》第 2 卷，北京大学出版社 1994 年版，第 354 页。

教育学和伦理学的平等观念，当然也是"非于事实不切，即于事理未当"。这种平等观念泛滥并且影响及于社会组织的结果，与平等哲学创立者如卢梭、欧文等人的初衷恰恰相反，使"社会效率愈降低，而社会不公道之迹愈显著"。更严重的是，长此以往，"人类之本质终于日就斫丧"，而这正是"目下文明各国之现象也"。① 与自然平等论者相反，潘光旦主张以"公道"代替"平等"，以个体身心品性的遗传差异作为伦理学和政治哲学的前提，将社会差分视为流品不齐必然导致的结果，并肯定尊贤之等——社会分子就其德行才能之大小而自成阶级——的合理性。但"公道"并非回归"自然"状态下由"优胜劣败之公例"支配的"自然阶级"格局，而是"人人认定人类多形之现象，各视其性质与程度之不同而异其权利与义务之支配"。② 总之，"公道"或"正义"所贯彻的两个基本原则，可概括为才能与机会相当，品性的先天差异相成而不相害。

潘光旦对"初民时代"的界定相当含混，而且并没有为他关于人类历史演变的观点提供相应的史实证据。事实上，史前史学关于人类社会起源的研究，提出了与此不同的另一种假说，即史前时期的狩猎—采集群体平均分配产品，并以图腾崇拜表征社会成员的同一性。文化人类学家对现代原始部落的研究也表明，阶级作为社会分层的标志是很晚近的事。③ 由此来看，潘光旦从历史角度提出来的这种观点恐怕是成问题的，他进一步地推论——"自然阶级"符合优生之道，"社会阶级"的出现则反优生，以及都市化和"民治主义"的盛行，加重了反优生的趋势，同样缺乏足够的根据。

需要指出的是，潘光旦以"公道"观念为自由主义的伦理和政治观点提

---

① 潘光旦：《平等驳议》，《潘光旦文集》第 2 卷，北京大学出版社 1994 年版，第 367 页。

② 潘光旦：《平等驳议》，《潘光旦文集》第 2 卷，北京大学出版社 1994 年版，第 367 页。

③ 40 万年前的狩猎遗址中发现有屠宰场，在其中，对同种动物不同个体的相同部分进行相同的切割，表明在全体成员之间进行平均分配，而在大约 25 万年前至 13 万年前的住房遗址中分别发现对洞熊颅骨和狼颅骨的安葬，则被认为是图腾出现的标志。参见苏联科学院民族研究所编：《原始社会史———般问题、人类社会起源问题》，浙江人民出版社 1990 年版，第 301—304 页；蔡俊生：《文明的跃升》，文汇出版社 1992 年版，第 102—104 页。

供了一种独特的论证。他的"公道"观念，着眼点是采用何种伦常和制度安排，才能使社会中的各分子"安所遂生"，并且能顾及种族或民族遗传品质的改进，以达到"民族健康"或"民族位育"。他从政治哲学的角度提出积极与消极的两种主张，其消极主张是思想、言论与学术的自由，积极的主张是国家仍需厉行一种科目举士制度。前一方面是为了使社会中每个人的遗传品性都能了无窒碍地发育和表现出来，后一方面则是保持尊贤有等的社会差分格局。因此，尽管潘光旦极力反对作为近代"民治主义"前提的"玄学的平等主义"，但他的政治理念仍未脱离自由主义的传统，而是从个体身心品性的遗传差异这个与人类天赋平等迥然异趣的起点，达到与自由主义相似的结论。

以上潘光旦对人和文化、历史和社会的一系列解释，都贯彻了生物学派的立场和视角。这种理论上的自觉同时意味着对自己所选择的理论立场的限定："用生物的现象或原则来解释文化，原是片面而不圆满的……只要我们求学问的时候，作观察与解释的时候，不把自己的一种学问当作唯一的学问，自己的观察法与解释法当作唯一的观察法与解释法，也不把别种学问、别派解释与观察忘记了、抹杀了或小看了，我们便算尽了人事。"因此，尽管潘光旦"用生物学的眼光盘诘人类社会"，但是他并没有走向生物决定论。采用"人文生物学"这一名称之前，潘光旦曾将自己所认同的理论视角和研究方法称为"社会生物学"，不过，人文生物学与20世纪70年代兴起的社会生物学关于人性和文化的见解有明显差异。爱德华·威尔逊作为开创者，对社会生物学的界定是："在各类有机体（包括人）各种形式的行为中对其生物基础所作的系统研究"[1]。威尔逊试图对人类本性作一种"实证科学"的研究时，从"人类社会行为的发展仍有一小部分保留着遗传上的限定"这个谨慎的论断，向"更广泛的假设"扩展：没有哪个物种（包括人在内）具有超越于该物种的发生史所缔造的生存指令以上的目标。在这种基因决定论的笼罩下，人类的大脑之所以存在，是因为它增进了指导它合成的那些基因的

---

① 爱德华·威尔逊：《人类本性原论》，中国台湾桂冠股份有限出版公司1992年版，第20页。

生存和繁殖，而人类的精神（心智活动）及其观念表达（艺术、宗教、伦理等等），只不过是基因生存和繁殖的设施或技巧。潘光旦与爱德华·威尔逊的区别在于，他视人文生物学为一种"学"而非"主义"，强调生物因素，但反对将人性与文化还原为生物基础的生物主义取向。

当然，人文生物学的理论视角在具体的解释过程中，有时也会带有生物主义的色彩。潘光旦推论诗人、画家或科学家的"基础因子"乃是一种物质实体。① 但是，群体遗传学的研究显示，即使是个体智商这样先天影响很强的因素，遗传性、社会文化环境以及由以往养育形成的个体因素在其中大约各占三分之一；而潘光旦所说的特殊才性的"基础因子"，至今未被确证，而且可能永远无从确证，因为，即便有所谓"艺术基因""科学基因"，那也很难将它们单独分离出来。生物学家一般只是肯定人能够继承或遗传某些行为、心智的倾向和能力。人是一种文化动物，并不意味着肯定会存在受遗传性约束的文化特质。

同样是在具体的文化解释过程中，潘光旦有时并未完全依照生物学的立场和观点。比如，他在驳斥平等观念及其对近代民治主义体制的影响时说："有不经之社会哲学，斯有谬误之社会组织"。又说，一个国家或一个时代的文化，其重心所寄，大率不出神道、人事、自然或天、地、人三才的范围，就此而论，全部中国文化史终究是一个重人道的文化史。他还断定，中国的选举制度与家族制度均源于孔门社会哲学，孔孟儒家的根本观念先是成为普通中国人的信仰，继而落实为社会制度。② 这种对思想观念与社会组织之关

---

① 参见潘光旦：《文化的生物学观》（辑入《人文史观》），《潘光旦文集》第2卷，北京大学出版社1994年版，第315—316页；《中国之家庭问题》、《西化东渐及中国之优生问题》、《生育限制与优生学》，《潘光旦文集》第1卷，北京大学出版社1993年版，第206、275、357—358页；《优生原理》，《潘光旦文集》第6卷，北京大学出版社2000年版，第269页。
② 分别参见潘光旦：《平等驳议》，《潘光旦文集》第2卷，北京大学出版社1994年版，第367页；《派与汇——作为费孝通〈生育制度〉一书的序》（辑入《政学罪言》），《潘光旦文集》第6卷，北京大学出版社2000年版，第103页；《人文选择与中华民族》（辑入《人文史观》），《潘光旦文集》第2卷，北京大学出版社1994年版，第456页。

系的表述，是典型的观念史思路——将社会史归结为文化史，再将文化史归结为观念史，在理论视角上近于潘光旦所说的心理社会学派，甚至有他自觉排斥的"玄学"解释的意味。由于潘光旦主张对文化现象进行多元的解释，因此，他有时并未拘执生物学派的理论立场，是很自然的。

总之，潘光旦基于生物演化论和人类遗传学所形成的"优生哲学"，其主导思想是一种自觉限定的、对人文世界的生物学解释，但生物决定论和观念决定论也渗入其中。当他讨论具体的社会现象或现实问题时，思想的张力就会更加明显地呈现出来。

二、"囫囵的人"：新人文思想的理论综合

潘光旦对其时代的思想和政治生活领域经过一番批判性考察之后，将新人文思想视为他心目中的一种"关于真正的人的学术"，是对"一切关于人与社会的学问"从他自己的角度所作的一个综合。从潘光旦在第二次世界大战前后的一系列著述来看，新人文思想从三个脉络展开：文化的综合解释、"囫囵的人"与"两纲六目"论的建构、中和位育与自由之境。

脉络之一：文化的综合解释

西洋近代以来的思想始终是分化而繁变的，但19世纪的社会思想领域也出现了大分化之中的小综合。潘光旦提到五个人：孔德、达尔文、斯宾塞、马克思和弗洛伊德。他尤其推崇孔德和达尔文。

孔德首创"科学的级层说"，将宇宙万象从演化的角度描述为一个金字塔形的结构，由基层至塔顶分别为理化现象、有机现象、心理现象、社会现象和文化现象，"越往下的级层越基本，地盘越大；越往上的级层，依靠以为根据的级层越多，在现象界里所占的部分却越小"[①]。这种科学常识观念所

[①]　潘光旦：《文化的生物学观》，《潘光旦文集》第2卷，北京大学出版社1994年版，第312页。

揭示的思想是，"宇宙肇基于化学、物理的种种活动，进而发生生物、生理、心理的种种现象，再进而产生社会，形成文化"①。此外，各个"级层"之间是层层相因的，最上层的社会与文化"尽管花明柳暗，别有洞天，却并不在天上，而依然以寻常的天时地理、山川陵谷做基础，也始终和洞天以外的天时地理、山川陵谷毗连衔接，可以出入交通"②。潘光旦对孔德的"级层说"评价甚高，认为有开拓襟怀、网罗万有的意义，令人油然起"宇宙一体，万物一家"的感想。

达尔文提出的汇合原则是演化说，有广义和狭义两部分。广义的是适用于一切现象的一般演化原则，事实上已充实到孔德的级层说之中。狭义的部分是有机演化论，即"蕃殖、变异、遗传、竞争、选择或淘汰、调适或位育，与最后物种的形成"。演化论经由斯宾塞、赫胥黎等社会进化论者"引申推广"之后，确乎发生过不少融会贯通的力量。

然而，孔德和达尔文所做的一番集成与总汇的工作，自19世纪下半叶以后，紧接着又出现一个新的分派的局面，而"派"的种子早已寄寓在"汇"的中间。现象的演程或科学的级层中的每一个"程"或"级"逐渐扩展，而独立自主起来，终于成为一个学派。在无机的级层中，分出理化派（数理派或作为理化派的一个支派，或单独存在；物理学派亦称机械学派）和地理学派（又分自然地理和人文地理两支）。再上是生物学派，包括社会有机论、人口论、优生论或民族品质论、战争论、种族武断论等支派，其间有的比较独立，有的不免彼此纠缠；演化理论的基本概念里唯一没有演变成一个社会思想的支派的，只有"调适"或"位育"概念，因其最富有综合性，最有"汇"的意味。再往上是心理学派（不过，心理学应在生物学之上、社会学之下，抑或应在社会科学之上、之后，尚争持不下），其派别分化主要有本

① 潘光旦：《派与汇——作为费孝通〈生育制度〉一书的序》，《潘光旦文集》第6卷，北京大学出版社2000年版，第79页。
② 潘光旦：《派与汇——作为费孝通〈生育制度〉一书的序》，《潘光旦文集》第6卷，北京大学出版社2000年版，第79页。

能论、行为论和情欲兴趣论，三个支派之中，本能论和情欲论与生物的级层比较接近，而行为论则倾向于社会的级层。最上的是社会与文化的级层，无论是社会学派还是文化学派，其间支派更趋纷繁，但共同的特征是就其所属的级层中寻求对社会与文化现象的解释，主流分别是唯社会论和心理社会学派。从机械学派到文化学派中间一大串的大小派别，除了由孔、达二氏的理论中推演而出之外，还有别的来源，如哲学的、科学的、宗教的、艺术的种种思潮。①

在潘光旦看来，试图用科学的方法观察和了解文化现象，有三个基本的角度。最普通的自然是拿下一级层或数级层的现象，来解释在它们上面的一级；反是，上级层里面的现象也未始不可以拿来解释在下级层里面的现象，"因为演化的过程既经走遍了这几个级层，而各级层又同时存在，它们中间包括的现象自然不免来复的相互的发生影响"②。此外，同级的现象也有其前后因果的关系，所以彼此也可以引作解释之用。宇宙间的现象原是错综、绵续的，"要比较圆满地解释一种现象，要比较完全指出它的因缘来，势不能不多方顾到，不宜局守一隅"③。文化现象是最迟演化出来的，所以它所凭借的因子也最复杂。尽管关于文化的解释可分成三种理论模式，即文化的地理观或自然环境观、文化的生物学观和文化的文化—社会学观，但事实上，社会的、心理的、有机的和生物的、理化的种种因子都可以引来解释文化，再加上文化现象自身的解释，这种综合的解释才比较圆满；对于从时间性或历史的角度考察文化现象而形成的史观，如唯神史观、唯物史观、唯文史观和唯人史观，也应作同样的看待，"一个圆满的史观自然

---

① 参见潘光旦：《派与汇——作为费孝通〈生育制度〉一书的序》，《潘光旦文集》第6卷，北京大学出版社2000年版，第80—84页。

② 潘光旦：《文化的生物学观》，《潘光旦文集》第2卷，北京大学出版社1994年版，第312—313页。

③ 潘光旦：《文化的生物学观》，《潘光旦文集》第2卷，北京大学出版社1994年版，第312—313页。

是这种种派别之和"①。

按潘光旦的限定，"文化的生物学观"致力于寻求人类文化现象的"生物的因缘"，它与其他解释模式之间可以并行不悖，甚至可以相互补充。也就是说，生物学所透视的只是人类文化现象的一个侧面，它所形成的理论假说能得到经验的支持，也可以被其他的解释模式所吸收。潘光旦明确反对单一的线性决定论，承认理化、生物、心理、社会与文化之间，事实上是"互为本末先后因果"的关系，无论"人"（人性、人道、人生）还是"文"（社会、政治、文化现象）的解释，他对先天的遗传决定论和后天的环境决定论持一种"折中的说数"。然而，由于将生物性看作影响文化现象的主导性因素，潘光旦试图对其他解释模式进行整合时，实际上仍然立足于生物学派的立场，这种整合是有选择性的，因而无法突破其自身的界限。

在文化人类学的各个流派之中，潘光旦的新人文思想唯独将马林诺夫斯基的功能学派作为其渊源之一。马林诺夫斯基的文化研究集中关注"社会制度"："任何社会制度都针对着一种基本的需要；在一合作的事务上，和永久团集着的一群人中，有它特具的一套规律及技术；任何社会制度也都是建筑在一套物质的基础上，包括环境的一部分及种种文化的设备。"②潘光旦对马氏这段话的解释是："环境"与"物质基础"包括化学、物理、气象、地理等，属于科学级层中的最下几层；"基本需要"是生物生理的；"群""永久集团""合作"是心理的与社会的，其中"永久集团"也牵连到一点地理；"规律""技术""设备"则属文化的级层。马林诺夫斯基将"社会制度"（即文化体系）看作对生物和生理的"基本需要"的满足，潘光旦指出，这与生物学派已经有"通家之好"；同时又认为，功能学派还是过于强调社会因素了，对文化的生物基础肯定得还不够，言下之意是，文化除了满足基本的生物需

---

① 潘光旦：《人文史观与"人治""法治"的调和论》，《潘光旦文集》第2卷，北京大学出版社1994年版，第327页。

② 转引自潘光旦：《派与汇——作为费孝通〈生育制度〉一书的序》，《潘光旦文集》第6卷，北京大学出版社2000年版，第107页。

要外，其具体的创设还有更多的成分是基于"自然的倾向"。由此可见，尽管潘光旦试图从"一个更广泛的立场，更超脱的展望"立论，但就文化现象的解释而言，人文生物学关于"生物人"的假说始终是一以贯之的，而且构成了他理论综合的基本前提。在此意义上，"人文"的价值蕴含，即是"肯定活生生的生物人是构成群体的实体，一切群体所创制的行为规范，以及其他所谓文化等一切人为的东西都是服务于人的手段"。

在20世纪的文化理论中，大多数派别属潘光旦所言的"文化的文化学观"，其共同取向是从文化本身来研究它的观念，而不是从生物或遗传的立场来解释文化现象。马林诺夫斯基可以说是其中最"生物学化"的一位人类学家了。由于他的文化观把人类生物学意义上的本性或欲望视为在任何文化中都是相同的常数或常量，认为艺术和宗教都起源于机体的需要，因而饱受文化社会学派和文化心理学派的抨击，其功能主义被特指为"生物功能主义"，以别于涂尔干、布朗等人的"结构功能主义"。马林诺夫斯基所受的两面夹击——生物学派嫌他过于强调社会因素，而社会学派和心理学派则指责他将超有机的文化属性和复杂的行为模式简化为生物需要的派生物，恰恰表明"文化的生物学观"与"文化的文化学观"之间关于文化的解释有着难以逾越的界线，即使承认生物的与社会的成分同时影响人类状况，但在试图将二者整合为一体时，都不可避免地面临着是以"生物人"还是"社会人"作为逻辑起点的选择，逻辑起点不同，理论结构也便大相径庭。文化解释上的这种"分化而繁变"，迄今还看不出"汇"的趋势。

脉络之二："囫囵的人"与"两纲六目"论的建构

"囫囵的人"是潘光旦关于"真正的人"的基本看法，它构成了"两纲六目"论的思想前提。"囫囵的人"是在人文的立场上提出来的：

> "人是本，历史是末，人是主，环境是宾。""任何人的生命是在一个十字街头，是一个四达之衢的中心，这十字街，这四达之衢，东

西指的是空间，是自然环境或地理环境，南北指的是时间，是往古今来，是历史，而十字街的交叉点是当时此地和与当时此地发生紧密接触的我。①

　　"囫囵的人"具有时空两方面的含义。就空间而言，在人同人之外的各种本体（包括一切自然的物体和"人道范围内的事物，或人为的事物"）的关系上，人始终是重心，"除了人生的本身可能自成目的而外，其余的一切大概全是工具，全是手段"。因此，"人虽然是一个有职业、有阶级、有国、有家……的东西，他却不应当被这许多空间关系所限制，而自甘维持一种狭隘的关系或卑微的身份"。与此同时，"一个囫囵的人不但要轶出空间的限制，更要超越时间的限制"，即"真要取得一个囫囵的人的资格，须得把已往的人类在生物方面和文化方面所传递给他的一切，统统算在里面。不但如此，他这承受下来的生物的与文化的遗业，将来都还得有一个清楚的交待"。②

　　在潘光旦看来，"人是囫囵的、整个的，并且是个别的囫囵或整个的"。换言之，"人生是一个整体，知识、学问、行为，所以辅翼人生与表达人生的，也不得不是一个整体，凡属整的东西，全的东西，我们不能以一偏来概括"。③从方法论的角度来说，"人的了解必须是囫囵的，不囫囵不足以了解"。无论是社会科学和人文科学的舍近求远，还是自然科学把人拆

---

① 潘光旦：《说乡土教育》（辑入《政学罪言》），《潘光旦文集》第 6 卷，北京大学出版社 2000 年版，第 140 页。

② 潘光旦：《说"文以载道"》（辑入《自由之路》），《潘光旦文集》第 5 卷，北京大学出版社 1997 年版，第 243 页；《中国人文思想的骨干》（辑入《政学罪言》），《潘光旦文集》第 6 卷，北京大学出版社 2000 年版，第 114、118—119 页。

③ 潘光旦：《荀子与斯宾塞尔论解蔽》（辑入《政学罪言》）、《人文学科必须东山再起——再论解蔽》（辑入《政学罪言》），《潘光旦文集》第 6 卷，北京大学出版社 2000 年版，第 56、67 页；《自由、民主、与教育》（辑入《自由之路》），《潘光旦文集》第 5 卷，北京大学出版社 1997 年版，第 260—261 页。

成若干物质的片段来研究，都不足取法。从认识论的角度来说，"人是比较唯一有个性而能自作主张的动物……每一个人是一个有机体，每一个人是囫囵的，而其所以为有机、所以为囫囵，每一个人又和每一个别的人不一样"，由此形成"人"这一个"纲"的"三目"：通性（人之所以为人）、个性（此人之所以不同于彼人）和性别（男女之所以互异）。进而言之，人是群居的动物，有机和超有机的许多个人过着一种群居生活，人与人之间关系的总和构成了社会。"社会"是"人"之外的另一个"纲"，亦包括"三目"：秩序的维持、文化的进展和族类的绵延。个人之"纲"与社会之"纲"所阐述的，是人这一物种与一般物类相比较而言的特殊性：人以下的动物里，个体与群体不论倚重在哪一个方面，全都由于本能，而不邀情理的自觉的认可；只是到了人类，个体与群体同样的存在，同样的邀自觉的认可，人类的生活经验证明两者同样的需要，很难贱彼贵此。与个人之纲和社会之纲的联系相对应，个人的三目与社会的三目，亦自有其联络与互为因果的关系，"秩序基于通性之同，进步基于个性之异，而绵延则系于两性的分工合作；反之，如果秩序有亏缺，文化缺乏进步的需求，或族类对于绵延的欲望不够强大，则通性、个性、与性别的发展也就分别的受到限制以至于抹杀"。[①]

"两纲六目"论关于人与社会关系的阐述，从以下经验事实出发：人是一种过着群居生活的动物，群体由一个个有机和超有机的个体构成，超有机表明人是有"觉知"即有文化的。由此事实可以直接推论出人是通过特定的社会关系而发生联系，群居生活中的"人"乃是"社会化的个人"，而非原子式的实体机械地拼凑在一起；此外，人的群居生活受自然环境（包括外部

---

① 潘光旦：《派与汇——作为费孝通〈生育制度〉一书的序》，《潘光旦文集》第 6 卷，北京大学出版社 2000 年版，第 102—103 页；《当前民族问题的另一种说法》，《潘光旦文集》第 9 卷，北京大学出版社 2000 年版，第 50—51 页；《论青年与社会思想》、《个人、社会、与民治》，《潘光旦文集》第 5 卷，北京大学出版社 1997 年版，第 280—281、460—465 页；《教育究为何来?》，《潘光旦文集》第 10 卷，北京大学出版社 2000 年版，第 247 页。

的自然和人身内的自然）和历史环境的制约，与此同时，人的生命活动得以进行，也受"生物的遗业"和"文化的遗业"之所赐。在这个事实和推论的基础上，潘光旦进而认为，个体和社会都是一个囫囵的、有机的整体。个体的"人性"中，既包括与所有其他个体相一致的"基本的人性"，也包括仅属个体所有的"个性"以及男女两种性别，而社会作为共同体需要三个基本的构成要素，即社会秩序、社会进步和社会范围内的种族绵续。由此可见，"两纲六目"论力图超越任何学派都有的"执一"之"偏弊"，寻求将多元的解释整合在一个统一的理论构架之中的途径，从横向上找到结合个人与社群的结构，从纵向上将生物、心理、社会与文化各派揭示的人类现象各个层面的"片面"真实联络在一起。

潘光旦称"两纲六目"论为"健全的社会思想"，并不仅仅是因为它对经验事实的解释比别的社会思想更全面、更具有包容性，更重要的是，这种解释背后蕴含着他对"真正健全的社群生活"的价值理想。他如是说："事实上，要用我们目下的尺度（即两纲六目——引者按）来衡量，古今中外真正健全的社群生活可以说是没有。"换言之，"真正健全的个人生活""真正健全的社群生活"以及"真正健全的人类生活"，是作为"理想"而被提出来的。"两纲六目"论对人和社会及其相互关系的看法，基于某种人性理论和历史哲学的设定，并由此形成一种面向未来的社会理想。

脉络之三：中和位育与自由之境

"囫囵的人"这一概念，一方面，包含了关于人的生物属性的见解——无论是通性还是个性，先天的遗传品性都是其中的一个构成因素，男女性别分化则直接根源于生物学；另一方面，潘光旦又将"囫囵的人"的本质属性规定为自由，将个性的自觉视为自由的先决条件。"囫囵的人"超越时间和空间限制的本质属性表明，自由是生命的目的，自由作为人的企求，是对本能和环境制约的克服，"人也未尝没有本能，但本能可容制裁疏导；人又未尝不仰仗环境，但环境可容选择、修润以至于开辟创制"，

"能抑制疏导我们的本能，能选择、修润、开辟、创制我们的环境，就是自由"。① 人以下的动物，但凭"天命的性"（遗传和本能）顺适自然，便没有自由的企求。从"囫囵的人"的立场来看，自由首先是个体的自由，"社会的自由终究建筑在个人的自由之上"，因为"社会生活从每一个人出发，也以每一个人作归宿"。在演化的过程中，人类出现之前的动物只有群体而没有个体，"群体是唯一的目的，个体只是手段"；到了人类，个体的重要性已经提高到一个程度，得以企求和群体并立，自觉的个性产生之后，"每一个人不只是一个个体，而是一个有意识的个体，是一个个人，是一个人格"，"自觉的发展到此，个人才成为一个人格，而群体才成为一个社群"。② 总之，"囫囵的人"是自然演化到人类的段落之后，历史地生成的，在其本质属性上，"囫囵的人"首先显示的是人类与其他动物相比较而言的对自由的企求，其次是个体自由或个性自觉相对于社群生活或社会自由而言的优先性，前者是"一般人道"或"基本的人性"，后者则是"个性"或"人格"。

　　在达尔文演化论的意义上，"位育"指的是"物体"与"环境"之间的协调。"世间没有能把环境完全征服的物体，也没有完全迁就环境的物体，所以结果总是一个协调，不过彼此的让步的境地有大小罢了。"倘若人类只是消极地顺应于人自身的本能和人之外的环境与历史，任凭其操纵摆布，那就与一般动物无异，即无自由可言。作为人类生活的一个基本事实，"人与历史的关系，人与环境的关系，都是相互的，即彼此之间可以发生影响，引起变迁……说历史与环境完全由人安排，是错误。说历史与环境完全支配着

---

① 潘光旦：《自由、民主与教育》（辑入《自由之路》），《潘光旦文集》第 5 卷，北京大学出版社 1997 年版，第 258 页。

② 潘光旦：《个人、社会与民治》（辑入《自由之路》），《潘光旦文集》第 5 卷，北京大学出版社 1997 年版，第 462、463 页；《"伦"有二义——说"伦"之二》，《潘光旦文集》第 10 卷，北京大学出版社 2000 年版，第 147 页。此外参见《派与汇——作为费孝通〈生育制度〉一书的序》、《中国人文思想的骨干》，《潘光旦文集》第 6 卷，北京大学出版社 2000 年版，第 102—103、118—119、121 页。

人，也是错误"。① 在新人文思想的脉络中，"自由"是对人生"位育"的规定，而"中和位育"则是对"自由"的状态或者说实现方式的一种呈现。尽管一切生命的目的在求其位育，但"囫囵的人"的位育与其他生命的区别在于，"唯有经由中和的过程，才能达到位育的归宿。"在潘光旦看来，"两纲"和"六目"需并重和协调地发展，而其中的每一个方面又受"分寸"原则的节制："遇有二事以上发生冲突时，一切折中于人，即由人来斟酌损益，讲求应有的分寸，使不致畸轻畸重"。此"分寸"的原则也就是人生的"常道"或"常经"，其中最重要的是"中庸而不固执一端"，因为"中为天下之大本，和为天下之达道，而实践中和的结果，便是天地位而万物育，便是一切能安所而遂生"。中和或中庸的"执两用中"，并不等于折半，那中之所在是活动的，故"经"或"常道"与"权"须臾不可分离。总之，自由的真义即是中庸或中行，中庸与自由是"一个健全理想的两个方面"。②

自由是生命的目的，但是，人类应付本能与环境的力量亦即对自由的企求，只是一种潜能，要化潜能为动能，端赖教育，教育最基本的目的或功能便是促进人生的位育。潘光旦倡导"自由教育"，此处的"自由"有二义，其一意在强调教育不是强制灌输，而应是自求自得；其二，既然教育着重在自求自得，必然以自我的教育为对象，即每一个人为了完成自我而教育自我。自我教育最基本的是自我认识与自我控制，因为这是自由的两个先决条件，倘若一个人既没有认识自己，更不能控制自己，自由便无从谈起。在内容上，自我认识与自我控制即是对自我品格的塑造；在途径上，则有两步，即自知者明和自胜者强，"自明是理智教育的第一步，自强是意志与情绪培

---

① 潘光旦：《说乡土教育》，《潘光旦文集》第 6 卷，北京大学出版社 2000 年版，第 138—139 页；《所谓"历史的巨轮"》，《潘光旦文集》第 5 卷，北京大学出版社 1997 年版，第 315—318 页；《近代种族主义史略》，《潘光旦文集》第 1 卷，北京大学出版社 1993 年版，第 388 页；《优生与文化》，《潘光旦文集》第 2 卷，第 387 页。

② 潘光旦：《说"文以载道"》，《潘光旦文集》第 5 卷，北京大学出版社 1997 年版，第 239—240、246 页；《生物学观点下之孔门社会哲学》，《潘光旦文集》第 8 卷，北京大学出版社 2000 年版，第 130 页。

养的第一步，惟有能自明与自强的人方才配得上自由"。自由教育在自我教育这个"点"上实现之后，就向群体乃至人类的"线""面""体"上推进，"有了明能自知与强能自胜的个人，我们才有希望造成一个真正的社会"。因此，个人自由教育的结果，"在个人可以取得比较有分寸有裁节的生活，在团体可以取得比较有组织而更协调的秩序"。进而言之，"如果因教育的努力而人人各得其位育，人类全部的位育是不求而自致的"①。

潘光旦的自由理念，将个体的道德自主性这一儒家概念，从人类遗传学的知识视角作了重新解释——"明能自知"（个体对自身先天遗传的才智和才性的自觉体认）被视为个体自由之获得的两个必要条件之一，而且优先于"强能自胜"的个体道德自主性这一必要条件。一方面，个体自由包含着儒家对自我之伦理属性的规定；另一方面，个体自由又奠基于生物演化论和遗传学之上。在潘光旦看来，个体自由所体现的个性，乃是从人类种群的生物演化史中逐渐形成的，个体之为个体的"个性"，一旦从人之为人的"通性"中脱胎出来，便获得了价值上的优先性。真正的"社群"是由个性各异、性别分殊的个体构成的。"社群"中的个体，若能循"明能自知"和"强能自胜"的途径，做到"以群则和，以独则足"，那么社会的位育——秩序和进步之间的和谐，乃至人类的位育——由"修己"而"新民"进而至"大同"，便可实现。由此来看，潘光旦对自由理念的论述，始于进化生物学的生命观，归宿于儒家式的价值信念——个体的"安其所，遂其生"，指向"天地位而万物育"的"中和"之境。

三、自然主义与人文立场之间的张力

作为一个人文思想家，潘光旦在中国民族出路问题的讨论中提出优生强

---

① 潘光旦：《散漫、放纵与"自由"》（辑入《自由之路》），《潘光旦文集》第 5 卷，北京大学出版社 1997 年版，第 232 页。

种的主张，同时也关注现代文明普遍面临的困境，试图通过儒家人文信念与进化生物学的会通，"调和"自然主义的立场和人文的立场，寻求"自然"与"文化"、"生物"的人与"自由"的人之间的结合点，构建一种综合性的人性—文化和社会—政治理论，并设想一种为所有人认同且倾心向往的生存方式和相处之道。

无论是人文生物学所期望达到的"人文进步"，还是人文思想的"新汇"，潘光旦所持的"人文的立场"是一以贯之的。简言之，"人文的立场"就是"重人道"，一切以人为本位。潘光旦自觉地将自己的"人文思想"与"人道主义""人本主义"和"人类中心主义"等"主义"话语作出区分。在他看来，"人道主义"建立在"玄学的平等主义"之上，"人文思想"与"人道主义""同一重人道，同一注重道的和同，而后者所见的'同'等于'划一'，等于'皂白不分'，所见的'和'，等于和泥土粉末之和，而不是调和五味之和"。"人文思想"与"人本主义"根本不同的一点在于，"我们把人看作中心、看作比其它本体都要重要的时候，也还得有个分寸，决不能目空一切，唯我独尊。"而"人类中心"所表征的，正是那种超过了分寸的自负与自信心理，"二三百年来世界思潮有若干共同谬误之倾向"，其最后的根据即是"人类中心"及"物为人存"一段不自量、无根据的玄学，具体表现是"忽生物的遗传，不因势利导，重人为的环境，必强异就同……"由此来看，"人本主义""人道主义"或"人类中心主义"首先错在认为人类凭借文化的力量可以对"天择"或有机演化随意裁剪，结果是裁剪过当，反过来伤害自己。因此，潘光旦主张调和"自然主义"的立场和"人文"的立场。"自然主义"在中国以道家为代表，其目的在接纳自然、顺适自然，反对一切人类自作聪明的活动，西洋的自然主义则是对宗教的超自然主义（神本论）的一个反响，其目的在了解自然、分析自然，"西洋的哲学科学，以至近百年以来贯通一切学问的学说如同演化论"，都是从自然主义产生出来的。西洋式的自然主义（即自然科学的机械论和还原论）表现在人生哲学上，即是主张顺应先天遗传的类型。潘光旦认为，自然主义的立场固然很重要，但还不够，因为类型之分并不是绝对的，但是类型的发展却很容易趋于过度（即畸形发展），故需添上一个人文的立场才比较"圆满"和"健全"，前者意在"顺适自然"，后者意在"挽回造化"。潘光旦价值取向的特点是在生命观上"调和"自然主义和人类中心主义。他一方面坚持只有人文教化才可能使人类达到"自由"，使人类不再受"天命的性"的"朴野"状态的支配或操纵，另一方面又对西方文艺复兴以来人道主义或人本主义的扩张感到忧虑，试图找到人同自然相互贯通的途径。潘光旦通过将进化生物学的生命观（生命世界遵循统一的法则、人类的多形现象）与他所理解的先秦儒家人文思想相结合，探寻"自然"与"文化"的统一性："文化"从"自然"派生出来，从而受制于"自然"，但"文化"又积极地反馈于"自然"；相应地，生物属性始终是人的品性的一部分，人作为生命世界的一个成员，并不拥有超出生命法则的力量，但人在有机演化中形成的"觉知"，又使人得以摆脱"天命的性"的支配，并由此而获得自由。

因此，潘光旦认为，"三才通论是一个最完整的文化观"。"三才"即天、地、人，当"天"指称精神之天时，演化为神本论，与人本论和物本论相对照，中国和西洋的传统文化各偏于人本和神本，近代自然科学的发展和技术的运用，则偏于物本，偏的结果，是"人道"被宰割、被肢解。演化论和遗传学证明了"天"的自然属性，对于人来说，"天命"意味着自然演化赋予人的先天遗传品性。"地"既包括一切自然的物体，也包括人所创造的"文物的环境"和"意识的环境"。人类自身是联结或凝聚"天""地"的枢纽，即"人"（生理品性＋心理品性）、"文"（文化或教化）"合一"——当然，这指的是"真正的人"或"囫囵的人"。欲使"应该"变为"事实"，潘光旦认为需培植三个"理想"，即"宇宙一体""世界一家"和"人文一史"。这样一种价值取向既避免了单纯人本主义对"人类中心"和"进步"的迷信，与此同时，它又对人类通过文化教化达到个性的自觉，由自知自胜而自由抱有坚定的信心。正是这种生命态度，使潘光旦在一个混乱、血腥的时代既不迷狂，也没有遁入虚无，忧思现代文明，但仍不失谨慎的乐观。

尽管潘光旦本人自觉地在种种相对峙的观念和信仰中寻求调和与贯通，

并初步形成了一个思想框架，但是，我们从潘光旦的理论整合与价值"调和"中，依然感受到"调和"的张力甚至困境。

首先，人文生物学立场上的民族本位，与新人文思想中个体自由优先性之间存在着一种紧张关系。人文生物学所关注的重点是如何实现"人文进步"。"人文进步"的具体内容是"好人"（人才）与"好文化"（即能够促使人才产生、维持和增殖的"文化的因缘"）之间的良性互动，其实现途径是文化选择，衡量文化势力的"选择"与"反选择"、"修道"与"害道"的标准，是文化的种种设施（包括观念和制度）是否使种族或民族的"精质"（遗传品质）改进。这种"人文的立场"中的"人"，主要不是个体，而是以种族或民族的方式存在的"群"。更具体地说，"人文进步"的着眼点不是个人幸福或健康，而是"民族健康"。"新人文思想"强调的则是"个人自由"为先决条件和实现方式，认为"社会自由"建立在"个人自由"基础之上，"个人自由"如果在社会的每一个体那里都已实现，"社会自由"乃至人类的自由，便可以渐次实现。个体、群、人类各个层次上的"自由"，如何通过教育的途径，得以从"潜能"变为"动能"？教育在新人文思想中被视为"挽回造化"从而实现生命的最大目的（自由）的根本途径。由此可见，人文生物学和新人文思想所对应的"人文"含义有差别：具体内容上，前者是"好人"与"好文化"及其良性互动，后者是个人、社会、人类生活的"健全"；"人"这一重心所指，前者侧重于群（种族或民族）的层次，后者则侧重于个体的层次；"人文"企求的实现途径上，前者是文化选择，后者是自由教育与品格塑造。"人文"内涵的差异构成了一种潘光旦本人似乎未曾意识到的紧张。在人文生物学中，个人幸福或健康并不等于"民族健康"，二者之间甚至是相冲突的，而在冲突的局面下，个人的健康或幸福不能不退避一隅，因为"对民族行其大孝"即民族本位优先于个人本位。但从新人文思想的视野来看，自觉的个性产生之后，个人才成为一个人格，而群体才成为一个社群；社会基于个人，社会自由建立在个人自由之上——个人相对于社会、个人自由相对于社会自由的优先性，在新人文思想对于自由（中和位育）的展望中是显而易见的。简言之，人文生物学与新人文思想在理论上的紧张，实即"民族健康"和"个人自由"之间的紧张。当然，这种紧张并不必然导致冲突，健全的人格之养成与种族"竞存力"增强之间，用潘光旦本人的话来说，事实上也可以"相须相成"，亦即前者促进后者。

其次，潘光旦的自由理念在生命观和历史观之间存在着逻辑上和价值上的断裂。潘光旦从生命哲学的角度将"自由"视为人类根本性的一种生命特征（最广泛的"自由"，则标识"物体"从"环境"的摆布上获得自主性的程度），它一方面是人类生活的一个基本事实，与低于人类的一般动物相比较而言，人类的生命活动并不仅仅凭借本能，更重要的是"邀情理的自觉"，即人类是一种有"觉知"的动物。但另一方面，按照潘光旦的阐述，"自由"之于人类（无论是个体还是群体）又只是一种潜能、一种理想。"人类的由来"受自然选择的支配，且在此过程中形成了以"自由"为指向的人类生命特征。但文明的发生和发展，使得人类生活的支配法则发生了变化，即自然选择逐渐由社会选择取而代之，自然环境的重要地位也逐渐地转让给社会环境。文化的创制和增益，以人类具有"觉知"这一生命特征为前提，其"原始的效用"，在于帮助人这一"物体"与"环境"之间的协调：

> 我们以为道就是人生……《中庸》开头的几句说："天命之谓性，率性之谓道，修道之谓教。"性是人生的根源，道是人生的表现，教就是文化，所以帮表现的忙的；换言之，性是人生的体，道是人生的用，教是此种用的剪裁润色。①

文化对人生的"剪裁润色"，即是作为辅助力量，维护、促进人这一生物物种在自然界中的"位育"。但是，文化既兴，"人类意识之活动，日与自然背道而驰"，人以为剪裁润色的权能完全操之在手，与自然全不相干，因

---

① 潘光旦：《说"文以载道"》，《潘光旦文集》第 5 卷，北京大学出版社 1997 年版，第 244 页。

而不是剪裁过度，便是润色过度。人文生物学所言的文化的"反选择"，便是"害道"的一种表现。潘光旦还指出，人道范围以内的事物，"往往会畸形发展到一个尾大不掉的程度，使人不但不能驾驭，反而被驾驭，不特无益于人，反而有害于人，原以辅助人道者始，反以危害人道终"。因此，"自由的真义"在人类文化史中总是很难将潜能转化为现实，人类摆脱了本能的支配，却又时时处处受文化的驾驭，古往今来能够领会、实践自由的并没有几个人，"我们见到的只是许多骑墙的人，模棱两可的人，与更多的平凡庸碌的大众"。也就是说，潘光旦所阐述的"自由的真义"，对于人类及其文化史而言，几乎是遥不可及的，它只是"不健全的人"所怀抱的一个"健全的理想"，以及少数"健全的人"所具有的德性。

最后，"天演"与"位育"之间的张力，表现为如何看待"自然"与"文化"之间的连续和断裂，利奇称之为"永恒的难题"："人类是什么？文化与自然的分界究竟在何处？"如果人类的产生仅仅是自然演化的一个偶发事件，而不是预期中的结果，在宇宙冰冷冷的无限空间中，"任何地方都没有规定出人类的命运和义务"；而一向被视为人类所独有的超生物属性（社会文化存在），最终只不过是生物适应的延伸，它并不能改变人类作为一个生物物种受自然法则的支配这个事实，那么任何一种基于人类中心主义的价值设定都是虚妄。如果人类的超生物属性表明人类不但是生物学上的一个伟大成就，而且人类的出现乃是基于动物与人、自然与文化之间连续性的中断，那么人类的历史就是人高于或超出自然限制的自由的历史。这两种不同的观点都可以获得足够多的知识依据和经验基础，然而选择何种观点最终只能诉诸个体或群体的信念。理论的"片面和不圆满"，可以通过知识整合得到潘光旦所说的"瓜皮帽子"或"百衲袈裟"，然而，一旦涉及价值选择，结果只能是无休止的"诸神"斗争，因为我们生活的时代对于人已无法达成一致的观念，潘光旦所看到的关于人的学说"支离灭裂，不可究诘"，至今非但没有减弱，反而愈演愈烈。

总之，潘光旦的理论整合与价值"调和"，依旧是以问题而非以问题的

"圆满"解决而存在。一种思想如果不是封闭的神学体系，其价值之所在便是我们能够从它已经思考过的问题中发现新的问题，或在它对问题的解决中发现问题依然存在。但这些恰恰是我们可以且必须通过思想史与他分担的，因为他所面临的问题对后来者依然具有现实的紧迫性和理论的挑战性。

在我们看来，潘光旦人文思想的最大启示是其思想方式以及凝聚了这种思想方式的人格方式。作为贯穿人文生物学和新人文思想的"位育"观念，最能体现潘光旦的思想特点。

> 既求位育与调适，就不能不注意一事一物一人所处的场合情境，不能不讲求部分与全部的关系，于原委之外，更不能不推寻归宿，于事实之外，更不能不研求意义价值。①

就后一方面来说，潘光旦强调生命的范围大于学问的范围，科学家的态度和理想家的热忱，在他的生活史中比在他的理论构想中更能体现出一种适度的张力。潘光旦是一个怀抱着人生和社会理想的现实主义者，理想之于他乃是一种"拟制"而非教条。② 在日常生活中，潘光旦"遵从孔子的教导"，"他一生的做人做事，就是儒家思想的典型表现"。③ 谢冰心先生评论过一些学者，唯独称赞潘光旦是"男子中理智感情保持得最平衡的一个"。④ 在一个虚无主义盛行和意识形态狂热交织的时代里，潘光旦凭借自知自胜而成就了他向来称许的"中行"的人生境界。

---

① 潘光旦：《派与汇——作为费孝通〈生育制度〉一书的序》，《潘光旦文集》第 6 卷，北京大学出版社 2000 年版，第 107 页，

② "明知其无而假定为有，而此种假定的有在生活上和实际的有一样可以发生影响，在行为上一样可以引起反应，就是拟制。"参见潘光旦：《边沁（Jeremy Bentham）二百年祭》，《潘光旦文集》第 10 卷，北京大学出版社 2000 年版，第 254 页。

③ 费孝通：《推己及人》，载《中和位育》，中国人民大学出版社 1999 年版，代序。

④ 邓锐龄：《回忆潘仲昂先生之一》，载《中和位育》，中国人民大学出版社 1999 年版，第 286 页。

第四章　儒学与中国民主：潘光旦的政治见解

从 20 世纪 20 年代至 40 年代末，潘光旦一直以"学人议政"的方式表达他对中国政治问题的看法。他对政治的这种"不感兴趣的兴趣"，以及其具体的政治主张，表明他是中国现代自由主义知识分子的一员。然而，潘光旦不仅是一个政治立场上倾向于自由主义的政论家，而且是一个社会思想家，其政治主张与学术思想之间有着密切的关联。与同时代其他学者和思想家相比较，潘光旦在生物进化论、先秦儒家思想以及自由主义学说之间进行"折中与融汇"，对民主政治的理论基础作了多层次、多角度的论述，并对中国民主的前景提出了一种独特的理解。

一、孔孟之道与人文生物学的相互诠释

潘光旦出生于诗书之家、缙绅之族，其父是前清进士，自幼便受中国传统文化的熏陶。他开始读书时，恰逢科举制取消，晚清"西学东渐"引入的知识体系代替科举制下的儒家经义，成为学校教育的主要内容，传统士绅阶层亦逐渐转化为近代型知识分子群体。将中国的传统儒生与近代型知识分子区别开来的，首先是二者在知识结构上的根本性差异，源自西方的自然、社会和人文知识，不仅仅是后者学术研究的参照系，而且成为他们理论思考的"科学"依据。潘光旦后来检讨自己的"半殖民半封建"性格以及知识与思想的来源时，以身在"夷场"、心在"祖墓"自况，说自己属"旧

时代"的最后一批人。① 这恰恰说明了他在受教育期间"新知培养""旧学商量"，始终兼筹并顾的特点。在清华学堂读书期间（1913—1922），潘光旦打下了扎实的英文和国学根基。那时"洋化"的风气已非常厉害，汉文课程光景"惨淡"，潘光旦全靠自学。② 在生物学课堂上，他对遗传问题就特别感兴趣；③1921 年秋，清华开"现代西方文化"课，他又留意弗洛伊德的学说。④潘光旦学优生学的最初动机受清华学校里的医生 La Force 的影响。⑤"当他没有出国的时候，想学社会学，在船上的时候，又想学优生学，因为研习优生学，必须学习生物学，所以后来他在大学里，正科是生物学。"⑥ 本科毕业以后，他在纽约附近的冷泉港优生学记录馆进修了一年时间（1924—1925），硕士期间继续学习动物学、古生物学、遗传学、内分泌学和单细胞生物学。由于优生学与社会达尔文主义的关系，又转入社会学与社会思想的

---

① 参见潘光旦：《为什么仇美仇不起来——一个自我检讨》（1952），《潘光旦文集》第 10 卷，北京大学出版社 2000 年版，第 504—505 页。关于此文的写作背景，参见潘乃穆：《回忆父亲潘光旦先生》（《潘光旦先生百年诞辰纪念文集》，中央民族大学出版社 2000 年版，第 118—201 页）。

② 《清华初期的学生生活》（1962），《潘光旦文集》第 10 卷，北京大学出版社 2000 年版，第 568—572 页。

③ 梅贻宝：《清华与我（五）》，载《中和位育》，中国人民大学出版社 1999 年版，第 104 页。

④ 姚崧龄：《关于潘光旦先生的补充》，载《中和位育》，中国人民大学出版社 1999 年版，第 141 页。按潘光旦在《性心理学》译注中的说法，他"对于性的问题很早就感觉到兴趣"，20 岁时就从清华图书馆借读了霭理士六大本的《性心理学研究录》，在同学间以性学权威自居。（参见《潘光旦文集》第 12 卷，北京大学出版社 2000 年版）费孝通先生指出，霭理士之学为潘光旦学术思想的重要来源之一（《中和位育》，中国人民大学出版社 1999 年版，第 265—266 页）。

⑤ 双日：《国内学人访问记：社会学系教授潘光旦先生》（1935），载《中和位育》，中国人民大学出版社 1999 年版，第 45 页。

⑥ 茜频：《学人访问记：社会学家潘光旦》（1935），载《中和位育》，中国人民大学出版社 1999 年版，第 56 页。

领域，不过是完全自学的。① 由此来看，在学生时代，潘光旦"西学"的知识结构已大致形成，即性心理学、生物学和社会学。这里需要提及的是，潘光旦 1916 年因事故锯去一条腿，在医院治疗期间开始信奉基督教，至美国留学后，觉得西方国家号称以基督教精神立国，而名实并不相符，1925 年决心不再以基督徒自居。除了基督教之"虚伪"而外，当时潘光旦所察觉的，主要是基督教的基本教义同中国固有的文化格格不入。② 舍弃基督教以后，他更在儒家思想方面用力。不过他自己也承认，"作为一个教徒看，我虽舍弃了基督教，但基督教早期的教义，尤其是一些相传为耶稣的言和行却始终构成了我的人生观的一部分"③。有两个典型事件形象地反映了潘光旦整个学生时代埋下的思想种子：他带了《十三经》去美国留学，回国时则带了一部《达尔文全集》。④ 潘光旦属早慧的学者，在三十岁以前便已确立了自己的理论视角和学术格局：用性心理学解释历史人物（《冯小青》，1922、1927）；通过生物学的知识训练进入优生学的学术传统（《优生概论》，1923—1927）；人文生物学与儒家社会思想的相互诠释（《生物学观点下之孔门社会哲学》，1926）；运用人文生物学观点和社会学的统计方法分析现实社会问题（《中国家庭问题之分析》，1927）；从人文生物学的角度考察民族品性（《日本德意

① 参见潘光旦：《为什么仇美仇不起来——一个自我检讨》（1952），《潘光旦文集》第 10 卷，北京大学出版社 2000 年版，第 500—501 页。值得注意的是，潘光旦并非读了严复等人的社会学译著而去选此专业。参见吴泽霖：《忆抗战前沪宁一带社会学的发展》，载《中和位育》，中国人民大学出版社 1999 年版，第 108 页。

② 参见潘光旦：《为什么仇美仇不起来——一个自我检讨》（1952），《潘光旦文集》第 10 卷，北京大学出版社 2000 年版，第 497 页。按，潘光旦为此曾写了长文《基督教与中国——一个文化交际的观察》（1926），《潘光旦文集》第 8 卷，北京大学出版社 2000 年版，第 90—110 页。

③ 潘光旦：《为什么仇美仇不起来——一个自我检讨》（1952），《潘光旦文集》第 10 卷，北京大学出版社 2000 年版，第 505 页。

④ 分别参见潘光旦：《为什么仇美仇不起来——一个自我检讨》（1952），《潘光旦文集》第 10 卷，北京大学出版社 2000 年版，第 505 页；《清华初期的学生生活》（1962），《潘光旦文集》第 10 卷，北京大学出版社 2000 年版，第 572 页；潘乃穆：《回忆父亲潘光旦先生》，《潘光旦先生百年诞辰纪念文集》，中央民族大学出版社 2000 年版，第 90 页。

志民族性之比较研究》，1928）。① 他此后的译著便在这一基础上扩展。

　　到美国留学以后，潘光旦加入了大江会。大江会成员政治立场上的国家主义与文化民族主义取向之间是紧密相连的②。潘光旦由生物学入手转向优生学研究之后，闻一多便曾对他说："你研究优生学的结果，假使证明中华民族应当淘汰灭亡，我便只有先用手枪打死你。"③ 在这样的背景之下，潘光旦运用演化论和优生学的观点、方法诠释儒家思想时，其侧重点很自然地便是强调其中积极的和正面的价值。大约写于 1925 年底、1926 年初的两篇长文《社会生物学观点下之学庸论孟》和《生物学观点下之孔门社会哲学》④，是潘光旦青年时代对儒家思想认识和理解的首次系统表达。他的这一思路，在《中国之家庭问题》(1927)、《平等驳议》(1928)、《人文选择与中华民族——两个制度的讨论》(1930)、《人文史观与"人治""法治"的调和论》(1931)等著述中得以延续。

　　在潘光旦看来，"孔门社会哲学"的"正轨"和"统系"，存在于孔、孟、荀等先秦儒家的言论著作之中，属"孔门人生哲学全部"（修己论、齐家论、治国论和大同论）中的齐家治国部分。"社会位育"是先秦儒家社会哲学寻求的一个目标，"位"指称社会秩序，"育"指称社会进步，而实现"社会位育"这一目标的起点则是"因人制宜"，即对社会的认识是以对人的认识作为出发点的。先秦儒家对人的认识有两大特点，一是"以人为主体，而始终以人类生活经验为理论之根据"，二是承认人类生而各异，孟子言"物之不

---

① 《生物学观点下之孔门社会哲学》收入《潘光旦文集》第 8 卷，其余收入《潘光旦文集》第 1 卷。

② 按，大江会的文化民族主义取向以文化相对主义为其理论前提："文化无绝对之美恶，特随环境以为变迁，随环境以为应用"，"世界各民族有不同之环境，故有不同之文化"。侯菊坤整理《大江会》，《近代史资料》总 80 号，中国社会科学出版社 1992 年版，第 162 页。

③ 闻黎明：《闻一多年谱长编》，湖北人民出版社 1994 年版，第 246 页。

④ 《生物学观点下之孔门社会哲学》发表于 1926 年 3 月 20 日，潘光旦自陈《社会生物学观点下之学庸论孟》(1927 年 5 月 20 日发表，题为《孔门社会哲学的又一方面》) 写作在前面。他在 1925 年 11 月发表 Social—biological implications in Confucianism，此文的题旨、内容与上述两文完全相同，故可以推断潘光旦在 1925 年底大概已写出上述两文的中文初稿。按，以下梳理的内容除特别注明外，均出自此两文。

齐，物之性也"，最足以表达此义。从个人的角度看，便引申出"因人制宜"论，即"使人人各得发育之宜"；从社会的角度看，则有"社会差分"论，即"使人与人之间，不因差异而相害，而因差异而相成"。"因人制宜"的社会应用表现为"社会差分"，"社会差分"的实用目的则是社会秩序，"所以维持守护社会差分与社会秩序之物为礼"；"礼因人而制宜，则其功用在'节'；礼而整饬社会，则其功用在'分'"。"礼"的两大功用"节"和"分"分别对应的是伦理规范（着眼点在个体）和法律规则（着眼点在社会）。按潘光旦的说法，"自物不齐论之出发点至礼之成立"乃是"孔门社会哲学之大节目"。

那么，"礼"的根据何在？《中庸》以"亲亲之杀，尊贤之等"为"礼所生也"。"亲亲之杀"表征情爱的差分，"情爱之施，始于亲，达于人，终于物，谓之次弟；于亲为重，于人次之，于物最轻，谓之程度。"孟子"亲亲而仁民，仁民而爱物"即表达此意。由此出发，孔门"情爱之推"有两个步骤，第一步为悌，"居家所以事兄，出外所以事邻里乡党之长者"；"悌之变为慈，则爱及幼小之谓也"。第二步为仁，"施之于一般人"；"如再推之，以及于一般生物"。"尊贤之等"表征的是"社会分子应就其德行才智之大小而自成阶级"，荀子《儒效》篇揭示了"尊贤之等"与政治的关系："谪德而定次，量能而授官；使贤不肖皆得其位，能不能皆得其官"；孔子言"君子之德风，小人之德草"则重在模范教育；"尊贤尽礼，即不啻提倡教育，开辟民气"。将"亲亲之杀"和"尊贤之等"这两种情感的行为和理性的行为联络起来的范畴是"仁"。"仁者人也，其至为亲亲，及其既'杀'至一最低限度，则谓之仁，释以今语，即是一种社会的意识"；"二人成仁，八厶为公，同为会意字，而所会之意亦同也"。换言之，"社会意识十分薄弱者，自不能与言公众之治安，不能与言为政"，而"社会意识强烈者，其为公也一秉天性之自然，允宜为社会最高领袖"。综而言之，"亲亲有杀，则一家之内，人人得用情之宜"，是谓之家齐；"尊贤有等，贵贵逮贱而不滥，则人才各得其用而不相倾轧，而一国之事以理"，是谓之国治。因为"今之所谓社会，昔家与国及家国间之相互关系而已"，而在孔门那里，"家所由齐国所由治之原理无大别"，故"家齐国治，则社会问题解决"，"社会位育"也便得以实现。

以上潘光旦关于儒家齐家治国之论的梳理，是一种近乎常识的看法。[①] 值得关注的是，潘光旦以"生物学之观点"验证儒家社会学说的"事实依据"。在他看来，"自演化的生物学发达后，历来种种社会学说自不免经过一番批评及修正"，"亲亲尊贤之义，在当日不过一种社会经验之论，初不足奇；逮后更成儒家之老生常谈，言者谆谆，闻者藐藐；然绳以今日社会生物学之学理，则可知孔门学识独到之处，有足惊人者"。第一，孔孟儒家关于"物之不齐"和人之差分的论述，符合演化生物学揭示的自然界多形现象或者说变异现象。与此相关的是"天命"和"性"的观念。在孔孟儒家那里，"性与天命是一个一定连续的玄学观念，大率是以个人为单位的"，后世的儒者进一步强化其玄学意味，使性与天命愈益神秘莫测。然而，以演化生物学的眼光来看，"天命""性"就是人生来就有的一切品质之总名目，"古之所谓性，所谓天命，即是今日之所谓遗传，所谓生来的本质"。因此"命运是一个因人而异的东西"。第二，"亲亲之杀"既出乎情感之自然，则"情爱的差分为一种根据生物的事实"，即基于血缘情感的远近亲疏之别是人类先天具有的，由遗传所决定的[②]；"尊贤之等"的出发点表征的是遗传因人而异这一"纯粹生物学的事实"，人的智力、体力绝不是一个混同划一的东西，孔孟儒家关于"大人""小人"，"先觉""后觉"，"上智""下愚"，"贤""不肖"等人格差分的描述，都是基于人与人之间先天遗传差异的伦理判断，而此种伦理判断又是社会"公道"或"正义"得以成立的基础。[③] 第三，孔门"亲亲之杀"的社会应用为家族制度，"尊贤有等"之实施则为选举制度，这两者

① 潘光旦的独特之处，是将"仁"释义为源于"情感之自然"的"社会意识"，而非通常所认为的"爱""善意""同情心"。

② 参见潘光旦：《中国之家庭问题》（1927），《潘光旦文集》第 1 卷，北京大学出版社 1993 年版，第 69、130—132、217 页。

③ 参见潘光旦：《人文选择与中华民族——两个制度的讨论》（1930），《潘光旦文集》第 2 卷，北京大学出版社 1994 年版，第 445、450—451 页。

不仅具有社会的和政治的效用，而且具有种族的效用，与演化生物学发达后兴起的优生观念相吻合。以社会效用和政治效用而论，孔门主张"亲亲有杀，所以使人人用情之际，有一共同之集中点，而此集中点即为家庭，然后分别环距之远近而推之"，情感既得其重心，则社会得以宁帖，"社会问题之复杂程度"亦由此而锐减。二千年来中国选举制度几经变迁，然其"公开竞试而加以论次之根本原则"，以及"奖励人才提倡教化之大旨"则"始终不渝"。不过，家族制度和选举制度的"种族的生物的效用"是间接的、比较不自觉的。从优生学的眼光或种族改良的立场来看，中国家族制度里最值得称道的一点是"不孝有三，无后为大"这"八字戒命"，因为它有效地维系了"血统上之绵续"；由于选举制度施行后的第一步是定流品，而才智德行的差分状况与人口之支配关系甚大，与婚姻选择一端尤为密切，于是而有门第婚姻，门第婚姻通行既久，因生物学上"类似配偶律"（Law of assortative mating）①的影响，自然而然变为血缘婚姻，故选举制度不仅如英国人文思想家歇雷所言"把人口中最有智力的人挑选了出来"，而且还使诸流品通过门第婚姻和血缘婚姻得到聚敛和传递。②最后，孔门的齐家和治国所形成的"社会位育"观念，实与生物演化论中的"生物位育"观念吻合无间，"孔门社会哲学与近代社会生物学之结论并行不悖"。总之，与近世影响至巨的社会哲学如民治主义与社会主义相比较，孔门社会哲学无前两者的"抽象"和"偏激"之弊："其全部观念中有与常识抵触者乎？有与孔子以前中国先民之经验抵触者乎？有与近代社会生物学所公认之事实与原则有抵触者乎？曰，无之。"

潘光旦这一时期关于儒家社会思想及其制度的阐释，可以说是回应了前述大江会"一国之文化，为一国之国性"的论断。他并非没有看到以儒家为

---

① 潘光旦在《中国伶人之血缘研究》（1934）一书中又译为"类聚配偶律"，参见《潘光旦文集》第 2 卷，北京大学出版社 1994 年版，第 87—88、131 页。

② 参见潘光旦：《人文选择与中华民族——两个制度的讨论》（1930），《潘光旦文集》第 2 卷，北京大学出版社 1994 年版，第 444 页。

主导的传统社会思想和制度中的流弊，但他所做出的判断是利大于弊，也就是从积极的方面认同孔门社会哲学的纲领，并认为由"亲亲之杀"和"尊贤之等"派生的家族制度和选举制度为"二三千年来民族的命脉所系"——中国人和中国文化之所以延续不断，没有步希腊、罗马、犹太、印度的后尘，正是因为有这两派文化势力在"暗中呵护"。潘光旦对于儒家思想和制度的这种理解性认同，所凭借的是他所信服和遵从的"科学精神"和"科学方法"（主要是演化生物学和优生学），这使他不仅以贝特森、赫胥黎等生物学家的言论分析西方近代科学和"新宗教新道德"（自由、平等、博爱）之间自相矛盾，主张引入前者而对后者持保留态度，即反对全盘"欧化"，而且针对胡适批评"东方圣人"的"懒惰"，指出"东方圣人可恕"："乐天，安命，知足，守分的哲学，分析起来，内容虽与西方的社会哲学很不同，其为顺应环境调剂生活而发则一"①，并且认为新达尔文主义发达以来的科学进展倾向于支持"东方圣人"的社会哲学。

二、达尔文、儒家与自由主义观念的汇通

潘光旦的政治和社会思想是一种经过他自己修正、改造的自由主义观念，其中最显著的特点是对儒学资源的汲取。不过，潘光旦所理解和认同的儒学，是经过"科学方法"尤其是"生物学眼光"诠释之后的儒学；与此同时，生物进化论和优生学的知识资源也从一个相对独立的侧面补充、支持了他对儒学与自由主义所作的理论融合。潘光旦对自然、人文和社会领域内的这三种学术思想传统的沟通，其问题意识是清末以来几代学者和思想家所共有的，即如何为中国政治、社会生活中的民主诉求奠定思想和价值基础。

---

① 潘光旦：《科学与"新宗教新道德"》（1927），《潘光旦文集》第 8 卷，北京大学出版社 2000 年版，第 219 页。胡适：《我们对于西洋近代文明的态度》（1926）一文，载《胡适文存》（三），黄山书社 1996 年版，第 1—11 页。

西南联大"民主教授"潘光旦的历史形象

随清华避地西南之后，潘光旦的政治参与热情明显增强，他的政治思考和社会理论的构想也直接受到当时国内外政治局势的激发。从 1939 年开始，国民党政府对学校系统的控制加强了，要求院长以上的教职员都必须加入国民党，在联大教师中设立国民党的区党部，在学生中则设立三民主义青年团分团部，还在学校设训导处，由训导长负责对学生进行"训导"①。与此同时，一些左翼学生社团也秘密组织起来，比如，1940 年，在联大中共地下党的领导下，以民先队员与群社社员为核心，成立了社会科学研究会，各小组阅读马列基础读物，讨论社会问题，编辑壁报。联大的情形只是国共党派斗争的一个缩影。尽管抗日民族统一战线已然建立，但中共坚持在思想上、政治上和组织上保持自身的独立性，国民党则借抗战之机欲图实现"一个政党、一个领袖和一个主义"；国民参政会中的一些成员，凭借宪政案，致力于宪政运动，②并筹组具有政党性质的同盟，以调停、制约国共两党的党派之争。③面对这种政情混乱的局面，潘光旦出于对国是的关怀，开始了积极主动的"学人议政"生涯。

在 20 世纪 40 年代的民主运动中，潘光旦对于民主不仅仅是坐而论道，而且为中国民主的实现积极奔走。从他与闻一多、费孝通的比较之中，可以使我们较清晰地看到潘光旦的历史形象。

以"学人议政"的方式发表自己关于国是问题的看法，潘光旦开始的时间最早，而且也较为自觉，如吕文浩所言："潘光旦对政治的兴趣确实是超然的，态度是一贯的。"④费孝通对现实政治问题的关注，则是在 1943 年以后，而且在同潘光旦的交往中受后者的影响。闻一多在长沙临时大学和西南

---

① 冯友兰：《三松堂自序》，人民出版社 1998 年版，第 333 页。

② 参见鞱奋：《经历·抗战以来》，生活·读书·新知三联书店 1958 年版，第 217—253 页。

③ 参见马勇：《梁漱溟评传》，安徽人民出版社 1992 年版，第 246—264 页。

④ 吕文浩：《议政型自由主义一例——潘光旦》，香港《二十一世纪》1996 年第 6 期。

联大初期，都固守宁静的书斋生活，1943 年《中国之命运》的发表是刺激他思想转变的一个契机，从 1943 年底开始，他的思想和生活都发生了明显的变化，至 1944 年在纪念五四集会上的演讲，则表明他已成为一个"民主战士"。在 1944—1946 年昆明民主运动高涨期间，潘光旦、费孝通、闻一多都是积极参加者，成为"民主教授"群体的代表人物。尽管站在同一个阵线上，为和平建国和民主政治的实现共同行动，然而他们对民主的理解却有着巨大的差异。闻一多在加入民盟时曾对吴晗说："国事危急，好比一幢房子失火，只要是来救火，不管什么人都是一样，都可以共事。"[1] 作为民盟云南支部的核心成员，他们一起参加群众集会、发表时事演讲和各种政治宣言，抗议国民党政府的腐败、独裁和特务制度，这些都是闻一多所说的为挽救民族、国家危难而"共事"。然而，行动上的一致性只是表明民主教授群体有一个最低限度的共识，个体之间政治观点乃至社会信仰的差别引而不发，只有在争取民主的进一步行动或面临外部政治压力需作出现实抉择时，这些差别才成为影响个体命运的强有力因素。就闻一多而言，当他在 1944 年秋天加入民盟时，便明确表示自己是一个"马列主义者"，将来一定要加入共产党——在生命的最后两年里，他是一个立场坚定、旗帜鲜明的左翼知识分子。费孝通直至 1948 年时，仍然期望英美代议制能够真正在中国落实，他在很大程度上赞同费边社的民主、社会主义以及通过和平手段实现政治社会变革的宗旨。相比较而言，潘光旦对中国民主之路的设想，既激进又保守。激进表现在，他认为来自苏俄和英美的社会思想均属"不健全"，并建构了一种以"新人文思想"为归依的"健全的社会思想"，将从中引申出的"民主认识"作为"民主设施"（民主实践及其制度）的先决条件；潘光旦的保守在于，他强烈反对作为西方民主主义理论基础之一的平等观念，对于西方宪政注重制度而忽视创设、执行制度的人的品性，也颇不以为然；与此同时，他主张对中国传统的观念、制度、风习应有选择地汲取而无须彻底变

---

[1] 闻黎明、侯菊坤编：《闻一多年谱长编》，湖北人民出版社 1994 年版，第 757 页。

革，崇尚"好人政治"或"贤人政治"，这是一种精英主义而非平民立场的宪政。

在 20 世纪 40 年代的民主运动中，"人民""平民"或"民众"是使用频率最高的、近乎神圣的词汇，"人民提供了一种政治价值的尺度和反抗的合法性，它使得所有的以'人民'为名义作出的行动，天然地具有了正义的立场"①。闻一多、费孝通和潘光旦在阐述各自的政治观点时，也试图站在"人民"或"民众"的角度立言。那么"人民"的含义对他们每个人来说意味着什么？

闻一多参加民主运动之后，反复申说"人民立场"对于知识分子的重要性，写于 1945 年的一篇文章里，他用"人民至上"这一口号取代"国家至上"，以至于有人说"人民"是闻一多晚年思想和生活转变所确立的一个新偶像，"人民意识形态"成为了他的政治信仰。② 闻一多对"人民"的界定，首先是基于一种二分法：与"统治阶级"相对立的便是"人民大众"。在理论资源上，闻一多依据的是马克思主义社会史观（尤其是阶级分析法）。不过，处于社会底层、受政治特权压迫和奴役的"人民"，在他那里还是一个面目不甚清晰的群体。其次，在如何才能达到"人民立场"这一点上，闻一多具有浓厚的、他本人未必自觉的民粹主义倾向：一个知识分子要和人民在一起，将自己看作是人民的一分子，在他们之内而不是在他们之上；更重要的是，要爱人民，"从心里就爱起，和受苦受难的人在一起，他身上的虱子爬到你身上来，都不觉得他脏"③。基于此，闻一多萌生出一种忏悔意识，为自己出自"剥削阶级"这一身份而自惭，并努力进行思想改造；与此同时，闻一多也迸发出一种批判的怒火，在他看来，传统士大夫阶层安身立命的儒道两家不过是偷儿和骗子，"二千五百年个人英雄主义的幽灵"与"反动派"乃是"相得益彰的势不两立"，④ 甚至那些认同西方自由民主的中国现代"绅士"，在脱

---

① 许纪霖：《中国知识分子十论》，复旦大学出版社 2003 年版，第 233 页。

② 参见许纪霖：《中国知识分子十论》，复旦大学出版社 2003 年版，第 234 页。

③ 闻黎明、侯菊坤编：《闻一多年谱长编》，湖北人民出版社 1994 年版，第 809 页。

④ 闻黎明、侯菊坤编：《闻一多年谱长编》，湖北人民出版社 1994 年版，第 724—728 页。

离群众、自命清高等方面也沾染了"个人英雄主义"的臭味。

费孝通与闻一多一样，对美国副总统华莱士在华畅言"人民的世纪"有强烈共鸣，从美国选举和英国工党执政等时政中展望"平民世纪"的到来。但他又申言"我不是迷信'人民'的那类人"①。费孝通很清楚，英美式的代议制民主是以建立在不同利益集团之上的政党竞争为基础的，但他从中所看到的是一种乐观的信息，即利益争端和政党竞争经由宪政的制度框架，提供了通过分析和讨论寻找解决社会问题的方法："每个人的经验和认识都有片面性；通过自由发表意见和交换看法可以取得妥协和相互谅解，然后取得一致的观点和对共同利益的认识，在这个基础上使行为协调起来。"②一种社会和政治行为体现了生活在一个集体中的人们的共同认识和共同利益，那么便具有"人民"性——在这种思路里，"人民"是一种从差异、分歧中博弈而成的公共性。费孝通理解"人民"的另一条思路是从社会民主主义那里汲取而来的：限制有特权的资本家，保护经济上弱小者的利益，使大多数平民在工业化过程中受益。③值得注意的是，费孝通社会功能论的学术思想，支持并强化了他从群体本位出发阐述"人民立场"的两种思路。

对潘光旦来说，站在"人民"的立场首先意味着"民观"，即用科学的客观精神对待群居生活中的问题，也就是从一己的私利，以及血缘、婚姻、地域关系和党派利益的牵系中超脱出来。④这与费孝通所期望的经由政党之间和平竞争和自由讨论达到思想、利益一致的观点不同。在潘光旦的理解中，政党、主义一类的存在，适足以一党之私代替大多数民意。其次，与闻一多的平民主义乃至民粹主义取向迥然相异，潘光旦所看重的，是那些具有才智德行和强烈社会意识的"贤人"，能够体察一般民众的兴趣、愿望和利

① 阿古什：《费孝通传》，时事出版社 1985 年版，第 156 页。

② 阿古什：《费孝通传》。又参见费孝通《言论·自由·诚实》，《费孝通文集》第 3 卷，团结出版社 1999 年版，第 404 页。

③ 参见《重访英伦》，《费孝通文集》第 3 卷，团结出版社 1999 年版。

④ 参见《毋我斯和平统一》（1945），《潘光旦文集》第 6 卷，北京大学出版社 2000 年版，第 215—216 页。

益，以之作为政治事务的准绳，从而便成为"人民"的代言人。进而言之，"人民"立场即是建立在道义基础上的团结：群体之间结合的宗旨或目的是大众的福利兴趣，团体生活的维持最重要的就是对这种宗旨的共同认识，以及为了实现这种宗旨而发现的共同意识与主张；而个人之所以认识这种共同宗旨、接受与发展这种共同主张，是个人自由的理智、思考、判断与抉择后的结果。①

由此可见，潘光旦以民盟成员的身份投身于民主运动，如费孝通所言："潘拖着一条腿……成了解放运动的积极战士"②，然而，他所怀抱的政治理想，既不是闻一多式的人民民主主义，亦非费孝通式的社会民主主义，而是结合了"科学精神"和"儒家精神"的民主观念。

"中国精神和中国方式"的民主如何可能？

潘光旦关于中国实行民主政治的看法，与民主政团同盟（1944 年改组为民主同盟）的政治主张相一致：对源自苏俄的"集权主义政治"和以宪政之名实行"党化政治"，均持批判态度，一方面呼吁开放言路、教育独立于政治宣传以及民主建国，另一方面则试图推行结合了经济民主和政治自由的一条中国民主之路——有别于国、共两党的"第三条道路"。然而，作为社会思想家的潘光旦，对自由理念和民主思想的阐述，显示了他同其他民盟成员相似的政治主张背后别具一格的思想倾向和论述结构。潘光旦参加 20 世纪 40 年代的民主运动期间，曾这样表达他的基本看法：

中国前途的民主政治，一方面有赖于中国旧有的民本化的背景和趋势，一方面也有赖于国际环境中的种种影响，包括英、美、苏俄等国的经验与榜样在内，而第三方面更有赖于通达而有远见的政治家和政论家

---

① 参见潘光旦：《多党政治与团结的学习》（1945），《潘光旦文集》第 5 卷，北京大学出版社 1997 年版，第 485 页。

② 阿古什：《费孝通传》，时事出版社 1985 年版，第 143 页。

一面能够参考国情民性，一面就已有的中外关于民主政治的经验与理论的资料，斟酌损益，慢慢地蔚成一种中国方式与中国精神的民主政治。①

从言论、行动来看，潘光旦一方面呼吁将西方的民主政治经验引入中国，他作为一个"民主教授"所争取的，类似于民盟纲领中所言的各项政治和社会主张，致力于将中国建成一个"十足地道的民主国家"。另一方面，他又力图细致地发掘中国经验和思想中的民主观念，对儒家传统与中国民主之路的关系多有论述，将这两方面合起来，便构成他心目中的"中国方式与中国精神的民主政治"。

1. 根植于儒家思想的自由理念

潘光旦在 20 世纪 40 年代所阐述的"两纲六目"论和"新人文思想"纲要中，"自由"这一理念分别从生物演化史、历史哲学和人性论的角度被阐释。第三章对此略有涉及，此处需要展开论述。

"自由的真义"在潘光旦那里尽管是从知识、历史和人性等不同角度显示其内涵，但他最为重视的无疑是自由的伦理意义。潘光旦对作为一个伦理学概念的自由所作的诠释，深受儒家思想的影响，如他所言："自由一词所代表的看法并不是一个标新立异的看法"，先秦儒家思想里已蕴含了自由的真义。收入《自由之路》一书的"自由导论"中的三个文本，集中地体现了潘光旦从先秦儒家思想中"推陈出新"地演绎自由理念。

《散漫、放纵与"自由"》一文②，从消极（自由不是什么）和积极（自由是什么）两方面阐述了潘光旦对自由的看法，论述的重点是"自由的两种先决条件"，即一个人在何种意义上可被称为是"自由"的。在他看来，构成自由先决条件的自我认识和自我控制，其内容在中国人生哲学尤其是儒家思想中已有恰当的表达，"古书上一个德字，一个诚字，其实就是自我，就是

---

① 潘光旦：《民主政治与先秦思想》，《潘光旦文集》第 5 卷，北京大学出版社 1997 年版，第 458 页。

② 参见《潘光旦文集》第 5 卷，北京大学出版社 1997 年版，第 229—233 页。

我之所以为我，而明德、明诚、度德量力一类的话，指的就是这自我认识的功夫"。中国古代很早就在讲求自我的控制与自我的征服，"以前所称格物的一部分，诚意、正心、修身的大部分，所谓自强者胜，所谓无欲则刚，指的就是这一些功夫"。自我认识与自我控制是一个人在完成他的人格的过程中的两个步骤，"学问的努力比较在前，而涵养与历练的功夫比较在后"。总括而言，自由最好的注脚是孔子所谓"从心所欲不逾矩"，或者是包含在"中庸"这一儒家观念中的"可立可权的道理"。因此，自由意味着个人人格的培养、塑造和完善。以此为准绳，则古今中外历史上并没有几个人有过"真正自由"，将"自由"一词作为饰词、设词或护身符者，全都是"假冒自由的人"。正因为一个人获得自由如此艰难，潘光旦也说他对自由的看法乃是一种"理想"。此外，伦理学意义上的自由或人格理想有着社会和政治的功能：人对自己多几分认识和控制，"其必然的趋势是，在个人可以取得比较有裁节的生活，在团体可以取得比较有组织而更协调的秩序"。值得注意的是，潘光旦此处之谓"必然的趋势"，其理论前设仍然遵循了儒家"修己论"（正心、诚意、格物、致知）——"齐家治国论"的思想框架，即将社会、政治问题的解决归为个体人格的培养。

《说"文以载道"》一文①，尽管讨论的是文化与人生的关系，但其中对广义的道即"人生所遭遇的一切境界"的论述，所关注的仍然是自由应该是什么和如何可能的问题。"道"乃是"人生之路"或"人生的表现"，它的一个"领袖的原则"或"总原则"是"中庸而不固执一端"。潘光旦在前文中曾言，自由和中庸是"一个健全理想的两个方面"，因此，"健全的道""健全的人生"和"真正的自由"所表述的是同样的内容。"文以载道"的真义便是"用文的工具，一面从内启发，一面从外修齐润色，使人生日臻于至善之境"。诚能把握住从人生的经验里归纳出来的大路（孟子谓"夫道若大路然"），便可达中和的境界。与此同时，潘光旦对中庸的内涵作了进一步的解释，即

---

① 参见《潘光旦文集》第 5 卷，北京大学出版社 1997 年版，第 233—256 页。

"中"并不等于不偏不倚，"庸"为经用、久用之意，但并不等于永远不易。潘光旦特意指出，广义的道所包含的原则以及这些原则之于人生有利，近代学术的进展已经逐渐加以坐实："全部生物演化的历史，全部演化论的学说，生物统计学里常变的两个概念，近代生活过于专门化技术化已经给我们的教训，全部优生淑种的理论，不都可以供我们的参考么？"潘光旦对中庸的人生之道的阐述，在思想上渊源于儒家人文的立场："除了人生的本身可能自成目的而外，其余的一切大概全是工具，全是手段。"在他看来，以生物演化论为核心的科学印证了这样一种价值观。

《类型与自由》一文①，从对人的类型之认识这一角度阐述潘光旦对自由的看法。

中国先前对人的观察至少可归纳成两路，一是等级的一路，如上智、下愚和中才之分；二是类型的一路，如狂狷与中行之分。这两路孔子都曾提到过。以人的类型而言，狂狷一类的分法自孔子时代至今日，我们对它并未能有多大的损益，"类型的名称可能有些变动，但观察到的类型的实质始终是一回事，即在近代心理学和社会学比较发达以后，情形也还如此"。比如，美国心理学家容格将人格类型分为内转（introverts）、外转（extroverts）与内外转不分明（ambiverts）三类，便分别近乎狂、狷和中行。差别在于，孔子认为中行的人最难得，容格则认为内外转不分明的人最多。潘光旦对此的解释是："容格的看法是一个客观事实的看法，根据数频的分布而言，中行是必然的数量最大的，而孔子的却是一个比较道德的看法，他把中行的人看作天生就能实行中庸之道的人，那自然是不可多得了。"狷者一味内转，狂者一味外转，中行者内外转不分明，即时而外转，时而内转，不拘一格，不求一致。其间的分别有两种，一是无所谓行为准则的，那就是容格所见；一是有比较严格的行为准则的，即每次作内转或外转的反应时，必有其道德的理由，那就是孔子所见。

————

① 参见《潘光旦文集》第 5 卷，北京大学出版社 1997 年版，第 223—229 页。

潘光旦进而认为，人的类型是天生的，并且自有其社会与文化的极大效用。他引述英国遗传学家贝特森《生物事实与社会结构》（1912）中的见解发挥道：

> 从比较自然主义的立场看，类型的存在有它的演化的价值，正复无须改变。生物界有所谓多形现象（polymorphism）的说法，类型的存在就是此种现象的一个表示，而人类在一切生物之中便是最多形的，惟其多形，人类才最要讲求分工合作，才会有复杂的社会，才会有繁变的文明。

他又举英国政党政治中的保守党和自由党为例，说保守党人近乎狷的一类，自由党人近乎狂的一类，这两个类型的人更迭掌握政权，时而进取，时而保守，时而有所不为，时而大有作为，结果是近代英国政治在一切文明国家中最为稳健，稳时不失诸静止，不妨碍进步，健而不失诸过激，不妨碍和谐。

人的类型就自然主义的立场而言固然有它的重要性，但还不够，必须添上一个"人文的立场"才比较圆满和健全。原因在于，类型之分并不是绝对的，而类型的发展却很容易超于过度，即畸形发展，其结果不仅对个人和社会不利，对民族的长久维持滋长也不利。比如，狂一类分子或狷一类分子的畸形发展，便会使一个民族社会不是过分长期的死沉沉的保守，便是过分长期的热灶上蚂蚁似的动乱。此外，若既不能狂又不能狷的人越来越多，则这样一个民族社会是平凡的、庸碌的，是善于平面的模仿、敷衍、应付，而不能切实地有所创造与建树。从曲线分布上来说，较理想的曲线是中间隆起处不太高而两端平滑处不太短的那一条。

防止人的类型过度发展的方法有两途，一是选择，属优生学的范围，二是教育。"就教育一途说，我们的目的是，使狂狷两流人物的态度与行为要有适度的发展，即无论狂狷，在性格的修养与表现上，要有些分寸，有些伸缩，总以不妨碍和不同类型的分子相安与合作为原则。最低限度，也要使不同类型的人能彼此了解，能设身处地，而与以同情的容忍。"教育要做到这一点，须遵循自由的原则：

> "因遗传的关系，能狂而不能狷的人，或能狷而不能狂的人，或两者都不能的人，或两者都能而自己不能作主宰、定抉择的人——都是不自由的人。但凭'天命的性'来行事的人没有一个是自由的。人类以下的一切动物之所以不自由，也就在此。教育的责任，一面固然是发现与启发每一个人的遗传，一面却也未始不在挽回每一个人的造化，尤其是如果这个人的造化有欠缺而容易走偏锋的话。顺适自然易，挽回造化难。"

2. 民主的理论基础

民主理论是潘光旦思考人群相处之道的一个基本论题，其中也包含了他对中国应采用何种民主模式的见解。与其他自由主义知识分子一样，潘光旦的民主认知，首先是以源自西方的民主政治为参照的：民主政治包括三个方面，一是民有（政治属于人民）；二是民享（政治为人民造福，人民是福利的享受者）；三是民治（人民直接可以参加实际政治，而间接可以由意思的表示，来左右政治）。民主政治中的民治由四个要素组合而成，即自由、平等、人民参与政权以及法治。作为一个法权概念的"自由"，指的是在法律范围以内，任何人的言动行止不受任何外力的约束或强制。平等指的是社会中没有特权阶级的存在，换言之，一个人在社会中的升沉要完全凭他的才智，而不凭其他的关系。人民参与政权和法治的含义较为清楚，不过，关于政治参与须注意的是可以有多种不同的方法、多种直接与间接的程度，在广土众民的国家里，最近情的方式是英美等国所实行的代议制度，但间接的方式并不限于代议制度一种，"只要就一般民众而论，下情可以上达，可以得到充分的反映，而就民众中一部分有聪明才智的人而言，可以有方法直接加入政府，把聪明才智发挥出来，也就差强人意了"。关于法治，最主要的是官吏能守法，宪法作为国家根本大法，其产生的最初和最主要的缘由便是限制君主的专权，防止官吏的弄权。① 尽管西方在民主政治的制度安排上积累了不少经验，但潘光旦认为"比较完整的民主的理论"尚有待形成，正是在此意义上，他才有"民主理论导演论"的说法，试图"为民主的理论打基础"。潘光旦借用"导演"这一剧艺的名词，其意是："演是自然的，导则需要人力。"民主和其他人事一样，一方面多少是社会演变中一种自然的趋势，但要把处于自然演变趋势之中的民主的力量集中起来、组织起来，逐渐取得民本政治以至于民主政治的形式与机构，是需要人力的导引的，"导演的名词指的就是这样一番渐进而有人力推挽的一个过程"。

对于"真正的民主政治"，潘光旦为此提供的论述极为多样，梳理起来至少有五种方式："两纲六目"论的逻辑推演，自由、民主与教育的三角关系，民父母论和贤人政治论，民族健康与民主政治互为因果，科学精神与"民观"。② 最能显示他的民主思想与儒学关联的，是《民主政治与先秦思想》一文中的看法："真正的民主政治"是先秦儒家思想中的民父母论和贤人政治论。③

在潘光旦看来，中国思想里没有民有、民享、民治的说法，但与之相应的看法或想法在先秦时代便早已确定。民有论在我们是民本论或民为贵论，民享论在我们是民父母论或视民如子论，民治论在我们是贤人政治论，"这些名词并不相当，不过至少在民本、民为贵、民父母、贤人政治诸种议论里，我们可以很充分地找到民有、民享、民治诸种议论的成分"。

---

① 潘光旦关于民主政治的一般性阐述，参见《民主政治与先秦思想》一文的引言，《潘光旦文集》第 5 卷，北京大学出版社 1997 年版，第 433—435 页。

② 分别参见潘光旦：《个人、社会与民治》(1944)，《潘光旦文集》第 5 卷，北京大学出版社 1997 年版，第 459—469 页；《自由、民主与教育》(1944)，《潘光旦文集》第 5 卷，北京大学出版社 1997 年版，第 216—262 页；《民主政治与民族健康》(1944)，《潘光旦文集》第 5 卷，北京大学出版社 1997 年版，第 470—476 页；《一种精神两般适用》(1945)，《潘光旦文集》第 5 卷，北京大学出版社 1997 年版，第 476—483 页。

③ 参见潘光旦：《民主政治与先秦思想》(1944)，《潘光旦文集》第 5 卷，北京大学出版社 1997 年版，第 436—451 页。

民本说最早见于《夏书·五子之歌》，自此以后，在字面上说得最明白的是在《春秋穀梁传》中："民者，君之本也。""从这一类的文字里，我们可以看出民之所以为本，一面是对国家而言，一面也是对掌治权的君主而言：国家与君主处的都是一个比较末的地位。"民为贵论则初见于孟子《尽心章下》。先秦时代对于国家的构成，一致认为有三个因素，即人民、社稷和君主或其他治权的掌握者。其中人民和君主均是属人的，社稷则表面上虽有宗教或神道的意味，实际上都代表一个地理与经济的因素，社是地神，稷是农神，和经济生产最有关系。这三个因素之间的轻重先后之分，在先秦长期的民族文化孕育史里，经过了不少的演变。所谓三因素者，在国家形成的初期上，便是天（社稷有宗教意味，推而广之，就是一般的神道，再推而广之，便是天）、君、民的三角关系。三者间的演变可能有过四五个时期：第一个时期，天或神第一，君第二，民第三，"在这个时期里，三者的地位的先后轻重，在实际上与理论上都是一样的（过此以后，事实历久未变，理论却渐渐地发生变动）"。第二个时期是君民易位的时期，如《春秋左传》言，"天生民而立之君""天生民而树之君"，至此，民取代君成为天的耳目、天的代言人，君临万民，多少要看天意，但天意直接无法知道，只有间接地得之于民，故《虞书·皋陶谟》云"天聪明，自我民聪明；天明畏，自我民明畏"，《周书·泰誓》云"天视自我民视，天听自我民听"。天民并重与并称属第三个时期，到《左传》的时代，人与民通用已很明显了，神人并称，便等于神民并称，后世说天怨人怒，大概就本源于此。第四个时期是民权高出神权，《左传》中有如下说法可作印证："所谓道，忠于民而信于神也。……夫民，神之主也，是以圣王先成民，而后致力于神""祭祀以为人也：民，神之主也……""神聪明正直而壹者也，依人而行……"第五个时期便是孟子所说一番话代表的时期，即人民第一，社稷第二，君主第三。到此，人民至上的地位便完全确定，并且和神权也不再有什么关系；神权的范围也缩小了，缩小为土地与农业之神，且这种神权还可以随时撤换，而可随时撤换的神道，事实上也就不成其为神道，而成为一种设教的工具。由此再推演一步，以入于第六期，构成国家的三大因素，就很容易地成为人民、土地、政事了。总之，试通盘检看先秦时代的文献，我们真找不到一个君权绝对或掌握政权者应完全独裁的理论；至于民的地位终于超过了神的地位，那显然是人文思想发达以后必然的结果："中国民族文化的从神权解放出来，可以说比任何民族文化为早；解放的结果倒不是无神论，而是神由人造论。"《易经·观》卦谓"圣人以神道设教"便是显例。说到民为本、民为贵，民就是国家所由构成的最大因素，民就是国家真正的主人，国家的所有权属诸民，君主的任免权也属诸民。值得注意的是，潘光旦指出，民为本也罢，民为贵也罢，仅仅是理论上的定局，事实的定局到现在还没有，而且实际往往是另一回事，即君权第一。

先秦的民父母论或视民如子论，从《尚书》所代表的时代到战国便一贯地确定了下来。民父母论的要义，在一切为人民设想，好比做父母的一切为子女设想一样，蓄于内的既为慈爱之心，形于外自不得不为保护、养育与教导的诸般努力。保、养、教的种种措施又须顾到顺适的原则和劝诱的原则，即一面要顺适人民的心性、不宜拂逆，一面却也要竭力劝诱，使人民得以上同于民族文化的种种理想与标准。一味顺适，则不免流于放任，而劝诱太过，又不免失诸强制，因此最后又有"使自得之"的一个更大的原则："惟有自得的保、养、教才是最真实的，最受用不尽的；也惟有这种保、养、教才可以教人民自立自尊，而不成为依赖寄生的物体"。就此而言，民父母论的最高境界是，"在掌握政权的人一面虽须仁爱为怀，始终如一，一面又须竭忠尽智，使每一个人民成为独立自尊的一分子，从而推进社会国家的长治久安"。就效果论，民父母论事实上等于民享论。不过，民父母论还有一层好处，为笼统的民享论所没有，即"民父母论使掌握政权的人与人民中间多少发生一重情绪上的联系"。潘光旦从人文生物学出发，阐述了这种情绪关系的重要性：一国中的人口是由许多高下不齐的流品组合而成的，无论在什么政治体制下，直接的政权与社会生活里一般领导之权，总是在一部分流品较高的分子手里，这是势所不免，也是理所当然的，所以孟子一面主张一般的民权，一面也讲求大人小人、君子野人、劳心劳力、中不中与才不才等的分别，而主张中者须培养不中者，才者须扶植不才者。不过，人是一种动物，动物的自然趋势不免于大欺小、强凌弱，如果任其自由竞争，则荀子所称的群居合一之道势必无法维持，所以最后仍须借助"动物界的另一股力量"，即以感情为中心的亲子关系，因为只有凭借这种关系，才能把各种高下不同的流品维系起来。潘光旦如是结论："我们一向认为真正的民主政治应该是民父母论的民主政治（paternalistic democracy），西洋英美式的民主政治固然有许多地方值得我们效法，但我总嫌它太寡情，惟其寡情，所以才有锱铢必较的权利观念，才有割脖子一般的自由竞争，才有乱丝一般的劳资纠纷，一部历史才成为阶级斗争的历史。"

先秦的贤人政治论寄寓着中国的民治思想。贤人政治在理论上包括两大原则，一是民意，二是才品。贤人从民间出，其所代表的不能不说是民意的一部分，这一部分民意不必是人民一般的共同意志，而往往是人民中间最明白事理的一部分的意志。不过，国人皆曰贤，是否真贤呢？然后察之，是否真可以把贤的情状察出来呢？于是乎须不能不有第二个原则，即对才品——人的类别及其差等——的认识。长期的农业生活很早就教我们的祖先注意到物类的辨别，从物类的辨别进到人的流品的辨别大概也是很早的。由分类的认识又进而为差等的认识。社会生活日趋繁变，文化生活日趋发达，于是从差等的自然事实之中更演出了伦理的文化观念。因此，中国的社会思想里可以说从来不曾有过西洋美法两国革命时代所了解的平等的理论，在儒家的思想里，尤其是只认识差等，不知平等为何物。由差等的认识进而为知人的理论，不过，知人还不够，"知人只是心理生活的理智一方面的事，和情绪意志两方面不一定发生关系，所以再进一步为尊贤的理论"。尊贤的效用是教育的以至于一般文化的，不过要贤人在比较狭义的政治上发生效能，势必加以选举任用，于是而有举贤之论。此外，"执掌政权的人而能知人善任，甚或举贤自代，则在民族文化的眼光里，其人的道德又进入一个境界，就是由知人的智，尊贤的义，更进而为举善的仁"。总之，人才的登进，一面靠掌握政权的人的意志，一面也靠民众的意向，前者太主观，可借后者加以修正，后者太主观，则可借传统的经验（知人、尊贤、举善等节目）加以修正。潘光旦总的看法是:"从民间出来的贤人所造成的贤人的政治,我以为就是民治,我并且以为才是真正的民治。笼统的民治是没有什么意义的。任何国家的民众在才品上是不齐的,其中一小部分上智,一小部分下愚,和大部分的中才分子,或更简单地可以分成两半,一半是中材以上,一半是中材以下的。掌握政权的人应该从上智的一部分中间出来,或至少从中材以上的一半人中间出来,任意抽调,固然不合,平均公摊,亦未为允当。所以所谓民治,应当就是好民政治,那就是贤人政治。"

如果说先秦思想中的民本论或民为贵论,只是在精神上与民有论相对应,而并未对民有论有所损益的话,那么先秦思想中的民父母论和贤人政治论,则不仅在功能上与西方的民享论、民治论相同,更重要的是它们还提供了修正民享论和民治论之偏弊的思想因素。在潘光旦看来,"我认为我们以前多少有过而前途应有的民主政治不是笼统的民主政治,而是民父母论的民主政治(paternalistic democracy),我更认为我们以前多少有过而将来应有的民主政治不是笼统的民主政治,而是好民政治或贤人政治的民主政治(aristocratic 或 aristarchic democracy)"。

三、探寻植根于文化传统的中国民主之路

民主、法治的制度安排以及生活方式,在西方是以个人主义价值观为前提的,而西方近代个人主义价值观又是基于宗教信仰世俗化所演化的伦理信念。正如有的研究者指出,当初严复、梁启超等人将民主运作的价值前提即个体自由观念引入中国时,没有也不可能将基督教传统的世俗化形态(如宗教宽容精神、政教分离原则)一并移植,因此,个体自由的伦理信念需在中国固有的传统中发掘。① 几代中国知识分子从传统中发掘的不只是自由的逻

---

① 参见林毓生:《中国传统的创造性转化》,生活·读书·新知三联书店 1988 年版,第 192—193 页。

辑，还有对民主的认知乃至设施（制度资源），尽管在这方面他们似乎将一些传统未曾有的东西强加给传统了。[1] 同戊戌至五四前后的自由主义知识分子一样，潘光旦从留美后期直至 20 世纪 40 年代末，一直自觉地致力于先秦儒家的人文思想与西方自由主义之间的整合。与潘光旦同辈的学人，凡是同时接受西方自由主义思想与儒家道德主义理想者，也在不同的方向上做相似的工作，因此，潘光旦的思想探索并非一个孤立的个案，而是中国近代思想史上一种未曾中断的理论取向。由于一个多世纪以来中国人对民主观念的追求和实际运作之间始终存在着巨大的反差[2]，而儒学作为全面安排人生秩序的思想和社会模式也在不断解体之中[3]，潘光旦置身其间的这种理论取向，对于并非儒家文化内在参与者而言，生疏和隔膜在所难免。以下对潘光旦自由理念和民主思想所作的批判性分析，或许只不过是表达了一个无法入乎其内的旁观者的困惑而已。

自由的动人和艰难

严复 1919 年 4 月 26 日致熊纯如的信中说："四书五经固是最富矿藏，唯须改用新式机器发掘淘炼而已。"[4] 这样一种对儒家文化乃至中国传统文化"推陈出新"的工作，在清末的新式知识群体中便已经开始：康有为、梁启超等人试图构成一种"不中不西即中即西"之新学派，[5] 而章太炎及在其影响下的国粹学派，则通过"国粹"与"欧化"之间的调和，致力于中国的"文

---

① 参见房德邻：《儒学的危机与嬗变——康有为与近代儒学》，台湾文津出版社（中国台北）1992 年版，第 108—116 页；萧公权：《近代中国与新世界：康有为变法与大同思想研究》，江苏人民出版社 2007 年版，第 60—82 页；黄克武：《自由的所以然：严复对约翰·弥尔自由主义思想的认识与批判》，上海书店出版社 2000 年版，第 192—193 页。

② 参见高瑞泉：《中国现代精神传统》，东方出版社 1999 年版，第 167—191 页；安乐哲：《和而不同：比较哲学与中西会通》，北京大学出版社 2002 年版，第 187 页。

③ 参见余英时：《现代儒学论》，上海人民出版社 1998 年版，第 230 页。

④ 《严复集》第三册，中华书局 1986 年版，第 668 页。

⑤ 梁启超：《清代学术概论》，上海古籍出版社 1998 年版，第 97 页。

艺复兴"①。五四之后，发扬传统文化精神以重建现代中国价值系统的文化理念和学术取向更趋自觉，并从不同的方向上展开。方向虽有歧异，但在运用"新式机器"汲取中国历史和文化的精神这一点上则是类同的，胡先骕"以欧西文化之眼光，将吾国旧学重新估值"之言，便是一个恰当的写照。以思想路径而言，现代新儒家从熊十力出发，关注心性的形而上意涵，冯友兰的新理学体系则"接着讲"程朱理学；在更为广泛的文化保守主义思潮中，《学衡》派"代表吴宓等人以文化整体主义观念诠释儒家的人文主义精神，而陈寅恪、钱穆等历史学家，则在学术研究中自觉秉承儒家的价值信念。与上述方向有所不同，潘光旦运用生物学和优生学的知识训练所形成的"科学方法"，达到他对儒家思想的理解性认同。在潘光旦那里，人文生物学首先是一种分析工具，以"生物事实"和人类遗传现象为依据，其对儒家思想的"科学"解释是与"玄学的解释"（现代新儒家的方法便属此端）相对照的；其次，人文生物学还是一套脱胎于"演化论哲学"的特定的观念结构，它之于儒家思想不仅仅是一种实证的解释，而是"演化论哲学"与儒家思想之间在观念上的沟通和融汇，其中包含着以"人文"为旨归的价值理念。

潘光旦运用"新式机器"从儒学中发掘出一种独特的自由主义社会理论和一种充满儒家色彩的自由理念。他从优生学的立场提出中国社会改造方案（家庭制度、人口政策和教育政策），以"民族健康"为宗旨：优生政策之社会实施需在一个特定的制度环境中运作，此制度环境即是民主政治——从消极的方面讲，是保证思想、言论、出版和学术的自由；从积极方面讲，是国家仍需厉行一种举士制度，而且"民族健康"所包含的生物学依据也倾向于支持一种能保持、促进"人类多形现象"的民主政治环境。在"两纲六目"这一关涉人与社会关系的理论模式中，潘光旦强调"有了明能自知与强能自胜的个人，我们才有希望造成一个真正的社会"——个人是构成社会的基础，

---

① 参见朱维铮：《失落了的"文艺复兴"》，载《音调未定的传统》，辽宁教育出版社 1995 年版。

或者说个人自由是社会自由的前提条件，这一看法与自由主义关于个人与社会关系的主流思想相一致，即肯定个人自主性在社会生活与社会关系中的优先地位。从以上两方面来看，潘光旦的社会思想可归入自由主义政治哲学的传统之中。不过，在肯定"民族健康"与"民主政治"的现实关联时，潘光旦又以人类多形现象和个体之间才智德行在先天遗传上的差异和差等现象作为依据，反驳"民治主义"的理论前提（天赋平等论和环境万能论），强调"好人"（"贤人""人才"与"常人"相对）与"好环境"之间互为因果的关系，其重心所寄实乃"贤人政治"（与"庶民政治"相对），甚而对"民父母论"之政治结构亦有相当之认同，因而他对民主政治的理解包含了孔孟儒家的"贵族政治"（所谓"贵族"是基于"天爵"或"自然的社会阶级"而形成的，以才、修、公，而非社会财富作为划分标准）的成分。在论述"自由教育"与"民主政治"的内在关系时，潘光旦将个性的自觉即个体自由的实现归结为品格或人格的塑造，"个人的位育"所包含的内容因而得之于儒家修己论（格物、致知、诚意），而由"个人的位育"经"社会的位育"达"人类的位育"，显系儒家大同论之社会理想。以上潘光旦对儒家社会哲学和人生哲学的汲取，又使他的社会观念和政治见解打下了儒家的烙印。

第三章分析了潘光旦自由概念包含的双重张力：首先，人文生物学立场上的民族本位与新人文思想中个体自由优先性之间存在着一种紧张关系；其次，潘光旦的自由理念在生命观和历史观之间存在着逻辑上和价值上的断裂。在潘光旦的人文思想视域中，"自由"对于人类及其文化而言，是稍纵即逝或渺不可及的，它只是"不健全的人"所怀抱的一个"健全的理想"，以及少数"健全的人"的专利。……与其他自由主义知识分子一样，潘光旦所强调的是伦理学意义上的自由而非政治哲学意义上的自由。[1] 也就是说，潘光旦

---

① 参见胡伟希：《理性与乌托邦——20世纪中国的自由主义思潮》，载高瑞泉主编：《中国近代社会思潮》，华东师范大学出版社1996年版，第237页。

更看重个体人格"至善"而不是个人权利尤其是政治权利的获得。他从儒家人生哲学中所发掘的自由内涵，近于西方唯心主义（idealist）的自由传统，即将关注的重点从个人生存的社会制度转移到决定个人行为的内在力量上，一个人只有在运用理知和意志自主行为的时候，才是自由的，在此意义上，正如格林所言，自由指的是一种积极的权力或能力，"可以做或享受某种值得做或享受的事"①，或者如伯林论述积极自由时所言，自由是一种理性的自主（rational self-direction），在这种状态下，一个人的生活由某种理性的欲望所主导，而不是由非理性的欲望所左右。② 既然自由表征的是"真实的""理想的"个体生命状态，古往今来没有几个人能达到这样的状态，那它无非是圣贤才能拥有的奢侈品罢了。事实上，潘光旦经由儒家人格理想而阐述的自由，比西方近代的"积极自由"观念陈义更高，而且他认为人的类型是遗传的，这就意味着通往自由之路被命定了：那些"愚者"、"弱者"无论怎样进行"品格教育"，只因遗传限定而没有任何希望"挽回造化"。潘光旦反复申言"生命的最大目的是自由"，但按照他的见解，人生最艰难的莫过于自由，借用拉吉罗的话来说，自由"一直是少数人的特权……因为多数人与实现作为真正的人的存在水平仍相距甚远"③。尽管潘光旦非常自觉地从先秦儒家的人文思想中构建其自由理念，但奠基于圣贤人格的这种自由理念，可以作为个体的终极价值信念，却无法有效地转化为普泛的价值理性，或扎根于社会大众的精神世界之中。在我们看来，由于潘光旦将强调品性遗传的生物学知识融入儒家的道德理想之中，从而以一种极端的方式凸显了儒家道德理想主义为个体自由奠定伦理信念的困难。当然，这绝不意味着潘光旦本人对"消极自由"——尤其是免于恐惧和匮乏的自由——不加理会，他作为一个自由主义者的言论和行为，主要的就是对独裁和专制的抗争，而只是想指出，他

---

① 转引自李强：《自由主义》，中国社会科学出版社 1998 年版，第 107—108 页。
② 参见伯林：《两种自由概念》，载《市场逻辑与国家观念》，生活·读书·新知三联书店1995 年版，第 210—211 页。
③ 拉吉罗：《欧洲自由主义史》，吉林人民出版社 1999 年版，第 407 页。

心中高悬的自由理想与实际争取的自由之间存在着差别，尽管正是这种自由理想激发了他的实际行动，并且他在一定程度上也实践了他所提出的自由理想。

何谓儒家传统中"真正的民主政治"因素？

从 20 世纪 20 年代中后期写作"孔门社会哲学"诸文，至 20 世纪 40 年代畅论"民主政治与先秦思想"，儒家关于人与社会关系的看法，一直为潘光旦所认同。抗日战争使中国面临空前的民族危机，对于迁到西南的大学师生来说，这乃是第四次"南渡"。知识阶层中颇有影响的信念是，经过一番悲壮惨烈的磨炼，中华民族将获得新生，而中国文化也将会迎来"贞下起元"之机。① 围绕中国文化与民主的关系问题，诸家论说纷呈，似又回到清末的热闹景象。在中国民主应植根于中国固有的社会背景和思想、经验这一点上，潘光旦与民盟中的梁漱溟、张君劢、张东荪和民盟以外的冯友兰、钱穆、贺麟等人立场接近，具体的论述则各有其方法和强调的重点。就潘光旦而言，他前期的儒学研究主要是寻求"社会生物学"（演化生物学和优生学）与孔门齐家治国论之间的"暗合"之处，通过以西释中的方式达到对儒家社会观念的理解性认同；到了 20 世纪 40 年代，儒家的人生理想和社会理想构成潘光旦整个学术思想领域的价值前提，在此意义上，潘光旦不仅是儒学史的研究者，而且是儒家思想在 20 世纪的一个承续者。儒家情怀对于潘光旦的民主认知的影响是极为明显的。

潘光旦关于儒学与民主的论述，总括来说有五个要点：首先是"人性之自然"的情感取向和社会意识，血缘情感的维系和寄寓之所是家庭，亲亲而仁民、仁民而爱物的意识亦源起于家庭，个体社会化即形成个性、通性和性别意识的天然场所同样是家庭，因此，家庭过去和未来都应该是社会生活的

---

① 参见雷海宗：《中国文化与中国的兵》下编，商务印书馆 2001 年版；冯友兰：《新事论·论抗建》，载《贞元六书》上卷，华东师范大学出版社 1999 年版；冯友兰：《国立西南联合大学纪念碑文》，载《三松堂自序》，人民出版社 2008 年版，第 338—340 页。

基本单元；第二，"新政教合一"即是伦理（品格教育或自由教育）与政治（民主政治）的合一，它意味着每个人都能通过人格的培养、塑造而具有"自主与自治的能力"，则由各个个体组成的社会之和谐、进步便不期而至，甚至于人类的利益冲突和战争等也自会消弭；第三，在先秦文献中，"人"与"民"往往通用，民本说最早见于《夏书·五子之歌》，至孟子而定型，即在国家构成的三个基本因素中，人民第一，社稷第二，君主第三，因此，"最广义的民主思想就是人本思想"，或者说，人本思想在政治生活中的运用便是民主；第四，民父母论或视民如子论，使一时的执掌政权者与随从的民众之间不仅有理知上，而且还有情感上的调适；第五，贤人政治结合了才品和民意，比代议制更能体现民治精神。需要指出的是，以上几方面乃是中国民主的本土资源，但潘光旦绝无由此便可独自演出"儒家自由主义""儒家民主主义"之意。① 在儒学的现代转化（传统观念和制度对现代生活的适应）和儒学的现代性问题上，② 潘光旦没有钱穆那样为故国招魂的心结，③ 也没有梁漱溟"东方文化救世论"的虚愿，④ 而是平正通达、不与"经验和常识里的事实"相违。以儒学的现代转化而言，它作为中国人最重要的一份文化遗业，是无法舍弃也无须舍弃的，因为中国的现代化必然要同自己的文化遗业相调适——包括消极的迁就，有选择的挑选和积极的改造，而且要因时损益。具体地说，潘光旦认为包含在儒家思想和制度中的某些"精神"或"原则"——除上述列举的之外，还有慎终追远、抱本返始的观念，对静的伦（类别）和动的伦（关系）之明察，等等，同中国正在步入的现代生活相适应（至少是

---

① 这两个名称分别出自狄百瑞：《中国的自由传统》，中国台北联经出版公司1983年版。又，贺麟在1941年便有"儒家的民主主义"之论述，参见《儒家思想的新开展》，载《文化与人生》，商务印书馆2002年版。

② "儒家的现代化是指一个古老的文化传统在现代社会的自我转化……儒家的现代性问题解决的是儒家自有的现代特征和要素的呈现及发展。"哈佛燕京学社、三联书店主编：《儒家与自由主义》，生活·读书·新知三联书店2001年版，第36—37页。

③ 参见余英时：《钱穆与中国文化》，上海远东出版社1994年版。

④ 对梁氏此论之含混、拘谨的批评，参见钱穆：《国史大纲》，商务印书馆1997年版。

不与之冲突）。就儒学的现代性而言，潘光旦认为儒家注重"情感之自然"、兼顾民意和才品的观念，对于当代畸形发展的个人主义、感伤主义和"笼统"而"寡情"的西式民主政治，可以有补偏救弊之效——当然，此救治之方并非唯一的和最终的。潘光旦基本的态度和问题意识是如何确定民族几千年的阅历和经验"可能的几微的贡献在哪里，怎样的可以整理出来，以供世界的采择？"潘光旦本人整理出来的具体观点是可以商讨的，但他所持的态度和思考的角度在所有讨论儒学与民主的同辈人中，显然是独具一格的。

以下围绕潘光旦关于"情爱之推"和贤人政治的观点作一分析和评论。以家庭生活为中心的血缘伦理，对于维系和聚敛数千年来中国人的情感世界和人际关系确实是举足轻重。[1] 潘光旦认为折中的家制是调和"个人主义"与"社会主义"的有效媒介，[2] 但他也看到，建筑在先天的血缘与婚姻关系之上的小集团生活，恰恰是中国人缺乏社会公德意识、缺乏组织人才的症结所在，甚至当道义不能维持、利害不能维系时，中国人还不得不乞灵于假借的家庭情感。[3] 由于将血亲团体性不仅赋予本原根据的意义，而且赋予它至高无上的地位，孔孟儒学尽管既肯定了人的独立品格和自主自律，又通过"情爱之推"肯定了普遍性的仁爱，但人的个体性和社会性最终又都依附、从属于特殊的血亲团体性。[4] 因此，潘光旦所希望的"人与人之间基本的相与之

---

[1]　反对者如鲁迅、吴虞、《新潮》时期的顾颉刚、傅斯年（分别参见顾潮：《历劫终教志不灰》，华东师范大学出版社 1997 年版，第 43—53 页；李泉：《傅斯年学术思想评传》，北京图书馆出版社 2000 年版，第 15 页），认同者如梁漱溟、张东荪、雷海宗（分别参见《梁漱溟全集》第三卷，山东人民出版社 1990 年版，第 79—82 页；《张东荪学术文化随笔》，中国青年出版社 2000 年版，第 240—241 页；《中国文化与中国的兵》，商务印书馆 2001 年版，第 182—183 页），对此事实都无异议。

[2]　参见潘光旦：《中国之家庭问题》(1927)，《潘光旦文集》第 2 卷，北京大学出版社 1994 年版。

[3]　参见潘光旦：《民族特性与民族卫生》(1936)，《潘光旦文集》第 3 卷，北京大学出版社 1995 年版；《说同乡会》(1939)，《潘光旦文集》第 5 卷，北京大学出版社 1997 年版，第 325—328 页；《多党政治与团结的学习》(1945)，《潘光旦文集》第 5 卷，北京大学出版社 1997 年版，第 484—485 页。

[4]　参见刘清平：《论孔孟儒学的血亲团体性特征》，载《哲学门》第一卷，湖北人民出版社 2000 年版。

道"为群居生活中的个人所认知和感受,人人皆能安其位而遂其生,充其量只能在一个"社群"或"共同体"内实现,如麦金太尔所言,拥有共同理解和共同道德信仰的社群,其形式仅限于家庭、部落、邻里,而不是国家、民族和阶级。① 而潘光旦的"两纲六目",可以说"它是一种至今还没有人设法生活过的圆满的生活"②。此外,潘光旦受这种儒家视界的影响,总是将个人与国家之间的社会层次的基本形态看作家庭,视阶级、党派为变态,这使他从"家国同一"视角看待身处其间的社会时,将复杂的社会关系简化了,这也可以说是儒家的血缘亲情和家庭理论融入工业社会的困难之所在。以贤人政治而论,潘光旦看重的是其中的"精神",中国具体的制度设计是缺乏的。在民盟内部,潘光旦、梁漱溟和张东荪是对英美式的代议制缺乏认同的三个代表人物,在他们看来,代议制仅仅是民主的一种特殊的形式,要紧的是"民主精神""好人",梁漱溟的一段话可谓道出他们相同的心声:"我们今日建国,决大疑定大计,天然是多数人接受少数人领导之事,尊贤尚智(专家)而不必然从众"③。潘光旦的自由理念,将个体的道德自主性这一儒家观念,从演化生物学和人类遗传学的视角作了重新解释,并归宿于儒家式的价值信念;他关于"中国方式与中国精神的民主政治"的论述,则试图以先秦儒家思想资源为立足点,批判地汲取源自西方的民主思想,探寻根植于中国历史背景和文化传统的民主之路。通过对西方文明的深度学习以获得对中国文化的理解与认同,潘光旦的思想提供了一个路径,值得后人客观地评价和吸收。

---

① 参见俞可平:《社群主义》,中国社会科学出版社 1998 年版,第 48 页。
② 引自席勒(潘光旦又译为歇雷):《人本主义研究》,上海人民出版社 1963 年版,第 20 页。
③ 《梁漱溟全集》第 6 卷,山东人民出版社 1993 年版,第 716 页。

下　编

传统与现代性的交融：当代中国文化图景

第五章 "礼"的传承与转化：公共文明的本土资源

随着工业化、都市化和世俗化进程的加速发展，当代中国人的日常生活中已出现了一个公共空间，它涵盖了家庭和国家政治生活之间的广阔领域。在西方和中国学者的政治社会论述中，现代公共领域概念涵盖了政治公共领域、文化公共领域和日常生活的公共领域三个相互关联又各具独立性的论题，其中，日常生活的公共领域与当代中国人的生存现实最为切近。公共空间的人际互动及其行为规范，从主体角度来看是教养，从社会角度看是秩序。作为公共行为之"文明"的表征，公共文明的建设在中国当代的社会生活中日益具有现实的紧迫性。观察、反思当代中国公共文明的问题时，我们需要回溯到中国传统礼学的经典《礼记》，通过对《礼记》中所记录的各种社会礼仪的分析，探寻传统之"礼"与当代"公共文明"之间的历史关联，深入理解中国人的公共行为从传统之"礼"向现代"文明"的转变。

一、公共空间、公共领域的西方渊源与中国语境

1978年以来，同时并进的工业化、都市化和市场化使中国的现代转型进入了一个新的阶段，中国的阶级阶层结构、社会空间结构和社会心态结构在这一过程中都发生了急剧的变迁。以此为背景，从西方历史经验中演绎出来的"公共空间""公共领域"等范畴，均被引入中国当代的学术话语之中，成为学者们描述、解释社会生活领域结构性变化的概念工具，并表达他们对中国社会发展的政治期望和价值关怀。有关公共性问题的政治社会论述，

涉及制度、观念和行为等既紧密关联又相互区分的层面。从行为的角度关注中国当代公共文明的构建问题，首先需要讨论中国当代公共生活空间和公共行为的特定含义。

尽管"公共空间""公共领域"等概念是在欧美社会文化背景下形成的，能否用它们来描述现实的中国社会也一直存有争议，但是，关于中国当代公共领域问题的探讨无疑具有现实意义，因为公共领域在当今中国已逐渐形成，而不再是一种遥不可及的乌托邦了。[①] 无论在西方还是中国，公共领域概念并没有一个统一的定义和解释，因此，对公共生活空间的文明行为的考察，需结合中国当代公共空间的形成及其特点，进行语义学上的澄清。

在欧洲近代历史的演进过程中，公共领域是在市场经济和市民社会确立的基础上逐渐形成的，是政治和社会生活领域一系列制度建构和价值观念重构的产物。与政治和社会现代性相伴而生的，还有另外两种结构性的力量：现代民族国家的形成，以及工业化、都市化引发的技术和经济领域的变革。按照哈贝马斯的看法，在 18 世纪后期的欧洲市民社会中最先衍生出来的是一个"文学公共领域"，之后，作为个体的社会公众对各种广泛的政治、社会议题的参与讨论，使"资产阶级的公共领域"在 19 世纪得以成形，"在这个领域中，像公共意见这样的事物能够形成"[②]。具有宪政价值的公共领域是联结、沟通市民社会（以市场交换体系为基础的私人利益领域）与政治国家的纽带，并与私人性的自主生活空间相区分。20 世纪中叶以后，欧美社会的公共领域经历结构转型，使公共领域与私人领域、国家权力之间的界限日益模糊。正是在公共领域危机的背景下，关于公共性问题的话语在西方当代的政治和社会论述中占据了重要位置。阿伦特、哈贝马斯和桑内特对公共领域的界定，构成了一个"精神的等边三角形"（桑内特语）：阿伦特和哈贝马斯赋予其政治哲学的含义，但他们的具体阐述有很大的区别——阿伦特以古

---

① 参见杨怀忠：《公共领域论》，人民出版社 2009 年版，第 345 页。

② 哈贝马斯：《公共领域》，载汪晖、陈燕谷主编：《文化与公共性》，生活·读书·新知三联书店 1998 年版，第 125 页。

典共和主义信念审视、批判市场社会，哈贝马斯则试图将公共领域作为市民社会的自我救治，通过"协商理性"和民主参与解决国家政权的合法性危机，体现了以社会民主主义重建政治和社会现代性的努力；桑内特在政治公共领域之外来界定都市生活场景中的人际交往及其行为规则和心理机制，从而使"公共领域"具有历史学、人类学和社会心理学的含义。事实上，"公共的"一词业已成为当代西方人文和社会研究中流行的关键词之一（甚至建筑学和艺术设计也引入"公共空间"，此不具论），并形成围绕公共性问题的一个庞大论域。综合地看，当代西方的公共领域概念分别涵盖了政治公共领域、文化公共领域和日常生活的公共领域（公共生活空间）。在政治公共领域中，公共权力的制度安排及对公共权力的制衡，是政治哲学和法律哲学关注的主要问题，而公共行政或公共管理，则致力于探讨公共政策的得失、行政效率和公共服务的供给等问题。文化公共领域涉及多元社会结合的基本道德秩序，以契约原则为基础的行为规范和规则体系（市场伦理），以及基于社会共识的公共伦理与公共理性，均是此中议题。至于公共生活空间，哈贝马斯称之为日常生活的经验世界，个体在公共生活场景中与没有特殊关系的他人之间的交往互动，构成公共生活空间研究的主题。

20世纪90年代初以来，先是市民社会理论，紧接着是公共领域理论，随着大陆学界"社会科学转向"的时潮，悉数被引入中国。这种西学知识的引进运动，如有的学者所分析的那样，自有其社会背景和文化意义。[①] 问题在于："如何把西方社会科学的概念、范畴和理论恰当地和创造性地运用于中国社会，使之适合其分析对象，从而帮助我们理解并且建设性地改造现实，从来都是一项极其艰难的工作。"[②] 这意味着，当我们在运用诸如"公共空间""公共领域""公共行为"等概念时，不仅要辨析它们在西方话语中的

---

① 参见邓正来：《关于"国家与市民社会"框架的反思与批判》，《吉林大学社会科学学报》2006年第3期。

② 梁治平："编者前言"，载梁治平编：《国家、市场、社会：当代中国的法律与发展》，中国政法大学出版社2006年版，第2页。

不同含义，更要从中国的现实经验出发，明确其具体所指。与 1949—1978 年间传统的社会主义实践模式相比较，改革开放以来最显著的变化之一，是以市场取向为特征的经济改革带来的持续经济增长和社会结构转型，"非制度性的社会力量和非强制性的权力系统"逐渐形成，[①] 作为市场社会表征的商品生产和交换体系，以及社会交往中的利益纽带，个体或群体自觉的利益诉求，自由、平等、公正等现代性意识，物质主义或消费主义的生活方式，等等，已呈现为中国当下现实的一部分。与此相应的是，国家政权对社会领域和私人生活的全方位控制也发生了松动——尽管"强国家、弱社会"的结构模式依旧保持着，政府的社会管理职能亦日渐得到强化，公共行政在"生态环境—政府—社会中介组织—企业"四维社会格局中均发挥其作用；[②] 随着国家权力的规制范围逐渐缩小和强度逐渐减弱，以及市场社会雏形的建立，一个相对自主的私人生活空间呈扩大趋势；而以都市为背景的公共生活空间则快速发展，社会空间的结构性转换使愈来愈多的国民置身于一个新的生活场景之中。但是，西方近代历史中与政治国家相分立的市民社会，以及自发地形成社会共识并对国家公共权力具有制衡作用或为其提供合法性基础的政治公共领域，在中国"后全能主义"的国家制度及其政治实践中，[③] 尚未成为一种现实的存在。因此，中国当代学者对具有宪政价值的政治公共领域和基于社会共识的公共伦理的论述，更多的是缺乏本土经验的理论建构，或者说，他们所提供的是一幅中国未来发展的"理想图景"[④]；在中国的政府职能转变和公共政策的重要性日益明显的背景下，公共行政无疑具有现实的意义；而日常生活的公共领域，则最切近当代中国人的生存现实。

---

① 参见杨怀忠：《公共领域论》，人民出版社 2009 年版，第 344 页。

② 参见陈振明：《理解公共事务》，北京大学出版社 2007 年版，第 274 页。

③ 参见萧功秦：《中国后全能型的权威政治》，载《中国的大转型》，新星出版社 2008 年版，第 113—127 页。

④ 邓正来：《中国法学向何处去》，商务印书馆 2006 年版，第 23—24 页。

有关公共性的行为与事务的观念，在中国已流传、衍化了两千多年，20世纪初梁启超在《新民说》等著述中阐发的"公德"观念，也产生了广泛的影响，在传统社会主义模式中，以集体主义价值观为核心的"公"观念，更是获得了近乎神圣的地位。与此形成鲜明对照的是，在家国一体的社会结构模式下，传统中国的公共生活空间与私人生活空间不仅界限模糊，而且其范围较为狭隘，大多没有超出村落和乡里等场所，传统社会主义的国家实践使公共生活空间和私人生活空间几乎都被剥夺了。日常生活的公共领域是中国政治和社会现代性的一个重要面相，它的形成和确立，对于当代中国人来说，如同一次痛苦的分娩。对此，费孝通先生在半个多世纪以前便已指出：

> 都市不只是一套建筑和街道，而是一套生活的习惯和做人的态度，有了都市的习惯和态度，这套建筑和街道才能利用来增进我们生活的幸福，不然，就会变成一个可怕的陷阱，成为人间罪恶的渊薮。①

他并且说，多养成一些现代生活中做人处世所必需的观念和态度，要比单纯的政治改革"更基本"和"更切实"。公共生活空间中的公共行为之"文明"与否，便是对这些"观念和态度"的判定与检测。

二、中国当代公共文明行为的价值意涵

无论在西方还是在中国，由传统社会向现代社会转型所出现（或即将出现）的政治公共领域、文化公共领域和日常生活的公共领域，既相对独立，又相互交叉、渗透，并由统一的公共性或"公共"精神贯穿其间，阿伦特以诗化的语言将公共领域称为共同生活的世界，"在世界上一起生活，根本上意味着一个事物世界（a word of things）存在于共同拥有它的人们中间，仿

---

① 费孝通：《费孝通文集》第三卷，群言出版社 1999 年版，第 105 页。

佛一张桌子置于围桌而坐的人们之间"①。用社会科学的术语来表达，现代公共领域的公共性乃是一套公共规范体系，它同时体现为制度（正式和非正式的行为规则），观念（制度价值、公共伦理和心理品性）和行为（政治参与、道德实践和文明行为）。就公共空间的公共行为而言，判定其是否"文明"或"文明"程度的高下，包含着一种价值选择，也就是文明行为所蕴含的"公共"精神。阐明公共行为应具有怎样的"公共"精神，需要去理解是什么样的价值原则支撑着日常生活的共同世界。

公共生活空间是"个人与公共财产或无特定关系人所构成的共同场域"②。在描述性的意义上，公共行为的"文明"，指的是个人在公共生活中应遵从的价值规范以及对待公共财产（物品、设施）和私人关系圈之外的他人应采取的举止、仪节。在我们看来，公共行为文明的价值意涵，可以分解为富有伸缩性同时又依次递进的三个原则。第一个原则是底线原则，在日常生活的共同世界中具有工具性的价值。在中国当代逐渐形成的市场社会中，如同市场交换体系中的行为一样，公共生活空间的社会交往和人际互动愈来愈通过基于契约原则的利益纽带来维系。从欧洲的经验来看，公共领域是从市场经济和市民社会基础上派生出来的，而市场社会是一种以私人的利己目的为纽带的新的社会整合机制。③黑格尔曾将欧洲18世纪的市民社会界定为"在一切方面相互依赖的制度"："个人的生活和福利以及他的确立的定在，都同众人的生活、福利和权利交织在一起，它们只能建立在这种制度的基础上，同时也只有在这种联系中才是现实的和可靠的。"④市场社会的生活逻辑在近代欧洲和当代中国并无本质差别，由此出发，个体在公众场合的行为举止之所以要顾及别人的感受并遵守公共生活秩序，乃是这样做符合大家共同的利益，作为公共行为者的个体之间只有利益上的相关性，而没有道义、情感上

① 阿伦特：《人的境况》，上海人民出版社2009年版，第34页。
② 陈弱水：《公共意识与中国文化》，新星出版社2006年版，第30页。
③ 参见王新生：《现代公共领域：市民社会的次生性层级》，《教学与研究》2007年第4期。
④ 黑格尔：《法哲学原理》，商务印书馆1996年版，第198页。

的联系。第二个原则是规范原则，具有伦理和心理的双重含义。就伦理而言，它体现为一种公德意识："对人的普遍尊重与善待，以及对群体利益的维护。"① 就心理而言，即是埃利亚斯所描述的个体情感控制机制。在分工细密、不同职业不同阶层的人群之间依赖性日趋紧密的社会里，个体对他人的行为反应更为敏感，不仅注重观察他人的行为，也注意对自己行为的克制，并且将这种对行为规范和认同的结果内化为心理感受，在人际互动中转化为行为习惯。② 与第一个原则相比较，第二个原则超越了单纯的工具性价值，成为真正意义上的伦理价值，它表明公共行为的"文明化"使不同职业、身份、地位的公共行为主体之间形成了休戚相关的意识和情感，基于对公共生活空间中的他人（往往是陌生人）的善意、尊重、信任和礼让，个体的公共行为达到了自主意识与伦理责任之间的均衡，是一种"健全的个人主义"（胡适语）。第三个原则是信念原则，体现了积极的伦理精神。它意味着公共生活中的个体不仅能够感受到"无穷的远方，无数的人们，都与我有关"（鲁迅语），而且公共行为者之间在道德认同上和谐一致，将社会秩序和行为规范视为神圣的价值，从而在日常的公共行为之中体现对他人的关怀和爱意。列维－斯特劳斯在阐述"神话的伦理学"时，曾追溯过这种伦理精神的源头，他将社会生活中的"良好习俗"或礼貌看作是对待世界的一种敬服和承担对世界的义务："一种健全的人道主义不是从自我出发，而是把世界放在生活之前，生活放在人类之前，尊重他人放在自爱之前。"③ 事实上，在人类古老的宗教和哲学传统中，这是一种反复激荡的有关人与社会融合无间的道德理想，无论是对公共生活空间的文明行为，还是对公共伦理和制度价值而言，它都体现了公共性所能达到的极致。回到中国目前的公共行为文明的构建问题，我们认为需要包容公共生活中的工具性价值，倡导和培育尊重他人、维护公共利益的人格机制和行为习惯，而对基于"健全的人道主义"的公共精

---

① 陈弱水：《公共意识与中国文化》，新星出版社 2006 年版，第 32 页。

② 参见埃利亚斯：《文明的进程》（第一卷），上海译文出版社 2009 年版，第 321 页。

③ 列维－斯特劳斯：《神话学：餐桌礼仪的起源》，中国人民大学出版社 2007 年版，第 502 页。

神心怀期待。

我们从人类历史的学习中所获得的教益是，任何一种文明都有其盲点乃至黑暗面，而且迄今为止所有的文明都有可能伤害文明的创造者。文明行为蕴含的"公共"精神，不可避免的是一种有缺憾的价值。缺憾源自现代公共领域本身的脆弱性。阿伦特和哈贝马斯都曾经剖析过政治公共领域和文化公共领域在近代以来的欧美社会中如何遭受侵蚀或导致异化，桑内特的研究则揭示了人们怎样变得愈来愈消极地应对日常的公共生活。对于社会转型期的中国人来说，现代公共领域尚在形成之中，谈论公共领域的危机为时尚早。问题在于，当代中国人能否通过基本价值观念的创新，在人与人的相处之道方面最大限度地克服欧美现代化范式中公共领域的脆弱性，从而为人类共同的生活世界提供具有实践意义的方向？对此，我们同样心怀期待。

三、传统之礼与当代文明行为的贯通

《礼记》一方面记述了殷周以来有关"礼"的种种制度、仪节和观念，同时又通过对《仪礼》的解释、发挥，体现了孔子及其后学重建礼制秩序的构想。《礼记》中针对家族以外的社会行为规范，可视为中国"公共文明"之发端。但是，随着中国现代化进程的深化和国人文明意识的日益自觉，《礼记》所阐述的礼学体系需要进行基础性重构，从中国传统之"礼"的精神和原则中，可以传承和转化出自由、自律、分享和责任等现代性观念，它们构成了当代中国公共文明建设的本土文化资源。

《礼记》：传统中国人的文化镜像

作为行为规范的"礼"，在远古先民的生活中便有了广泛的实践，而"礼学"的兴起，就中国来说，是同孔子及其后学的自觉努力分不开的。《礼记》便是一部中国礼学的典范之作，它由西汉时期的戴圣所辑录，汉唐间又有郑玄的注和孔颖达的疏广为传布；唐以后，《礼记》取代了《仪礼》在"五经"

中的位置，其中的《大学》《中庸》篇，经朱熹作注并纳入"四书"之中，对宋代以来的中国人影响至为深远。可以说，从秦汉之际到清末的两千多年里，一代代的士子诵习《礼记》，从"礼"的躬行实践中界定中国文明和中国人的特性及其边界，从而使《礼记》成为中国人的一面文化镜子，通过这面"镜子"，我们能够观察、感受到有关"礼仪之邦"的丰富信息。

今本《礼记》四十九篇的来源、成书时间等问题向来是文献学者争论的焦点，其中比较一致的看法，是认为《礼记》乃春秋末年至秦汉之际关于"礼"的解说、补充和有关论文的选录。作为一部积累起来的学术史，《礼记》的文本构成包含了两个历史"岩层"：它既记述了殷周以来关于"礼"的种种制度、仪节和观念，同时又在对《仪礼》的解释、发挥中体现了孔子及其后学关于重建礼制秩序的构想。殷周之际周公的"制礼作乐"是中国礼乐文明的奠基，它标志着以"事神致福"为核心的"礼"更多地指向世俗生活，逐渐发展为"各种行为的具体规范和各种人际关系的行为仪节"[1]。由宗教之礼向人文之礼转向的背后，是周公等人对社会生活和人的行为的道德自觉，如王国维先生所言："周之制度、典礼，乃道德之器械。"[2]此外，由《礼记》所记录的周代礼乐文化，还具有如下三个特点：其一，"礼"以宗法等级制为社会基础，天子、诸侯、卿、大夫、士与庶民之间在身份上有着明确的区分，所谓"礼不下庶人，刑不上大夫"（《礼记·曲礼》）；其二，周人心目中的"天下"格局由"中夏"和"四夷"构成，"中夏"乃诗书礼仪之邦，夷夏之分实质上是文野之别；其三，"礼"被赋予了治国总纲领的地位，从而获得了统摄一切具有社会规范性的意义，是自然秩序和社会秩序的总名。[3]春秋末年，诸侯坐大，周天子的权威受到挑战，出现了"礼崩乐坏"的局面。为适应以宗法关系为基础到以家族关系特别是以主干家庭关系为基础的社

---

① 陈来：《古代宗教与伦理——儒家思想的根源》，生活·读书·新知三联书店 1996 年版，第 225 页。

② 王国维：《殷周制度论》，载《观堂集林》，河北教育出版社 2001 年版，第 302 页。

③ 参见王启发：《礼学思想体系探源》，中州古籍出版社 2005 年版，第 104 页。

会转变，"《礼记》一书实际上为重构伦理本位社会提供了一种新设计，或者说，提出了一种新的伦理本位社会的构建蓝图"①。礼制秩序的重建渗透了儒家的精神，简要地说，便是以"亲亲""尊尊"为核心来组织社会。与此同时，反映在《礼记》中的"礼学"体系也趋于完备，形成"礼义—礼仪—礼治"三位一体的构架。其中"礼义"重在诠释"礼"的精神和特性，所谓"礼也者，物之致也"（《礼记·礼器》）；"礼也者，义之实也"（《礼记·礼运》）。"礼仪"主要规定处理各种不同的具体事务所需的行为规范和举止仪节，通过"定亲疏，决嫌疑，别同异，明是非"（《礼记·曲礼》），以达"事之治"的功效。"礼治"的关注点是以"礼"作为"政之本"。因此，《礼记》的礼学体系乃是以"礼义""礼乐"为依据，以"礼仪"以及"礼教"为核心，而以"礼治"为旨归。有的研究者指出，孔孟之道与周公之道在伦理实践上的一脉相承表现在二者具有相同的精英取向，即它的主体定位是在古代社会中"士"以上阶层或"君子"②；确切地说，儒家的伦理主要是一种诉诸个人内心修养及自觉行为的道德论（在古汉语中，德主要是描述一种内心状态）。③当然，"以伦理组织社会"的构想，在实施过程中会经历各种复杂的情形，历史学和社会科学的研究对此已进行了深入的揭示。以"礼"的演变而论，从《论语》到《礼记》的儒家文献，通过"移孝作忠"的方式构建了"家国同一"理论，然而"化家为国"的潜在紧张性（所谓忠孝不能两全）直至宋代科举制确立后才得到一定程度的缓解，其社会基础是绅权依附于皇权的利益共享机制。④同时，"以礼治国"的伦理设计事实上是与"以法治国"（法制）相并行的，春秋时期各诸侯国便开始创制和颁行律令法，汉唐八百余年间礼、法相分离的局面渐趋明朗，即以礼仪定威仪、以律令治天下。在此一过程中，固然出现了制度层面

---

① 姜义华：《小农中国伦理本位的制礼作乐：〈礼记〉文化内涵》，载《现代性：中国重撰》，北京师范大学出版社 2008 年版，第 210 页。

② 吾淳：《中国社会的伦理生活》，中华书局 2008 年版，第 10 页。

③ 参见章建刚：《儒家伦理、市场伦理和普遍伦理》，《哲学研究》2000 年第 2 期。

④ 参见沈毅：《"家""国"关联的历史社会学分析——兼论"差序格局"的宏观建构》，《社会学研究》2008 年第 6 期。

上的"礼"的范围缩小而"法"的范围扩大的趋势，但到了宋代以后，以血缘关系为核心的家族或宗族构成中国基层社会的基本单位，与此相适应，精英定位的传统礼制也经历了一个下移的过程，儒家素来所重视的"君子"之人格示范和道德感召，以及对意在"化民成俗"的礼教作用之极端强调——圣人"为礼以教人，使人以有礼，知自别于禽兽"（《礼记·曲礼》），经由族训、族规、族学和书院制度的广泛传播、普及，使得"礼"的观念、仪节和制度向宗族伦理辐射和渗透。这表明中国"礼学"的发展不仅造就了一套以宇宙论和本体论为形而上依据的德性论和个体修养的功夫论，而且通过礼教的实践成为面向社会大众日常生活的人伦学。

中国人公共行为之"文明"或"礼貌"的本土源头，可追溯到《礼记》等文献中的"礼仪"概念，因此对《礼记》中的公共行为规范就需要给予特别的关注。《礼运》篇引孔子之言："是故夫礼，必本于天，殽于地，列于鬼神，达于丧、祭、射、御、冠、昏、朝、聘。故圣人以礼示之，故天下国家可得而正也。"《昏义》中也说："夫礼，始于冠，本于昏，重于丧、祭，尊于朝、聘，和于乡、射。此礼之大体也。"冠、昏、丧、祭、朝、聘、乡、射八种礼仪，几乎贯穿了人的一生，在每一种礼的范围内，又包含着细而杂的各项行为规范和举止仪节，正可谓无"礼"不成人生，"人之所以为人，就是因为有礼"[1]。王启发先生将《礼记》中的八种礼仪按其所体现的道德意义概括为三个方面，冠礼、婚礼和丧服礼属家族伦理，乡饮酒礼和射礼属社会伦理，燕礼、聘礼和朝觐礼则属政治伦理。乡饮酒礼和射礼是家族以外的礼仪生活和道德生活，亦今人所言的公共行为规范。通观《礼记》全书，我们可以将传统中国人的公共行为规范进一步细分为八项：（1）对长者的礼节；（2）主宾之间的礼节；（3）饮酒吃饭的礼节；（4）师生之间的礼节；（5）观看表演的礼节；（6）在丧礼上的礼节；（7）祝贺别人婚礼的礼节；（8）行走的礼节。每一项礼节都有许多具体的规定，它们构成了《礼记》一

---

① 李安宅：《〈仪礼〉与〈礼记〉之社会学的研究》，上海人民出版社 2005 年版，第 16 页。

书的主体内容。一个人的礼貌或教养，就是在这些方面的行为举止能够体现"讲信修睦""养生送死"的人际和谐精神，并遵循"礼"的原则——《礼记》围绕"时中"这一基本思想，分述"礼"从"节"（克己自律）、从"义"和"宜"（与时代需要和民众需求相契合）。值得注意的是，上述八项礼节及其细目，往往同时贯穿了宗族伦理和社会伦理的范围，有时很难在其间作出严格的划分。究其缘由，是因为中国农业时代家族以外的社会生活，主要是在乡党组织范围内进行的，而这往往是一个"熟人社会"，其中血缘网络和地缘特征相互交叉渗透。总之，中国传统社会的"礼"虽是以父系血缘为基础，对家族宗法关系的维护是《礼记》中各种礼仪的主要规范功能，但同时亦有处理各种非血缘关系的行为准则，除了君臣之礼外，在不同的场合对待不同的人均有严格的行为礼仪要求，尽管这些行为规范在《礼记》中占的比例比较小，不过我们可以视之为中国最早的"公共文明"的发端。以农耕生活为背景的传统中国人的公共行为比之于现代公共行为的范围自然是窄得多，但从行为规范本身来讲，上述八项仪节在现代公共生活中仍具有延续性。比如对长者和老师要恭敬有礼；吃饭时不要大口喝汤，发出声音；观看别人表演时不要大声说话，不要侧身而立，不要同远处的人说话；见二人站在一起，就不要从他们中间穿过去；在路上遇见年长者，年少者不论乘车还是步行，都要避让；参加丧礼不可以笑，邻家有丧事不可以唱歌；等等。

社会转型与中国当代公共文明的价值取向

晚清以降，以现代化为目标取向的中国社会转型经历了三个阶段：晚清民国面临着社会衰败和政治危机相互交织的局面，国家的独立、统一和政治秩序的重建成为压倒一切的时代课题，工业化建设始终步履维艰；然后是1949 至 1978 年间的传统社会主义实践，以及最近四十多年以来卓有成效的中国现代化道路和社会主义模式的探索。现代化的启动标志着中国进入了历史上第二个"礼崩乐坏"的时代，作为传统主流文化之代称的"旧礼教"在外来生活方式的冲击之下逐渐解体，并受到了知识阶层的激烈批判。与此同时，各种社会革新运动均致力于重建新的"礼制"，社会生活中的"移风易俗"蔚然成风，而"新礼教"的价值取向，可归结为个人本位和集体—国家本位的双重变奏。费孝通先生曾以一个社会人类学家的眼光阐释了中国近代以来的社会和文化变迁。

> 即使我承认传统社会曾经给予若干人生活的幸福或乐趣，我也决不愿意对这传统有丝毫的留恋。无论是好是坏，这传统的局面是走了、去了。最主要的理由是处境已变。在一个已经工业化了的西洋的旁边，决没有保持匮乏经济在东方的可能。适应于匮乏经济的一套生活方式，维持这套生活方式的价值体系是不能再帮助我们生存在这个新的处境里了。①

经过一个半世纪的上下求索，一个现代国家的文明建设已成为国人的自觉努力和基本共识所在，在这种社会和文化背景下提出公共文明问题，具有怎样的意义和现实针对性？中国当代公共文明的构建与传统的礼义、礼仪和礼治等礼学传统之间有何关联？很显然，这里所提出的每一个问题都不可能给出简单、明确的答复，因为任何一个看法都需要复杂的论证，这里只是在澄清问题意识的同时，尝试性地陈述若干初步的见解。

首先是公共文明建设在中国当代文明进程中的位置问题。中共十八大报告首次将五个文明（物质文明、精神文明、政治文明、社会文明和生态文明）作为中国现代化建设的价值目标和核心内容，而这里的"公共文明"概念，指的是平等、自由的公共行动者在公共空间具有"普遍性""关键性"的公共行为举止以及行为背后模式化的心理习性和价值选择。它是一个由公共卫生、公共秩序、公共交往、公共欣赏和公共参与等行为表现所构成的意

---

① 费孝通：《中国社会变迁中的文化症结》，载《费孝通文集》第四卷，团结出版社 1990 年版，第 307—308 页。

义整体。① 从公共行为的表层特征来看，它所体现的公共文明（特别是公共卫生、公共秩序等物理空间的物理行为）乃是社会文明的一个构成因素。完整、彻底的社会文明建设既包括民生改善，与此同时，公共行为规则的建设也不可忽视，前者的目标是实现社会公正，后者的目标则是公共行为领域的安全、有序与和谐。从公共行为的深层结构（心理基础和观念动力）来看，又可将公共文明视为精神文明的一种具体形态，因为公共交往、公共欣赏和公共参与等人文空间的符号化行为，不仅能够养成一个社会的公共精神，而且寄寓着对人性之美的注目和人性之善的观照。由此可见，公共文明之于当代中国人的意义，主要有两点：它是凝聚社会认同、实现社会和谐的"润滑剂"和"精神纽带"；同时，还为民生改善和制度建设提供"社会风气"方面的支持。

接下来的问题是，中国当代公共文明建设需要汲取哪些本土文化资源？《礼记》等文献中的礼学被大多数研究者称为"泛家族主义的伦理道德体系"，在当代中国社会变迁和文明转型的过程中，由"礼"所衍化的"文明"的确面临着基础重构的严峻挑战：公共空间已由村落、乡里等"熟人社会"转移到充斥着"陌生人"的现代都市，公共行为者的身份也由家族成员和帝国臣民向民族国家的公民和都市市民转换；更紧迫的是，由于公共生活场景和行为主体的巨大变化，农耕时代遗留、沉积下来的社会行为规范以及各种仪容举止，有的已退出民众的日常生活，有的则为"古老文化的沉疴"，使国人难以适应现代都市所需的公共生活经验和知识。那么，这是否意味着我们只能告别传统的"礼制"（制度之礼）和"礼教"（道德之礼）？或许，以礼治国的伦理设计，原本便是一种虚愿；而构成"礼"之本体的一整套"道德形上学"或"圣贤学问"，也并不适合为中国当代公共文明进行价值奠基，因为公共空间中的公共行为，如阿伦特所言，乃是由"表象"构成的现实，在

---

① 参见沙莲香：《北京市民公共行为文明指数研究的主导观念——兼说民族性建设》，《中国农业大学学报》（社会科学版）2007 年第 1 期。

此"现实"中的公共行为文明，应该是一套立足于世俗人生的行为仪节规范。通过对传统"礼"的观念和制度进行这一番"发掘淘炼"（严复语）之后，我们认为中国当代公共文明的建设应当传承的是《礼记》有关"礼"的精神和原则，从"礼"所具有的伦理、心理和社会等多重含义中，传承和转化出自由、自律、分享和责任等现代性观念，在中国经济社会的发展中重建"礼仪之邦"的风貌。

第六章　从思想启蒙到精神自赎：人文知识分子的选择

20 世纪 80 年代中期以来，关于中国现实的表述本身成为知识分子群体分化的观念动因。社会认知和判断的分歧，以及知识言述和行为选择上的"双轨制人生"，呈现出知识分子群体复杂多样的角色意识和心态结构。然而，无论是 80 年代的"思想启蒙者"，还是 90 年代以来的"利益集团代言人"，在身份、位置和社会心理的变换之中，如何维系、坚守知识分子的职责和操守，依旧是一个无法回避的问题。如马克斯·韦伯所言，以学术为志业（calling，又译"使命"）者，方有"人格"可言。通过知识活动自觉为某一集团或阶层代言，并不能简单地视为知识分子人格的缺失，因为代表各个阶层利益的思想竞争才是公共价值得以存在和生长的坚实基础。与此同时，那些实践和确认精神事物对于人生的意义，力求突破一己的或特定阶层的利益诉求，探寻共同生活的伦理原则和理想图景的知识分子，更能彰显知识分子的人格力量。

一、知识群体的分化：社会学描述

知识分子是最常用的一个概念，也是相关概念中语义最繁杂的一个概念。应用广义的"知识分子"概念，是将知识分子作为一个职业群体——具有较高文化水平的，主要以创造、积累、传播、管理及应用科学文化知识为职业的脑力劳动者。这种意义上的知识分子，主要分布在科研、教育、文化艺术、新闻出版等领域，不包括具有同样文化水平但在行政管理、生产营销等领域就业的人。这种意义上的知识分子，可以称为知识业者，因为他们不仅有知识，而且是以知识生产、传播、应用为业的。知识业者作为一个社会阶层是真实存在的，这个阶层内部存在很多职业差别，外部也没有强有力的联系纽带，但是该阶层的成员却有着相近的生活方式，与社会上的其他阶层有明显区隔。从社会心理的角度而言，这个阶层是可以进行定性乃至定量研究的。而且，由于知识业者是文化的主要生产和传播者，他们的社会心理对全社会的影响，远远超过其在人口中的分量。

自中国的经济改革从乡村到都市全面启动，进而引发整个社会生活领域的急剧变化以来，以文化的生产和传播为职业并拥有相近生活方式的知识分子群体（可称为"知识业者"），其心理特征和行为取向亦呈现出结构性变化与分化同时并进的趋势。与其他社会群体相比较，知识分子群体更鲜明地体现了马克思所言的历史"剧中人"与"剧作者"兼而有之、错综交织的特点，换言之，通过观察知识分子群体的活动空间、角色意识和文化心态的变迁与分化，能使我们从生活的深处（精神层面）透视当下的现实进程，理解、感悟身处时代旋涡中的个体所遭遇的种种"心灵故事"。

本章以 20 世纪"80 年代文化热"（1985—1988）作为知识分子群体分化的历史起点，是着眼于知识分子内在视野的一种观察——"文化热"中涌现的不同思想路向表明，知识分子群体对人和社会、历史关系的解释，进而对当下现实进程的理解，已从"思想解放运动"形成的共识开始破裂。至 90 年代之后，市场导向的经济改革使社会分化日益显著，知识分子群体的角色意识和文化实践方式也随之分化，他们对现实的判断和期望演化为尖锐的理论冲突，而且每一种理论表达都或隐或显地与特定的利益诉求相关联。本章分别从"个人—国家"的知识谱系维度和"利益—价值"的知识表达维度出发，尝试对 20 世纪 80 年代中期以来中国知识分子群体分化的过程和特点进行社会学描述，以便从整体上廓清知识分子群体结构性分化的历史机制。

20 世纪 80 年代的同一时空中，汇聚着三代知识分子，分别是成长于二三十年代的"五四青年"、五六十年代的"老大学生"和七八十年代的"知青文化人"。在知识分子研究中，"代"是一个重要的分析范畴，但其认识论意义因学科分野乃至研究者的认知旨趣而异。按本章的理解，"代"指个体知识结构和人格形成时期（主要相当于中学和大学年龄段），因时代环境（特别是教育体制和文化构成空间）的相似性而形成的群体同属现象——由知识结构、思维方式、情感方式、行为方式积淀而成的历史文化性格或群体心理特质。二三十年代的"五四青年"在中学和大学教育阶段深受五四新文化运动的影响，在政治立场上有的接受左翼文化的思想与信仰，或追随"胡适派文人"成为自由主义者；1949年以后，他们历经思想改造、反右、"文革"等人生劫难，其中的自由主义知识分子几乎全军覆没；到了80年代，劫后余生者都已迈入老年之境，作为学术文化群体，他们在学术思想、治学精神和人格操守上对"文革"后成长起来的学人有重要影响。五六十年代的"老大学生"，又被称为"解放一代"，共和国的文化构成在他们的成长时期打下了深深的烙印；他们无一例外地卷入"文革"，具有强烈的政治意识和现实关怀，在80年代的学术文化领域内，他们实际上同"知青文化人"处于同一起点上，而观念禁锢和"文革"中残酷的派系斗争造成的精神伤害则更为深重。"知青人文化"大多出生于50年代，"红卫兵""知青"的经历，构成他们最重要的人生体验，80年代中后期，他们逐渐崭露头角。进入90年代以后，尽管还有像费孝通、季羡林等人活跃在学术文化界，当年的五四青年绝大多数已凋零谢世，五六十年代的"老大学生"亦渐入老境，"知青文化人"则成为政、商、学界的中坚力量。80年代后期以来知识分子群体的转向与分化，"解放一代"和"知青一代"是最主要的亲历者和见证人。

关于新时期以来知识业者社会心理变迁的一个分析框架

知识业者是个内部包含很多职业群体、个体间存在很大地位差别的群体，而且是一个内部价值观分化严重的群体。从身份上看，中国知识业者可分为体制内知识业者和体制外知识业者。体制内知识业者，就是在党和政府直属单位就业的知识业者；所谓体制外就是前者之外的。由于中国的绝大多数科研、教育、新闻、出版、文艺等领域的单位都在党和政府领导下，都属于体制内，因而在规模上，体制内知识业者是绝大多数，体制外知识分子相对较少。对二者进行比较研究，不能真正了解中国知识业者的全貌。可以说，中国知识业者的分化，最主要的不是体制内和体制外的分化，而是体制内知识业者的分化，体制内知识业者的分化程度基本可以代表中国知识业者的分化程度。从行为上看，中国体制内知识业者可分为职务行为者和非职务行为者。所谓职务行为者就是基本按照自己的职务规范来从事知识生产和传播，其言行与官方的标准比较吻合。所谓非职务行为者，就是身在体制内却并没有按照单位确定的职务规范来从事知识生产和传播，其言行与官方标准并不完全相合。这种区分方法作为一种理想类型来描述体制内知识业者是比较合适的，但是现实中的知识业者完全符合这种理想类型的非常少，大多数的知识业者兼有职务行为和非职务行为。

1. 个人与国家：一个知识谱系维度

无论西方还是中国，观察知识业者的首要着眼点应该是他们关于社会的知识，也就是他们对社会的认知与判断。社会包括政治、经济、文化、社群方方面面，每个人都有不同的认知与判断，有的人可能持传统社会主义的观点，有的人可能持自由主义或者新左派的观点；同一个人可能政治上持自由主义观点，经济上持新左派观点，或者相反。如何在这纷繁复杂的面相中找到一个指标或者一个维度来观察知识业者呢？

经济上从计划经济到市场经济的一系列不同学说，政治上从威权政治到民主政治的一系列不同立场，文化上从中学为体到全盘西化的一系列不同思潮，社群上从全能社会到市民社会的一系列不同主张，其背后都涉及对一个根本问题——个人与国家关系——的看法，甚至可以说，对个人与国家关系的不同看法是导致这些立场、学说、思潮、主张分化的核心因素，对中国知识业者而言尤其如此。比如，在经济上，计划经济与市场经济思想的根本分野在于国家导向还是个人导向，计划经济思想认为国家利益重于个人利益，而且国家比个人更有能力搞好经济；市场经济思想则认为个人利益重于国家利益，而且个人比国家更有能力搞好经济。政治、文化、社群上的分野与经济上的分野类似。基本上可以说，个人优先论者，在价值上认为个人价值高于国家价值，在效率上认为个人自治优于国家统制；而国家优先论者则持相反观点。选择"个人—国家"这个维度可以有效观察中国知识业者的立场与态度，而且能够更清晰地观察中国知识业者40多年来立场与态度的变化。

2.利益与价值：一个知识表达维度

对知识业者的观察，不仅要看其怎么想，还要看其怎么说（做），而怎么说（怎么做）是一个社会传播、社会互动过程，对社会影响更大。中国知识业者与西方知识业者最大的不同，就是中国知识业者绝大多数都属于体制内，其立场与态度的表达受到体制约束，因此有了前文所说的职务行为和非职务行为之别。问题是支配知识业者职务行为特别是非职务行为的行为标准是什么？

支配知识业者行为选择的核心是利益和价值。就理想类型而言，价值型知识业者是自己怎么想就怎么说，为此不惜背离职务规范，不惜损失个人利益；利益型知识业者是怎么样说对自己有利就怎么说，为此可以背离自己内心的价值判断。现实中纯粹的价值型知识业者和纯粹的利益型知识业者都很少，多数人处于二者之间，这也是一些人职务行为与非职务行为存在明显差别的原因，就是在职务行为中遵守利益原则，在非职务行为中遵守价值原则。就整个阶层而言，其行为选择标准在四十多年间有很大变化，其变化与体制环境相关，也与社会利益群体分化有关。可以说，中国四十多年来知识业者的变迁既是其知识本身的变迁，也是其生产、传播知识行为的变迁，或者说，既是自身立场态度的变迁，也是行为选择标准的变迁。

3.中国知识业者社会心理变迁的总体判断

从"个人—国家"维度看，新时期以来中国知识业者立场态度变迁的基本趋势，是从国家优先论向个人优先论的波浪式演变。影响这个基本趋势的主要因素，一是知识积累。"文革"后，中国知识业者的知识谱系从单一的马克思主义经典著作转向大量引进、学习西方知识，各种各样的西方马克思主义和非马克思主义，就其价值取向而言，主要是个人优先论的，这些新知识改变了中国知识业者的知识视野和知识结构，这种改变随着时间推移是越积越厚的。二是研究积累。除了理论知识，中国知识业者更多获得了关于外部世界和自身状况的真实信息，对这些历史和现实信息的加工，特别是对 20 世纪世界社会主义兴衰历史的研究，使得中国知识业者越来越多抛弃传统社会主义思维，接受个人优先理论。造成其间波动的，也就是国家优先论思想暂时性上升的，主要是受当时严峻国际环境的影响。

从"价值—利益"维度看，新时期中国知识业者行为选择机制的基本演变趋势是越来越朝利益型转变。从个人人格来讲，属于纯价值型、纯利益型，或者价值利益兼顾型，基本是稳定不变的。导致集体性变迁的是利益强度因素，利益强度对纯价值型和纯利益型的知识业者没有影响，但会影响价值利益兼顾型知识业者的行为选择，利益强度大，则更多选择利益型表达，利益强度小，则更多选择价值型表达。20 世纪 80 年代，社会收入差距很小，甚至脑体倒挂，知识业者普遍选择价值型表达。20 世纪 90 年代之后，知识业者内部发生分化，其中精英有更多机会接触到权力和金钱，因此，这些人更倾向于选择利益型表达，比如过去自己独立写论文更多表达自己的观点，现在接受别人课题委托更多附和委托者观点，不喜附和者越来越难得到课题委托。

"个人—国家"维度上的个人取向，与"价值—利益"维度上的利益取向，不是相互矛盾的，恰恰是相辅相成的。现实情境中，国家优先论者更多谈价值，价值是立足点；个人优先论者更多谈利益，利益是立足点。在市场经济逐渐深化的中国，越来越个人导向和越来越利益导向是一枚硬币的两面。

知识分子群体结构性分化的阶段与机制

1. 20 世纪 80 年代

20 世纪 80 年代的知识业者，就其内部而言，基本是一致的、团结的，因为其核心理念和心理模式基本是一致的，也就是说，在这个年代存在一个整体性的知识业者阶层。[①] 就其外部而言，知识业者阶层与官方意识形态没有根本性矛盾，在批判"文革"、支持改革两个基本点上是一致的，而面向现代化、面向世界、面向未来也是二者的共同取向。

知识业者在 20 世纪 80 年代所做的事，主要可以概括为三个方面：引进世界主流文化，批判"文革"，支持改革。"文革"将中国践踏为文化沙漠，"文革"后最紧迫的任务就是文化重建，而文化重建的主要方式就是大规模引进西方文化。20 世纪 80 年代影响最大的三套丛书分别是《汉译世界名著》《走向未来》《文化：中国与世界》，这些拿来的思想成为中国知识业者最主要的精神食粮，也使得中国文化重新与世界接轨。这些新的思想资源也成为批判"文革"、支持改革的最有力的思想武器。

在"价值—利益"这个维度上，20 世纪 80 年代的知识业者是高度价值性的。就其背景而言，一是"文革"过去不久，当事人都有"文革"经验，都有从价值上否定"文革"的共同心理需要和价值判断。二是 20 世纪 80 年代虽然是改革年代，但就知识业者而言，绝大多数人的生活方式还处于计划

---

① 关于 80 年代知识分子共同的核心理念，李零认为是"启蒙"——"启蒙压倒一切"，"大家都是启蒙派"（李零：《七十年代：我心中的碎片》，载北岛、李陀主编：《七十年代》，生活·读书·新知三联书店 2009 年版，第 239 页）。李陀则指出，80 年代"思想解放运动"与"启蒙思潮"之间具有既相互对立又相互制约的复杂关系，"启蒙派"构成的思潮也相当多样（参见查建英编著：《八十年代访谈录》，生活·读书·新知三联书店 2006 年版，第 273—277 页）。用许纪霖的话来说，新启蒙运动的特点是"文化态度的同一性与思想内涵的异质性"（许纪霖："总论"，载许纪霖、罗岗等：《启蒙的自我瓦解——1990 年代以来中国思想文化界重大论争研究》，吉林出版有限责任公司 2007 年版，第 4 页）。事实上，态度的同一性乃是知识分子心态结构类同的主要表征。

经济的单位制模式，没有明显的利益分化，思想与利益没有明显相关关系，使得思想保持了相当高纯度的价值性。三是 20 世纪 80 年代的思想资源主要是舶来品[①]，这些外来思想也许在其母国曾经亲近某个利益集团，甚至是某个利益集团意志的反映，但到中国来了之后并没有与之相应的利益集团，从而使这些外来思想在中国保持了高度的价值性。需要特别指出的是，20 世纪 80 年代的知识业者不是当时改革的优先受益者。脑体倒挂现象在 20 世纪 80 年代是最严重的，但是知识业者并没有因此成为反改革者，反而是最积极的改革支持者。其中原因，一是知识业者自身的知识告诉他们改革比"文革"好，这是一种价值判断；二是知识业者并不仇恨"卖茶叶蛋的""拿剃头刀的"等市场经济的产物，这也是一种价值判断，同时他们把自己的不好处境归结为改革还不够深入，因此更加坚决地支持改革。

在"个人—国家"这个维度上，20 世纪 80 年代的知识业者基本是个人优先立场占主流。究其根源，一是对"文革"的反思。"文革"在领袖崇拜、主义崇拜、国家崇拜登峰造极的时期，也是泯灭人性、践踏人权、压抑人才登峰造极的时期，对"文革"的反思的一个核心议题就是对"红卫兵文化""螺丝钉文化"的反思，就是人性、人道、人权思想的觉醒，这是"文革"之后文学和哲学的主题。二是西方知识背景。20 世纪 80 年代知识界的一大特色就是西方思想在中国的百花齐放、百家争鸣，这些新引进的思想多数是个人导向的，虽然这些思想一度刺激了保守思想的反弹，但从其反弹可以看出新思想的影响力。三是改革经验。中国从农村"大包干"开始取得成功的改革，给了知识业者深刻的启示，那就是个人身上所蕴含的积极性、创造性乃至企业家精神是国家导向的计划经济模式所没有的，其生产力和创造力也大大高于计划经济模式，正是这些经验有力支撑了中国经济学主流从计划经济思想

[①]　不可忽视的是，从传统文化的体悟和再认识中寻求思想资源，在"八十年代的文化热中"便已兴起。陈来写于 1987 年的文章，将中国文化书院的活动视为此种努力的代表。参见陈来：《思想出路的三动向》，收入甘阳编：《八十年代文化意识》，上海人民出版社 2006 年版，第 544—545 页。

向市场经济思想转变。

20 世纪 80 年代知识业者在知识谱系上也是有分化和变异的，国家优先论作为一种对个人优先论盛行的反动，在 20 世纪 80 年代中期开始浮现。关于西方思想如何与中国问题相结合是导致这些分歧的主要根源。20 世纪 80 年代中期之前的知识业者内部虽然争论很多，但基本上是学术性争论，可以看作是西方思想在中国的境外论战；但是随着改革的深入，中国问题越来越凸显出来，最大的问题就是"中国向哪里去"。关于这个现实问题的解答促使中国知识界开始内生型成长，也引起中国知识界的实质分化。在政治学领域新权威主义异军突起，颇具影响。① 在经济学领域几种流派的竞争导致经济体制改革的决策出现摇摆。

总之，20 世纪 80 年代是一个含苞待放的年代，所有因素都已存在，所有因素都尚未展开。

2. 20 世纪 90 年代

20 世纪 80 年代末的中国局势是整个 80 年代中国经济社会转型的产物，更是整个 80 年代中国思想文化演变的直接结果。邓小平在第一时间表达了捍卫改革的政治决心，这不仅是捍卫了他自己的事业，也捍卫了中国知识界 13 年努力之最重要果实。邓小平发表南方谈话之后，中国掀起新一轮改革大潮，中国知识业者继续拥有他们钟爱的战场。但是同一个战场，战局却与 80 年代大不相同。

在"个人—国家"维度上，国家优先论从 80 年代的支流变成了主流，而且这个改变并非意识形态高压的结果，而是知识谱系本身的改变。改变之一就是"告别革命"。有深厚法俄传统的五四精神崇尚革命，认为可以通过特定群体的革命行动快速地根本地改变社会，而知识分子本身就肩负这个使命。告别革命的思想，批判了人为大规模改造社会的革命思想，也否定了知

---

① 80 年代后期的知识分子政治话语中，新权威主义与民主先导论之间围绕中国政治体制改革的方向问题，形成尖锐的理论冲突。参见邓正来、景跃进：《建构中国的市民社会》，载邓正来：《国家与社会——中国市民社会研究》，四川人民出版社 1997 年版，第 2—3 页。

识分子自许的革命角色，认为革命的破坏性大于建设性。改变之二就是"告别思想"。告别思想就是放弃 80 年代热衷的宏大叙事和理论建构，认为那种方式是空对空，既不可能产生有解释力的理论，更不可能解决中国问题，而中国更需要能解释和解决中国问题的本土性研究。改变之三就是"告别崇高"。告别崇高是知识业者对自身认知的调整，从把自己看作负有特殊使命的"救世主"，调整到将自己看作社会中的常规角色，知识业更多被视为一个普通职业，而不是牧师般的神圣职业。

知识谱系的改变，背景之一是积累了新的经验知识，最主要是发现国内知识界曾经寄予希望的苏联东欧"革命"演变成了一场巨大灾难，特别是苏联解体挑战了中国文化人最深切的价值底线——大一统，而苏东地区的经济崩溃、社会混乱超出了中国知识业者的事前想象。背景之二是国际环境发生了逆转性的变化，苏东剧变后，中国由美国的战略伙伴变成了以美国为首的西方阵营新的冷战对象，银河号事件、申奥事件等歧视性、压迫性事件激发了中国内部的民族主义，也扑灭了依赖外力改变中国的浪漫想象。背景之三是对 80 年代末的反思，知识业者惊觉如果当时的局面是另一种结果，中国的局势可能更糟糕，对中国而言稳定具有上位价值，中国的稳定需要一个强大的领导核心，而中国在执政党之外还找不到这样一个核心。中国知识业者关于中国社会发展的主流思想自此转向寻求可控的渐变模式。

当然，主要由外部因素激发的国家优先论，并没有彻底改变个人优先论的长期趋势，因为中国内部因素也就是邓小平推动的第二轮改革的核心是深化市场经济，并使之成为正式的国家体制。这种能力本位的个人优先论，因为个体私营经济、外资经济的快速发展，国有企业的公司化改组，愈来愈多的劳动者进入体制外就业而在社会各阶层蔓延，进而影响到知识业者，使得知识业者被压制的 80 年代持有的哲理型个人优先论思想得以与中国经验相结合而转型重生。

在"价值—利益"维度上，20 世纪 90 年代知识业者由高度价值型逐步向利益型转变。转变之一是知识业者的知识表达越来越与自身利益挂钩，特别是 20 世纪 80 年代基于价值立场主张市场经济的学者在 20 世纪 90 年代发生了大分化，相当部分的人将自己的学术思想商品化，在相应的利益集团那里获得丰厚回报，一些逻辑上无法成立的观点也因此而被他们积极宣传。转变之二是知识业者论述国事的立足点从抽象价值转为实体利益，20 世纪 80 年代还是延续传统的"我们的事业是正义的，正义的事业是不可战胜的"论述模式，20 世纪 90 年代正义不再是唯一重要的准则，利益越来越成为国家关系的论述重点。

导致这些转变的背景，一是市场化改革的推进，使得中国社会发生了快速的大规模的利益分化，传统体制之外出现了越来越多、越来越大的利益生长点，知识业者越来越多接触到获得体制外收益的机会，从而在一定程度上打破了知识界原先基本平均的收入格局。知识业者获取体制外收益，就必须用市场所需要的知识、观点来交换，这也导致经济、法律等应用社会科学的快速膨胀。二是价值万能思维的破灭。知识业者所营造的高于现实生活的价值体系被现实打破，价值体系的破碎化也造成相应的价值虚无、信仰虚无盛行。

20 世纪 90 年代的利益化表达也不是绝对的。首先，无论左右，纯粹价值型知识业者没有受影响，他们依然坚持自己的价值立场，哪怕生活清苦也没有动摇。这部分的改变主要表现在表述方式上，就是从思想型向学术型转变。其次，就个体而言，进行利益化表达的人并非全部表达都是利益型的。在非利益领域和非利益场合，他们依旧会进行价值性表达。这就是双轨制时代知识业者的双轨制人生。

3. 21 世纪以来

从 20 世纪 90 年代到 21 世纪之间并没有一个标志性事件作为分水岭，但两个年代还是存在明显的不同。90 年代是一个改革深入推进而经济社会波澜起伏的年代，21 世纪是一个改革逐渐消沉而经济社会持续繁荣的年代。

在 21 世纪，知识业者的规模显著扩大了，生活境遇有显著提升，知识业者中规模最庞大的基层教师工资拖欠现象也逐渐减少了。与此同时，知识业者的社会地位不升反降，因为公务员、国企干部、私企老板、外企白领的地位都相对提高了。

在"个人—国家"维度上，21世纪的知识业者仍然在两个方向上拉锯，但个人导向明显占优。表现之一就是全社会的人权意识快速升高，维权行动快速蔓延，知识业者普遍倡导人权，特别是积极推动保护私有财产权入宪。[①] 表现之二就是知识业者在国家发展成就和各阶层共享改革发展成果两者之间，关注重心越来越倾向后者，分配不公、贫富差距成为最核心的话题，贫富差距拉大现象遭到各学科大多数知识业者的批评。

上述表现的基本背景是21世纪以来中国经济持续高速发展，综合国力快速提升，政府收入每年以超过国民收入两倍的速度在增长，但是，劳动者收入增长缓慢，弱势群体收入增长更慢，很多农民失去了土地，而这些土地却给政府（特别是地方政府）带来巨额收益。政府、国有企业与民争利、争民之利，打破了过去那种"国家强大人民一定幸福"的单纯推理，激发知识界更深入思考国家—政府—公民间的复杂关系。

国家优先论虽然不是主流，但依然是强有力的。中国国力的快速增强，激发了人们的自尊心和自豪感，从而高度肯定中国的发展模式，甚至有部分自由主义学者改换门庭，成为国家优先论的支持者。[②]

在"价值—利益"维度上，利益化的趋势逐步加深并日渐复杂化。其一，吸纳知识业者为自己代言人的利益群体越来越多，越来越大，越来越多元化；其二，利益规模越来越大，相应的利益诱惑也越来越大；其三，利益表

---

① 21世纪初年有关宪法修改的讨论中，持自由主义立场的知识分子主张将"私有财产神圣不可侵犯"作为条款写入宪法，从而引发知识界的一场论战，结果是宪法修订文本在私有财产前加了"合法的"字样，"神圣"一词也取消了。参见汪晖：《汪晖访谈录》（第二版），北京大学出版社2009年版，第472—473页。

② 自晚清以降，自由主义者几乎都受到了民族主义思潮的影响，并形成自由主义诉求与民族主义关怀之间既紧张又相互渗透的特点。参见郑永年：《中国模式：经验与困局》第二讲，浙江人民出版社2010年版。

达机制越来越复杂，其表面越来越类似原则性表达。①

影响上述趋势的是 21 世纪知识业者出现的三个结构性变化。一是国有知识部门逆势官僚化了，此前基本维持的知识本位被官本位取代，无论大学还是科研院所，官本位现象愈演愈烈，根源在于政府、社会投入知识部门的经费明显增加，除开人头费和行政费之外有了相当多的其他资金，而支配和管理这些资金的就是学官，因此"学官"成为有经济权力的职位，引发各路人马争先恐后地激烈角逐。二是非传统国有知识部门之外出现了一定数量的知识业者，初显规模效应。比如服务于各种非官方机构（如基金会）的学者在舆论上乃至政策上开始发挥重要影响力。又比如，与传统报刊不同的市场化报刊特别是都市媒体集结了大批知识业者，这些媒体背靠市场生存，首先追求的是发行量和收视率。三是知识业者越来越地方化。随着地方经济社会的发展，特别是地方之间的激烈竞争，身处地方的各类知识业者都被要求或者被有偿委托为地方服务，使得知识业者与地方利益的关系越来越紧密。

利益型表达确实严重挤压了价值型表达，但是价值型表达还是找到自己的新空间。在 21 世纪，知识业者的知识传播平台和工作方式发生了巨大变化，媒体特别是网络越来越成为主战场。因为网络的特性，一些过去处于中低层的知识业者获得了更大的发言空间，而一些其他职业者也通过采用网络写作而成为兼职知识业者。新空间虽然也充满了各种各样的利益诉求，但是由于网络的海量空间和匿名性，较少获得利益诱惑的中下层知识业者成为网络表达的主体，他们以群体的形式展示了他们的研究与思考，表达了这个传统上属于"寡言的大多数"的价值诉求。

---

① 比如，吴敬琏 2010 年将中国股市比喻为"没有规矩的赌场"，厉以宁等五位经济学家随后召开记者恳谈会与吴敬琏公开辩论，从中我们不仅可以看到经济学家背后站着各式各样的利益群体，而且股市这样的具体话题，还被上升到"如何看待改革深化与社会进步"的原则高度。参见吴晓波：《吴敬琏传——个中国经济学家的肖像》，中信出版社 2010 年版，第 215—223 页。

二、精神生命的坚守与质询：钱理群的文化心态

教师、学者、批判的知识分子：钱理群的角色意识

钱理群 1939 年生于杭州，他自称属于"二十世纪五六十年代成长起来的，新中国的第一代知识分子"：就读于南京师大附小和附中期间，是共和国教育的"黄金时期"，也是他"自由做梦的年代"；1956 年，他考入北大中文系新闻专业（1958 年合并至中国人民大学新闻系），1960 年大学毕业时，因家庭出身的原因，被发配到贵州一个边远的小城安顺任语文教员，整整待了十八年，安顺也因此成为他的第二故乡；"文革"结束后，当时已届 39 岁的钱理群考回北大，成为王瑶先生的研究生，1981 年毕业后留北大中文系任教，不惑之年方才开始他的学术生涯。在钱理群八九十年代的人生与学术历程中，教师、学者和批判的知识分子，是三个最重要的生命形象。

教师之于钱理群，不仅仅是一个职业身份，更是他精神生命的实现和寄托。1960 年代初期，他开始系统研读鲁迅著作时，便萌生出一个梦想：有一天能在北大讲坛上向年轻学子讲述"我之鲁迅观"——这个梦想支撑着他度过了漫长、严酷的底层岁月。当这样的机会到来时，他将自己的工作视为沟通鲁迅和当代青年之间的"桥梁"，正可谓乐以忘忧，不知老之将至："从1985 年上半年给中文系文学专业 1981 级本科生开设'我之鲁迅观'课，到2001 年上半年给中文系与外系 2000 级本科生讲'与鲁迅相遇'，下半年为研究生开设'最后十年的鲁迅'的讨论课，前后讲了十七年的鲁迅，有将近二十一届的北大中文系与外系的学生听过我的鲁迅课或讲座，这可能是我的后半生事业的最可观的成就。"[1]与至少两代中国青年人之间持续不断的心灵交流和精神对话，是一种罕见的经历，凭借"讲鲁迅、接着鲁迅往下讲"，

---

[1]　钱理群：《我的精神自传》，广西师范大学出版社 2007 年版，第 299 页。

钱理群的课成为北大校园里一道独特的风景。钱理群执着地相信鲁迅"活"在当下，认为鲁迅的思想和人格开创了中国现代知识分子的历史传统，但他向学生讲鲁迅的心情和态度也有微妙的变化：20世纪80年代北大讲坛上的钱理群"挥舞眼镜、满头大汗"，不时流露出"湿润而悲凉的目光"，他关于鲁迅的首部讲演稿《心灵的探寻》，扉页题词是"谨献给正在致力于中国人及中国社会改造的青年朋友们"；而到20世纪90年代以后，他每次在开场白中向学生说的是"我姑妄讲之，你们姑妄听之"，因为与鲁迅生命个体的相遇需要机缘，"他要进入你的内心，你也要进入他的内心，然后纠缠成一团，发生灵魂的冲突或者灵魂的共振"，"最终的目的是完善自我，获得自我精神的丰富，独立与自由"。① 机缘是可遇而不可求的，若找不到感觉，那也不要紧。学生眼里的钱理群，是一个真挚、可爱的长者，他觉得那是对他最好的评价。

　　或许年轻一代难以体会的是，钱理群如何在"文革"中带着"绝望的生命体验"逐渐接近鲁迅的心灵世界。这种内心的重负始终深嵌于他的学者生涯之中。从1978至1984年，尽管钱理群已从事中国现代文学研究，但这几年他只写过几篇周氏兄弟比较的文章，几乎处于沉寂状态——他依旧处在从"文革"后期开始的"半是奴隶，半是挣扎"的思考状态。1985年，"二十世纪中国文学三人谈"在《读书》上连续六期刊出，在学术界和青年学生中引起很大反响，钱理群的名字才出现在20世纪80年代后期的知识分子启蒙思潮之中。随后，他加入以"知青一代"为主体的人文知识分子民间学术社团"文化：中国与世界"编委会，他曾自嘲说自己是其中的"高龄青年"。1986年完稿、1988年由上海文艺出版社出版的《心灵的探寻》一书，凝聚了他二十多年来对鲁迅精神世界的理解，更标志着他走出人生与学术之路的第一个关口：通过对"个人的鲁迅""人类的鲁迅"的发现与诠释，他摆脱

---

① 钱理群：《与鲁迅相遇——北大讲演录之二》，生活·读书·新知三联书店2003年版，第8页。

了"文革"的"精神迷误"，进而追问整个共和国知识分子的"自我奴化与自我践踏"得以发生的"社会文化心理背景"以及包含的历史教训。在从事鲁迅研究的同时，钱理群还陆续出版了《周作人传》和《周作人论》。20世纪80年代完成的关于鲁迅、周作人的第一轮研究，奠定了钱理群的学术地位，从此在中国现代文学史领域内以"鲁迅和周作人研究专家"知名于世。这一阶段的学术工作使钱理群确立了"思想史、文化史视野下的文学史研究"视角和"单位观念（意象）"研究方法，并逐渐聚焦于20世纪中国知识分子思想史和精神史的探讨。更重要的是，钱理群形成了"主体参与"或"介入"式的学术品格："我的所有学术探讨，对外部世界历史与现实的追问，最后都归结为对自我内心世界的逼视"①。因此，对研究对象的发现和审视，同时也是对"我自己"的发现和审视，学术研究对于他来说便具有一种精神自赎、自救的作用。这一点使得钱理群以学术参与20世纪80年代后期的思想启蒙运动时显得颇为殊异。尽管他的研究强调作为"个人"的知识分子的独立意义和价值，包含了曾经有过的将"个人"消失在"群体"之中的惨痛的历史经验教训，并成为20世纪五六十年代成长的知识分子"从以对人的奴役为特征的政治文化中解放出来"的精神记录，但正如下一辈学人汪晖所观察到的，构成《心灵的探寻》一书核心的"历史中间物"意识，在启蒙话语的陈述背后还有着深一层的"心灵的骚动与挣扎"："钱理群与鲁迅一样属于生活在两个时代或两个时代交替时期的人，他们失去安全感，失去清白无辜的感觉，他们怀疑旧的政治秩序、旧的道德秩序、旧的心理秩序，却又不能无所顾忌地拥抱新的混乱。一统的专制是他们憎恶的对象，但他们面临的、津津乐道的'二十世纪'其实也使他们感到陌生与迷惘。"②而对周作人个案的研究，不仅使钱理群在接续五四新文化传统的同时关注其内在的丰富性和复杂性——周氏兄弟在五四新文化运动之后的人生道路和精神历程，在现代中国

---

① 钱理群：《我的精神自传》，广西师范大学出版社2007年版，第226页。
② 汪晖：《心灵的探寻——钱理群与他的鲁迅研究》，载汪晖：《旧影与新知》，辽宁教育出版社1996年版，第143页。

两大知识群体（左翼知识分子和自由主义知识分子）的历史性分化中颇具典型性，从而极大地拓宽了他的心智和情感领域，周氏兄弟的思想也成为他不断汲取的精神资源；问题还在于，周作人"传""论"的写作，唤起了"本来的'自我'"，即从少年时代便深理心底的"趋向个性独立与解放、自由、民主与人道主义"的"自我"，而"改造了的新的自我"则被"追求社会平等的乌托邦世界，强调思想统一，意识形态化与崇尚斗争哲学"的革命意识形态所塑造。① 当钱理群深入周氏兄弟的文学和思想世界中时，他深切地感觉到两个"自我"之间相互诘难，充满了紧张。对钱理群来说，这不仅是"学术的挣扎"，而且是"生命的挣扎"——他已无法再做一个充满激情的、乐观的"五四青年"了。

  20世纪80年代末90年代初，国际局势动荡和历史巨变，再次引发钱理群的心灵震撼，它意味着近一个世纪以来知识分子的启蒙事业和革命理想主义的破灭。作为共和国的第一代知识分子，曾充满了"信仰、理想、浪漫精神"，而今这一切终成幻觉。钱理群说，他被一种失落感压抑感所攫住，无以摆脱。《丰富的痛苦》（1993）一书，便是钱理群在上述社会背景和心理动因下，对知识分子群体身上两种"对立，渗透，消长起伏"的历史文化性格或精神气质——理想主义、浪漫主义的堂吉诃德气和怀疑主义的哈姆雷特气，透过现代作家及其文学书写这一特定视角，进行了系统的清理和反思。他关于激进主义思潮、启蒙话语和民粹主义的"陷阱"及其悲剧性后果的揭示，由现实问题所激发，又由现实的思考转化为历史的考察，意在反思"历史与现实中的知识分子与共产主义运动的关系"：20世纪的左翼文化和社会运动，何以"从一个房间进去，从另一个房间出来"？这同时也是面向自我的"灵魂的拷打与追问"。钱理群在回顾中说，此书的写作使他克服了一场精神危机。约在同一时期（1990—1992），他还出版了《大小舞台之

① 参见钱理群：《有缺憾的价值——关于我的周作人研究》，载钱理群：《拒绝遗忘》（修订版），中国大百科全书出版社2009年版，第214页。

间——曹禺戏剧新论》一书，对自己长期以来非常喜爱的曹禺戏剧作了文学性的分析，还将曹禺及其作品视为知识者和文学被与权力关系联系在一起的主流意识形态和话语规范所改造的"标本"，进行了细致的剖析。写于1992至1993年的《"流亡者"文学的心理指归——抗战时期知识分子精神史的一个侧面》，延续和深化曹禺研究的旨趣，对抗战期间左翼文学乃至左翼文化再度兴起的心理、情感背景和文学意象有着细腻的描述。从1994年开始，钱理群拟订了一个庞大的读书和写作计划，欲系统研究"二十世纪中国知识分子精神史"。至1995年初，他已收集了大量的毛泽东研究资料，准备写作《毛泽东：世纪中国遗产》一书。但因一个偶然的机缘，他写出了一部代表性的学术论著《1948：天地玄黄》，以1948年这个特定的时间点观照知识分子群体的重大人生抉择，以及其间包含的种种困扰、挣扎和期待；它还体现了钱理群在学术风格上的新追求：将此前著述中过于强烈的思想分析隐藏、融化在带着体温的、仿佛可以触摸的历史叙述之中。这是学术和人生成熟的标志。可以看出，钱理群与同辈学人赵园一样，都是以文学中的知识分子形象为研究对象，关注知识分子的"心灵史"或精神历程，即把现代文学史视为"现代知识者的精神产品""中国现代知识分子精神历史的一种表现形态"。钱理群的学术个性，体现在他试图为历史如此这般发展找到"内在的精神发展的逻辑"。无论是知识分子的个案研究，还是群体分析，都贯穿着对革命意识形态的批判性审视和对自我心灵世界的解剖，反复追问一个问题："我们究竟在哪里，由于什么原因发生了失误，落入了陷阱？"[1]

20世纪90年代后期的中国与外部世界发生了许多新的变化，也面临着许多新的、越来越复杂的问题，对"我们现在生活在什么样一个时代"这个问题，从国家意识形态、普通民众到知识界，都有各种歧义的判断："它既不是我们过去所熟悉的那种'社会主义'，也不是现在一般人所想象的那样

---

[1] 钱理群：《我的精神自传》，广西师范大学出版社2007年版，第330页。

的'资本主义'，那么，它究竟是什么？我们正在过着的，究竟是怎样的生活呢？"①从"自由主义者"和"新左派"的世纪末论争中，我们所看到的现实，是被撕裂的社会图景和思想镜像。已走上了"人生与学术最后历程"的钱理群，又一次陷入内心的焦虑和挣扎，"北大讲演录"三部曲《话说周氏兄弟》《与鲁迅相遇》和《我的回顾与反思》，是钱理群带着现实的问题、遭遇和感受对周氏兄弟和自我的再认识。《话说周氏兄弟》的学术语言中包含着尖锐的思想批判锋芒，指向历史与现实中的国民性弱点，特别是知识分子的劣根性。《与鲁迅相遇》所记录的是钱理群在世纪之交与鲁迅的"第二次相遇"："当处于内外交困、身心交瘁、孤立无援、极端绝望彷徨的生命的低谷时，我与鲁迅，特别是晚年的鲁迅，产生了心灵的感应：我突然觉得曾经是'谜'一样的'最后十年'的鲁迅，竟是这样的容易理解，又是这样的亲切，我甚至可以感到病中的他的沉重的呼吸。……我的心终于沉潜下来：不是对现实痛苦的回避，而是使这痛苦更加刻骨铭心，并超越一己的苦痛，思考国家、民族、人类的大问题，感受人生的大悲欢，生命因此得到了升华与自赎。"他自信地说"这也许将标示我的学术研究，特别是鲁迅研究所达到的新的水平"。②《我的回顾与反思》（2007 年作为《我的精神自传》一书上编出版）是钱理群 2002 年 3—6 月在北大讲"最后一门课"的讲稿，他把自己作为一个个案，对 20 世纪八九十年代的思想学术进行了一次具体的同时也是系统的反思，以此作为考察"1949 年以后半个世纪的知识分子的精神之旅"的开篇。

从历史走向现实，对钱理群而言，只能意味着心灵的重负更难以化解。早在大学时代，他就因宣称同意费孝通的观点，并宣布自己向往的就是"一间屋、一支笔、一本书"的书斋生活而差点被打成右派，但"文革"中卷入政治斗争的经历和对鲁迅的理解，使他难以安心于做一个不问世俗的学者。

① 王晓明：《人文精神讨论十年祭》，《上海交通大学学报》（哲学社会科学版）2004 年第 1 期。
② 钱理群：《生命的沉湖》，生活·读书·新知三联书店 2006 年版，第 226 页。

读研究生的第一年，他一直在"当学者"与"当战士"（直接投身于当时正蓬勃发展的社会民主运动）之间"徘徊，矛盾，斗争，苦闷"，尽管走上了学者之路，但内心深处的矛盾与苦闷并未减轻："当学者，不肯；当战士，不敢；混日子，不愿。我承认并且自责我的自私与怯懦，我毕竟不是一个真正的革命者，不过是一个知识分子中的理想主义者。"①20世纪80年代，他通过周氏兄弟研究走出"文革"的精神迷误，同时以学术的方式参与80年代的启蒙运动，并成为"八十年代启蒙主义的一个代表人物"。他在题为《当代知识分子的角色转换》的答记者问中指出："我们处于一个特殊的历史时期，历史让我们扮演了戏剧性的角色。现在戏剧性的场面已经结束，学术和文艺由时代的中心转到时代的边缘。由所谓'社会启蒙者'群体开始分化。"并说，自己对周氏兄弟的研究"总体而言，属于思想启蒙范围"，接下来"要从事一点基本的学术建设"。②然而，当人文知识分子在90年代市场化大潮中发生分化的时候，钱理群内心里一直潜伏着的矛盾与苦闷，又促使他不得不重新寻求人文知识分子在市场化时代的言说方式和角色位置。1994年11月，钱理群在韩国汉城讲学，国内知识界"人文精神"讨论方兴未艾，他写下《自说自话：我的选择》一文，对"作为一个人文学者，我能做什么，不能做什么"形成明确的看法。

> 在我看来，所谓知识分子（尤其是他们中间的人文学者）就是思想者，思想是他唯一的职责。人文学者关心的是"应该"怎样，而不是"实际是怎样"。也就是说，他对人和社会的关注本质上是一种"彼岸世界"的理想关怀，他是用"彼岸世界"的价值，来对照"此岸现实"的存在，从而不断发出自己的批判的声音……同时人文学者也必须小心地划清"彼岸"与"此岸"的界限，清醒地认识自己的思想的彼岸性，即永远

---

① 钱理群：《我的精神自传》，广西师范大学出版社2007年版，第56—57页。

② 钱理群：《人之患》，浙江文艺出版社1994年版，第135页。

是可望而不可即的理想，认清思想的合理性并不就是现实的合理性，而绝不越位将彼岸理想现实（此岸）化。……"批判"是人文学者与现实联系的极限。在这个意义上，可以把人文学者视为"批判者"，他的基本任务就是不断揭示现实人生、社会现存思想、文化的困境，以打破有关此岸世界的一切神话……①

这是钱理群经过20世纪八九十年代之交的心灵震撼和绝望体验之后，"对于自我存在的历史性分析和本体性追问"的结果，其中蕴含着他反复申说的"清醒的自省意识"和"边界意识"。更重要的是，这种角色位置和言说方式的选择已不再强调"我们这一代人"的群体性格和精神联系，而是关涉着个体性的精神抉择。"批判"显示了"我"与"时代"关系的态度和立场——它既是政治性的，也是学理性的，然而，如何确立"批判"据以展开的价值尺度，尤其是如何处置基于个体生命体验的终极性价值理想与基于常识和生活实践的价值判断之间的关系，乃是所有"批判的知识分子"面临的内心困扰，甚至是"心灵的劫难"。除了内心的痛苦与彷徨，"批判的知识分子"在当下现实中的尴尬和艰难境遇或许是更直接的。钱理群秉持"自觉地站在边缘位置，用自己的方式，说（关心）时代的中心话题"，从20世纪90年代中期以后，自觉地走出书斋和学院，面向更广大的公众发言，写下大量的思想随笔或如鲁迅所言的"社会批评"和"文明批评"，世纪之交结集的书便有《世纪末的沉思》《压在心上的坟》《学魂重铸》《拒绝遗忘》《六十劫语》《生命的沉湖》等十余部，并拥有超出专业范围以外的读者，这让他感觉"这几年是我的黄金时代"，因为讲话"有人喜欢有人骂"。不过，麻烦也随之而至——对中国教育问题的批判，不仅使钱理群成了"公众人物"，而且"运交华盖"。先是北大百年校庆前后，钱理群积极参与话剧《蔡元培》的演出，

---

① 钱理群：《自说自话：我的选择》，载钱理群：《拒绝遗忘》（修订版），中国大百科全书出版社2009年版，第332—333页。

主编《走进北大》，并发表《校园风景中的永恒》《想起七十六年前的纪念》《北大百年：光荣与耻辱》和《不容抹煞的思想遗产——重谈北大及外校"右派"言论》等引起巨大反响的文章，用他自己的话来说，这些言论使他变成了北大校园里的一只"乌鸦"，于是到 1999 年，北大有人两次出面禁止他在全校学生中作公开的学术讲演和参加学生活动。让他欣慰的是，也正是在这一年，他被学校授予"优秀教学奖"，被学生评选为"最受学生爱戴的十佳教师"之首。如此境遇让他生出无尽的感慨："我确实经常尖锐地批评北大，也不想否认对今日北大的深刻的失望，我也因此被北大的某些人所厌恶，但真正懂得我对北大刻骨铭心的爱，并且支持我的，也是北大人：北大永远是我的精神圣地。"① 紧接着，他对中学语文教育弊端的批评性意见，引起中学语文界权威人士的讨伐，2000 年更演变为全国性的大批判。他对自己越来越成为"公众人物"感到不安、烦躁："我真的经常这样想：我就是我，我是为自己而说话的，为什么要成为某种'代言人'，说人们希望我说的话呢？"② 但他也清楚，作为一个批判的知识分子，这样的命运几乎是注定了的。

无论是讲坛上的教学、书斋里的研究还是直面现实问题的激烈批判，生命的流程之于钱理群，是一种持续的燃烧。在学生眼里，他是一个热忱、可爱的教师；在 20 世纪八九十年代的学术文化界，他是一个有着强烈现实关怀和忧患意识的中国现代文文学史和知识分子精神史研究专家；作为批判的知识分子，他对身处其间的社会巨变进行了艰难的、积极的回应，或许他并不是一个深刻的思想家，但无疑是一个勇敢、真诚的思想者。

"在"而不"属于"两个社会：面向现实的思想言说

如果说，立足于"史的视野和观点"考察中国现代知识分子的精神（特

---

① 钱理群：《生命的沉湖》，生活·读书·新知三联书店 2006 年版，第 194 页。

② 钱理群：《生命的沉湖》，生活·读书·新知三联书店 2006 年版，第 192 页。

别是心理情感）发展轨迹时，钱理群的问题意识尽管源于现实的激发，但他所选择的是带有专业性和学理性的学术语言，那么当他在 1996 年以后将心力更多地投注于社会批判、文化批判与思想启蒙，则不得不针对政治、经济、文化领域内广泛而又具体的现象、议题进行"越界发言"，从而更直接地表明自己的态度和立场、观点和看法。钱理群对中国现实问题的观察与思考，从两个方面展开，一是"中国改革道路的反思"，主要讨论教育、思想文化领域内的问题，将社会失范和整体性精神价值失落视为"当下中国最根本的问题"；一是对 20 世纪 90 年代以来中国知识分子的批判性审视。无论是思想文化的诊断，还是对知识分子灵魂的审视，都同时涉及体制和人（行为和品性），钱理群对每一方面的几乎所有问题，都试图进行社会分析和伦理—心态分析，而这两种分析在方法和价值上的紧张、断裂，显示了他作为一个思想者所承受的"丰富的痛苦"。

钱理群从知识分子群体的角色位置来看待中国社会在 20 世纪八九十年代的一系列变化。执政党"以经济建设为中心"的改革道路必然要向知识分子敞开大门，于是出现了一大批"知识精英""技术精英"和"政治精英"；80 年代末以后，又出现了一批"经济精英"。80 年代的主流知识分子不仅承担着社会启蒙者的角色，而且普遍将西方的现代化道路作为中国现代化的理想模式和未来前景，因而对中国的变革和发展有着不同的诉求、期待和想象，但两个方面的原因使得主流知识分子认同执政党的改革路线：他们认为随着经济的改革、市场经济的发展，就会培育出其他方面改革的基础与基本动力，并将培育市场经济和中产阶层过程中出现的社会不公、腐败等视为发展的代价；此外，相当一部分知识分子原本就有"国师"情结，他们当然不愿意错过进入体制的历史机遇。钱理群认为："一个新的知识分子精英群体的形成与崛起，是90年代最引人注目的现象。"[①]市场化的大潮从经济领域扩及整个社会生活领域，然而"现实生活的无情事实粉碎了80年代关于现代

---

① 钱理群：《我的精神自传》，广西师范大学出版社 2007 年版，第 87 页。

化，关于西方现代化模式的种种神话"①。就经济社会领域而言，伴随着严重的两极分化现象，90 年代以后的中国社会逐渐形成了"以政治、经济、管理、技术精英为阶级基础与群众基础的新模式"②，这一新的社会模式"已造就了一个自上而下的与权力结合在一起的利益集团"③，其中包含了知识分子精英群体，他们广泛分布于政、商、学界。这个利益集团与底层的、处于弱势的普通民众之间，存在着严重的矛盾和冲突。当下的中国社会，一方面，共有制下的人，另一方面，社会生活的物质化、世俗化趋向日益显著，二者共同促成了社会失范和整体性精神价值失落。社会失范的根源"存在于九十年代以来的社会结构当中"，因为新模式中的利益集团，其特征便是"无任何信仰、道德原则，一切都出于利益驱动"。比如欲望泛滥，乃是钱权交易演变为权色交易，进而败坏了整个民族的风气；与此同时，基本生活没有得到保障的底层民众，则存在着严重的性压抑。④ 钱理群又认为，市场化作为西方现代化道路的主要进程之一，其本身便内含着将人的欲望不加限制地诱发出来的负面因素，"欲望的魔一旦被放出来，也很可怕，人们越来越多疯狂追求私欲，人与人之间的冲突不断，无情的利益争夺变得你死我活"——与前述着眼于体制、阶级分析相比较，这种看法将市场化作为诱发人性变异的外部机制，从而更关注人的品性缺失导致的社会失范，即社会道德得以维系的人心中的"怕"和"爱"被突破了，"如果整个民族都无所畏惧，这就病入膏肓了。……我们正面临着这样的严重的民族精神的危机，民族道德的危机，人心的危机……这可能是我们对后代子孙所负欠的最大的债，如果我们不及早偿还，将永远受到良心的谴责！"⑤

教育问题成为钱理群实施社会批判、文化批判的主要案例——作为学院

---

① 钱理群：《生命的沉湖》，生活·读书·新知三联书店 2006 年版，第 4—5 页。
② 钱理群：《生命的沉湖》，生活·读书·新知三联书店 2006 年版，第 222 页。
③ 钱理群：《致青年朋友——钱理群演讲、书信集》，中国长安出版社 2008 年版，第 345 页。
④ 参见钱理群：《我的精神自传》，广西师范大学出版社 2007 年版，第 176 页。
⑤ 钱理群：《我的精神自传》，广西师范大学出版社 2007 年版，第 130 页。

里的知识者，他对自己置身于其中的生存环境有着切肤之痛。在他看来，当下教育体制里掌握了权力（包括学术权力）的人，同样已形成了一个利益集团，他们一切行为的出发点与归宿都是为了维护自己的既得利益。[①] 体制化、官僚化的"旧疾"与市场化、商业化的"新疫"相互缠绕，使教育独立、思想与学术自由这两个"大学教育生命线"被破坏殆尽，知识的实用化（拒绝一切和实用无关的知识）和精神的无操守（拒绝一切精神的追求与坚守），是社会失范时代的实用主义、虚无主义思潮在教育领域的表现和恶果。[②] 钱理群在北大百年诞辰之际偏要激烈地批判"北大失精神"，便是源于他对中国 20 世纪 90 年代大学教育的感受和观察。大学体制里有一整套严密的评价标准、竞争机制和操作程序，"如职称的评定与竞争，学科带头人、人才工程的成员的评定与竞争，硕士点、博士点、重点学科、学术基地的评定与竞争，不同级别的科研项目的评定与竞争，不同级别的评奖的评定与竞争等等"，这套体制使得大学师生中"做戏的虚无党"能够利用体制的力量，最大限度地从中获取自己的利益，因而得到他们主动、半主动的配合。[③] 在钱理群看来，北大这个他所珍视的"精神基地"也不免沦为"一个纯粹的官僚机构"，并在"实利主义教育"的巨大压力下，越来越向"专科化"的方向发展，机构的商业化、官僚化的结果是很少有人真正地（而不是形式主义的）关心科研与教学，最后无可避免地导致了科研与教学的大幅度'滑坡'。"[④] 当年蔡元培所告诫和警惕的"极端之国民教育"和"极端之实利教育"正成为日常的现实，大学已不再是"纯粹研究学问之机关"，而是"养成资格之所"和"贩卖知识之所"。而中小学语文教育在强调知识、技能训练等技术性内容的同时，往往不注重应作为其核心的人文教育——中学语文教育

---

① 参见钱理群：《致青年朋友——钱理群演讲、书信集》，中国长安出版社 2008 年版，第 239 页。
② 参见钱理群：《我的精神自传》，广西师范大学出版社 2007 年版，第 198 页。
③ 参见钱理群：《我的精神自传》，广西师范大学出版社 2007 年版，第 200 页。
④ 钱理群：《校园风景中的永恒》，载钱理群《拒绝遗忘》（修订版），中国大百科全书出版社 2009 年版，第 301 页。

落实到人文教育上时，就是给人建立一种"精神底子"，"这种精神底子应当是浪漫主义和理想主义，即给人的生命一种亮点"，或如别林斯基所言，年轻的时候要敢于做梦。现在的学生由于匮乏人文教育，"过于懂得现实，过早面对世俗丑恶，过早学会世故，这是很可怕的事"①。总之，教育的问题乃是整个社会问题的缩影，教育精神价值失落表明"这是一个消解神圣、消解浪漫、理想的追求，最终要将人的精神也消解殆尽的时代"②。

　　在20世纪八九十年代的中国社会进程中，知识分子扮演了怎样的角色？他们对学术文化、教育领域内出现的现实问题，负有怎样的责任？这是钱理群的社会批判、文化批判始终在追问的问题，对他来说，这同时是对自我的审视，因为"我也在其中"。作为亲历者和见证人，钱理群认为知识分子在80年代的改革开放和90年代以来的市场化大潮中经历了一次巨大的转向：80年代的知识分子——尤其是人文知识分子群体，在前后相继的"思想解放运动"和"启蒙主义运动"中处于"社会中坚"的位置，他们的文化实践不仅推动了中国的经济改革，而且80年代的人文话语对淹没在"群体"（国家、民族、社会）中的"个人"的重新发现、对现代化的想象和期待，塑造了乐观主义的时代氛围，"我们当时以为又一个'五四'时代已经到来"③；而进入90年代以后，一方面，知识分子精英集团随着"专家治国"的政策导向而不断被体制所吸纳，与新形成的利益集团混为一体、难解难分；另一方面，学术文化和教育领域内的知识分子则缩回了象牙塔，"远离现实生活，脱离脚下土地，沉湎于知识名利场和小圈子，自恋、自怜、自闭、自我表演、自我玩弄，几乎成了一种知识分子病"④。90年代初"人文精神"讨论中的一个明显问题是，"知识分子只关心自身的边缘化，而同时发生的中

---

① 钱理群：《语文教育的弊端及背后的教育理念》，载钱理群《拒绝遗忘》（修订版），中国大百科全书出版社2009年版，第344、335页

② 钱理群：《我的精神自传》，广西师范大学出版社2007年版，第114页。

③ 钱理群：《我的精神自传》，广西师范大学出版社2007年版，第148页。

④ 钱理群：《我的精神自传》，广西师范大学出版社2007年版，第162—163页。

国社会严重的两极分化现象却根本没有进入知识分子的视野"①。90年代后期的"自由主义者"和"新左派"吵得昏天黑地，社会根本不予理睬，原因就在于"空谈"，与社会无关。80年代末，当钱理群预感到作为整体的主流知识分子由"社会启蒙者"开始分化之时，曾经怀着巨大的期待：参政、经商的行动型、实践型知识分子通过获取政治、经济上的独立地位，或在体制内或在民间推动制度建设，理论家型的知识分子为时代变革锻造理论武器、为社会提供根本性的价值理想，批判型知识分子肩负起知识分子全体曾承担的重任，以批判作为和现实联系的主要方式和极限，专家型知识分子献身学术建设，从事知识的生产、积淀、传授和传播。无论选择哪一种方式，钱理群坚持认为，知识分子都有其基本职责（他称之为"大前提"）："知识分子不能脱离社会现实，不能放弃应有的社会责任，必须关怀现实，和实际生活，和脚下的土地、土地上的人民，保持精神的联系，必须参与社会变革，建立思想与行动、实践的有机联系。"② 然而，"我常常想，无数次地反省自己：作为知识分子，我们能做什么？对中国社会的发展，能起到什么作用？每想到这些问题，我都非常悲观"③。为什么知识分子会出现这样的问题？钱理群认为固然有社会、体制的原因，但更根本的还是知识分子自身的弱点所致，于是，他从90年代知识分子的"三重状态"入手，审视历史和现实中的知识分子"劣根性"。历史上的中国读书人，其生存处境如鲁迅所言，无非是官的帮忙和帮闲，即统治者所要求读书人的，是"同意""解释""宣传"和"做戏"，中国现代知识分子不仅难以摆脱历史困境，甚至还形成了新的陷阱和危机——成为商的帮忙、帮闲和大众的帮忙、帮闲。从"心理结构"或"文化性格"来看，知识分子的劣根性是长期以来大一统权力结构塑造和知识分子对权力运作的投合、屈从相互交织积淀而成的奴性意识，因此，"中国知识分子的选择，并不总是按生命的内在要求，作

---

① 钱理群：《我的精神自传》，广西师范大学出版社2007年版，第86页。
② 钱理群：《我的精神自传》，广西师范大学出版社2007年版，第164页。
③ 钱理群：《我的精神自传》，广西师范大学出版社2007年版，第95页。

独立选择，而更多包含了自身利害的种种考虑，他们的选择就不能不带着不同程度的投机性"①。

钱理群基于批判的态度面对社会和时代问题，主要通过思想随笔和社会评论所表达的言论，我们所看到的批判知识分子形象，同沉潜到历史深处，用细致的笔触体贴入微地描述知识者心灵世界的钱理群，构成了巨大的反差。在这些社会批判、文化批判的文字中，钱理群关注的是社会问题中的精神现象和主体因素（特别是知识分子的心理结构和行为取向），他试图将当下的思想文化、教育和知识分子所面临的"精神价值危机"置于社会分析的视野之中，即追究问题产生的社会、体制根源，但他并未将这种思路贯彻到底，而是采用从五四人文话语，特别是"国民性批判"衍化而来的"精神史"分析方法。由于这种方法只有在深入具体人物的思想、心理和情感领域之中方能体现其阐释力量（钱理群本人的学术研究便可作为示范），令人遗憾的是，他在思想随笔和社会评论中的心态分析往往变成直截了当的价值性断言和伦理批判。然而，尖锐的批判仅仅是钱理群思想言说的一个面相，仅仅注意及此，对他的理解就会流于简单化，甚至会造成误解，因为他的激愤之中，还包含着尴尬、困惑、焦虑乃至绝望等各种曲折隐微的心理情感趋向，以及"挣扎与反抗"之后的坦然和坚定。在 20 世纪 90 年代以来的时代氛围中进行"社会批判、文化批判与思想启蒙"，对于钱理群以及和他同类的人文知识分子而言，至少感受到双重尴尬。首先是作为批判者的"我"与体制关系中"在"与"不在"的尴尬："既在体制中，当然也就分享了某种利益，同时也无法摆脱与体制的纠缠，但又有着自觉的批判意识，处在边缘位置。"② 几乎所有的中国知识分子，都生活在"单位所有制"的社会结构之中，90 年代以后，经济生活的影响扩及各个社会生活领域并引发剧烈社会分化，知识分子的生活境遇较 80 年代有更大的改善，正如阿城所观察到

---

① 钱理群：《读文有感》，载钱理群：《拒绝遗忘》（修订版），中国大百科全书出版社 2009 年版，第 323—324 页。

② 钱理群：《我的精神自传》，广西师范大学出版社 2007 年版，第 322 页。

的那样，"中国的知识分子其实是既得利益阶层，因为从经济上他们起码享有福利待遇"①。无论是五六十年代的大学生，还是"知青一代"中的知识分子，他们对体制的认同、反叛或"人在体制内挣饭钱，心却是游离的"②，其实是一种内心的选择，具体到个人，便在相似的社会身份、生活境遇中表现为不同的角色意识、社会态度和言说方式。那些在 90 年代唯恐跟不上时代，忙着做官、经商，以各种方式维护、增进既得利益的知识分子，或许根本便无尴尬可言。陈丹青 2000 年回国定居、进入体制之后发现："那些成功者的身上都有另一种表情，关起门来的表情。他根本不跟你争论，他内心牢牢把握另一种真理，深刻的机会主义的真理。"③钱理群选择既在体制内又对体制持批判的态度，则无法摆脱尴尬：一方面，既要抗拒现行旧体制的权力的压制，又要应对仍然沉湎于旧时代的同代人的嫉恨，甚至是千百倍疯狂的压制；另一方面，在一些更年轻的，以"左派""革命"为时尚标签的批判者眼中，钱理群这样的"名教授""既得利益者"的批判是"可疑的，并且更加危险，非打倒不可"④。尴尬还在于，从 80 年代到 90 年代，不仅时代氛围、社会交往方式和人际情感在发生变化，知识界也经历了一场学术转型，我们从部分"八十年代人"（在 80 年代崭露头角的青年作家、艺术家、学者、批评家）对 80 年代的回忆，以及对 90 年代以来中国文化现实的感受和评论中，能看出"八十年代"和"九十年代"之间的鲜明对照。仅以学术转型而言，80 年代的整个氛围具有浓厚的人文气息，活跃在"文化热"中的人物，学术背景大都属于人文科学，文学、学术、艺术等构成一个整体，在精神上有共通性，陈平原认为其特点是"一种理想主义情怀，一种开放的胸襟，既面

---

① 《阿城访谈》，载查建英编著：《八十年代访谈录》，生活·读书·新知三联书店 2006 年版，第 37 页。

② 唐晓峰：《难忘的 1971》，载北岛、李陀主编：《七十年代》，生活·读书·新知三联书店 2009 年版，第 267 页。

③ 《陈丹青访谈》，载查建英编著：《八十年代访谈录》，生活·读书·新知三联书店 2006 年版，第 98 页。

④ 钱理群：《生命的沉湖》，生活·读书·新知三联书店 2006 年版，第 223—224 页。

对本土，也面对西方，还有就是有很明确的社会关怀和问题意识"；而90年代以后的中国是"社会科学家的思路占上风"，"社会科学的兴起，使得人文学者那种理想主义的、文人气很浓的，比较空疏的表达，受到了压抑"①。甘阳甚至认为，80年代形成的"文人批判的传统"——无论是中国历史文化研究者所接续的五四新文化人对国民性的批判，还是现代西学引介运动中所传达的"对现代性的诗意批判"，伴随着启蒙话语的衰落，到九十年代以后实际上已处于边缘位置。②尽管钱理群对包括自己在内的知识分子在80年代的"单纯"和"幻觉"进行了批判性审视，但他在90年代面向社会问题的思想言说，从精神气质到思维方式都与80年代的人文批判思潮紧密相关——既质疑启蒙主义又坚守启蒙的立场，警惕理想主义与专制结合的陷阱，同时强调精神价值的意义，坚持个体精神自由的价值理念。钱理群知道他的言论在当下的世态和学风中是不合时宜的，在给一位研究生的回信里，他说："实际上，我是孤独的。"③

尴尬毕竟只是与外在的生存处境关涉的心理感受，困惑和焦虑则直指"内心的黑暗"。钱理群的困惑来自现实判断和价值选择上的"模糊"，他坦陈："我已经没有能力来解释周围的世界，也没有能力做出明确的判断……实际上我究竟赞成什么，主张什么，自己也想不清楚：我只能说'不应该'这样那样，对'应该'怎样怎样，交的是一张白卷。而且说到底，我对自己的立场与态度也是怀疑的。"④20世纪末的中国正在经历社会、经济、政治、文化、心理等结构的大变动，无论对当下的现实持何种立场和态度，任何一个求知者或观察者，都不得不承认面临着认知上的困境，正如费孝通先生在半个多世纪前所言：

① 《陈平原访谈》，载查建英编著：《八十年代访谈录》，生活·读书·新知三联书店2006年版，第136、142页。
② 参见《甘阳访谈》，载查建英编著：《八十年代访谈录》，生活·读书·新知三联书店2006年版，第239—240页。
③ 钱理群：《致青年朋友——钱理群演讲、书信集》，中国长安出版社2006年版，第238页。
④ 钱理群：《生命的沉湖》，生活·读书·新知三联书店2006年版，第325页。

任何对于中国问题的讨论总难免流于空泛和偏执。空泛，因为中国具有这样长的历史和这样广的幅员，一切归纳出来的结论都有例外，都需要加以限度；偏执，因为当前的中国正在变迁的中程，部分的和片面的观察都不易得到应有的分寸。①

当钱理群主要从"具体的生活实感"而非笼统的概念和理论出发，②认为90年代以来的中国社会已形成资本力量与旧体制下的权力关系相结合，以政治、经济、管理、技术精英为阶级基础与群众基础的新模式，并通过精神生活领域的考察，断言"当下我们正处在一个价值崩溃和混乱的时代"，他同样真切地感受到，"在生活的深处，正在发生着似乎并不起眼，却影响深远的变化"。③作为人文学者，他对政治专制、商业文明造成的精神奴役极为敏感，从而将个体精神自由作为必须坚守的价值底线；与此同时，当杜润生先生提出"农民应成为自由人"，即"使农民变成有完整权利的公民"，钱理群激动地称之为"一个真正的马克思主义者的声音"④，表明公民权利的建立和保障，乃是个体精神自由的制度基础。基于民族精神危机、民族道德危机和人心的危机是"当下中国最根本的问题"这一判断，他认为中国现在最迫切的是"文化的重建"，其核心是"信仰重建"，但他又指出，道德是有高线和底线的，应该有一个弹性，"我们可以提倡圣人道德，但是不能将圣人道德作为一个标准来判断人，特别是不能用这个来审判人"⑤。钱理群更发现，"9·11事件"中他对恐怖事件持批判态度，同时反对美国轰炸阿富汗

---

① 费孝通：《中国社会变迁中的文化症结》，载《费孝通文集》第四卷，团结出版社1999年版，第300页。

② 参见王晓明："导言"，载王晓明主编：《在新意识形态的笼罩下——90年代的文化和文学分析》，江苏人民出版社2000年版，第3页。

③ 钱理群：《读文有感》，载钱理群：《拒绝遗忘》（修订版），中国大百科全书出版社2009年版，第330页。

④ 钱理群：《生命的沉湖》，生活·读书·新知三联书店2006年版，第291页。

⑤ 钱理群：《我的精神自传》，广西师范大学出版社2007年版，第98页。

伤及无辜平民，皆出于"尊重人的生命价值的人道主义立场"，却使自己处于鲁迅所言的"横战"境遇，"我的表达必须是复杂的，因而不免是模糊的，而在中国，就根本不存在这样的表达的语境，于是我终于陷入'失语'、'无言'的状态"①。他甚至感到"批判的无力"和"一种生命的空泛的危机感"。②认知的、情感的、价值选择上的种种困惑相互交织，使钱理群不断陷入内心的焦虑之中，用他的话来说，是"外在的黑暗"转化成了"内心的黑暗"。他悲愤于中国知识分子"咀嚼着身边的小悲欢，而且就看这悲欢为整个世界"（鲁迅语），既无欲求，也无能力回应世纪末的中国现实；他看到改革开放形成的"新模式"中，强势集团、既得利益集团与弱势集团、普通民众之间的冲突和裂痕愈来愈大，作为批判的知识分子，他坚信自己代表的是"公共利益"："中国这块土地，中国农民，普通人民的生活状态，正在发生书斋里很难想象的深刻的变化，也面临着空前复杂而尖锐的问题，而我自己，以及我们许多知识分子，对这些却知之甚少，了解一些，也是失之笼统，更缺乏深切的体验，我们事实上是越来越陌生于脚下这块土地了。"③更深的焦虑在于，历史仿佛又走上"从一个房间进去，从另一个房间出来"的循环之路：80年代的主流知识分子审视旧体制的弊端和"文革"带来的精神创伤，充当社会良知和代言人的角色，以他们关于现代化的想象，影响社会发展方向与具体进程，然而在90年代以来所形成的新模式中，旧的权力关系仍旧盘根错节，知识分子所呼唤的人的独立、自主和尊严并未随着市场化而出现，反而形成了新的奴役形式。这引发了他沉重的自责：对中国改革的这一最后结果，我应付什么责任？无论如何，旧体制塑造了他的知识结构和文化底色，他同时是新模式的亲历者和参与者，他的个体生命戏剧是在这两个社会构筑的舞台背景上演出的，但他的心灵世界里又不时飘动着"异乡人"的游魂，令他"在"而不"属于"两个社会。

---

① 钱理群：《生命的沉湖》，生活·读书·新知三联书店2006年版，第225页。

② 钱理群：《我的精神自传》，广西师范大学出版社2007年版，第344页。

③ 钱理群：《我的精神自传》，广西师范大学出版社2007年版，第371页。

钱理群说自己是"旧体制下成长起来的知识分子",他的青少年时代"生活在一个封闭的,却又充满了信仰、理想、浪漫精神的,制造'乌托邦'的时代文化氛围里"。尽管钱理群经历了从"狂乱的迷信"到"清醒的自省"的思想和心理情感的蜕变,并通过 20 世纪中国知识分子研究,试图从"内在精神"上摆脱旧体制的束缚,但以左翼思潮或革命传统为表征的文化背景,对他的思维和视野,感觉模式和情感模式乃至精神素质,都有不可磨灭的影响;与此同时,在他的学术生涯中,又有着对五四新文化传统和鲁迅思想遗产的理解与认同。作为钱理群"精神支援"的左翼文化、五四传统和鲁迅遗产,以及构成他"永恒的生存记忆"和"最惨痛的人生教训"的"文革"经历,既相互交融、激荡,成为他"内心的光明"之源泉,但更造成了他思想的断裂和价值选择上的紧张。钱理群从中国革命传统中所接受的两个主要观念,一是"强烈的爱国主义、民族主义情感和社会责任感",一是民主主义的社会信念和政治立场,即追求社会平等,站在底层弱势群体一边,将"一个真正属于人民的民主国家"作为政治理想。基于民族主义立场,他认为个体的生存、发展必须与国家、民族的总体目标联系起来,才能实现其价值,"离开了国家、民族的生存发展,追求所谓个人的生存与发展,在现代中国的历史条件下,必然是一种苟活"。[①] 但民主主义立场又使他坚决反对国家至上主义——从内部来看,要求公民无条件地绝对服从国家利益,实际上并不是国家利益至上,而是自称代表国家的某个集团、个人的利益至上;从外部来看,则会导致盲目排外的中华中心主义和排除异己的文化专制主义。基于五四新文化对个性独立和解放的阐扬,特别是鲁迅以个体精神自由为宗旨的"立人"思想,更使钱理群警惕和反思要求牺牲个体精神自由的"国家至上"、"民族至上"的"国家主义"思潮,并重新确认"在追求国家(民族)的独立、统一、富强与民主的同时,要更加自觉地追求人的个体精神独立与自由,并以后者为前提和归宿"。不过,对国家主义和专制主义的批判,并

---

① 钱理群:《心灵的探寻》,上海文艺出版社 1987 年版,第 169 页。

没有使钱理群走向强调个体利益和权利的政治自由主义，强烈的底层关怀、珍视每一个具体生命的人道主义信念和以精神自由为表征的哲理型个人主义取向，以及精神气质上难以抹去的"堂吉诃德气"（"不可救药的理想主义和启蒙主义"），毋宁使钱理群更接近于左翼的立场——他自称是"非正统的、民间的马克思主义者"。可以说，钱理群20世纪90年代后期以来所进行的社会批判和文化批判，便是以民族主义情感、平民立场和民主主义诉求、人道主义信念和个体精神自由取向为价值前提而展开的。然而，钱理群对自己身上两个"自我"的发现，以及他在"批判的知识分子"这一角色位置上挥之不去的内心重负，社会、体制分析和心态、伦理分析在方法论上的难以贯通，表明钱理群在坚守源自不同理论背景的价值前提时，未能将其整合为一个统一的系统。渗透着生命体验的每一种价值选择孤立地看是真切的，合而观之，则如钱理群所言，便显得"模糊"。

　　总之，钱理群20世纪90年代以来的社会批判与文化批判，绝不仅仅是一个启蒙者的言说，而更像是一个背负心灵十字架的思想者的坚守与漂泊。在激烈、尴尬、困惑和焦虑的心理情感中，依然隐藏着他独特的生命体验和"内心的光明"，那或许就是他的精神归途。

第七章 全球化时代的"中国理想图景"：
邓正来的理论建构

邓正来（1956—2013）关于"中国理想图景"的构建，旨在摆脱中国社会科学研究的"移植品格"，推动更能解释和解决中国问题的本土性研究。他对"主体性中国"的呼吁，既包含着"根据中国"的文化自觉，也透露出智性的焦虑——由于对西学的引进和讨论"缺失一种理论之于中国实践的'介入'意识"，中国论者在讨论时便"丢失了当下的'中国'"。围绕"中国人究竟应当生活在何种性质的社会秩序之中"这一根本问题，邓正来广泛汲取现代西方社会思想。但是，怎样区分西学的"移植"与"参照"？如何处理"西方经验"与"中国现实"之间的联系？应通过何种方式或途径使"中国理想图景"逐渐变得具体而丰富？这是邓正来的理论思考本身所开放出来的问题。

一、中国社会科学自主性的反思与实践

"它受到赞扬并饥寒而死"：邓正来的学术旅程

邓正来属 20 世纪八九十年代活跃于大陆学术界的"共和国第三代学人"，他的学术经历与同时代人相比较颇为独特，甚至带有几分"传奇"色彩。

1985 年研究生毕业后，邓正来并未选择在体制内谋一份稳定的职业，而是践履"学在民间"的学术理念——1987 年他成立一家民间的社会科学研究所时，《中国青年报》在头版头条发表的报道称他是"中国第一个学术个体户"。20 世纪 80 年代中后期的学术界和教育界，有所谓"文化热"的

时潮，人文科学和人文学者有极大的影响，此时的邓正来却处于他的第二次学术"闭关"期。在将近七年的时间里（1986—1992），除为两部译著所写的序言之外，邓正来未撰写论文——他受李浩培和王铁崖先生的影响，确立了对学术和知识"执着追问"的精神以及"对学术的敬畏感"，认知到学术研究"绝不是那种'唯理主义'式的凭空创造，而是一种在既有的学术传统中所展开的知识增量和在此一传统之外对之进行反思的工作"。因此，他大量研读法律哲学、政治学、社会学、国际政治学和人类学领域的经典著作，"把这些通过阅读原典而获致的知识与个人对具体研究论题的独立思考相结合"。① 在生命的沉潜状态中，邓正来逐渐确立了自己的研究论题（试图通过学术研究而回答的问题），他称之为"转型时期的中国社会秩序问题"。

> 亦即构成中国转型之基础的三种知识系统（以中国等差结构为归依的文化传统、以全权国家为核心的新传统和百年来因变革而传入的西方文化传统）以及这些知识系统赖以为基的结构性基础，在社会行动者的行动和选择过程中所呈现出来的紧张、冲突和融合；进而在分析和研究这些问题的过程中，透过对转变成"学术性常识"的理论、分析性概念和框架的反思和批判，而建构一种可能解释这些问题的理论分析框架……②

这一次看似缺乏量化成果的学术"闭关"，对邓正来的学术生涯而言却至为重要：通过阅读和思考澄清问题、积累学识，为新的言说方式磨砺心智品格，聚积精神能量。经过 20 世纪 80 年代末的社会震荡，当个体的准备与时代的学术转向相契合时，邓正来仿佛横空出世，以学术组织者和研究者的双重身份，积极参与了 20 世纪 90 年代社会科学的三大运动，即初期的市民

---

① 邓正来：《国家与社会——中国市民社会研究》，四川人民出版社 1997 年版，第 2 页。
② 邓正来：《国家与社会——中国市民社会研究》，四川人民出版社 1997 年版，第 2 页。

社会与国家研究运动、中期的中国学术规范化大讨论和晚期的自由主义理论大讨论，成为大陆知识界"社会科学转向"的倡导者和领军人物之一。在做了十八年的"学术个体户"或"民间学者"之后，邓正来于2003年受聘吉林大学法学院教授，开始"进入体制"，但"依旧保持着对这种体制的批判性态度"，① 以"二不原则"保证自己在学术研究上的独立地位和自由状况："一是在吉林大学工作期间，我不承担任何行政带长的职务；二是我不承担任何实质性的学术带长的职务，只从事指导硕士和博士研究生的工作。"② 此后大约五年间，他发表、出版"全球化时代的中国法律哲学论纲"，初步落实了自己进入体制之后确定的主要目标："推动和积极参与中国法学或中国社会科学的重建运动"。2008年，邓正来又出任复旦大学社会科学高等研究院院长，在这一新的学术平台上从事"根据中国，面向世界"的"新型知识生产机制"之探索。邓正来本人经历了从"学在民间"到"进入体制"的身份转变，但却始终如一地追问他所确立的研究论题，以学术实践活动和学理思考回应时代的变革，使自己的人生方式、学术品格和智性努力"深深地嵌在了中国学术的未来之中。"③ 大致来说，邓正来在中国社会科学传统的重建过程中具有学术史意义的贡献，主要体现在三个方面：首先是构筑旨在推进学术传统之形成和学术评价体系之确立的学术平台，以及围绕中国社会科学自主性问题而展开的知识社会学反思；其次，通过"研究性翻译"，不仅作出了一种严谨治学的示范，而且为中国社会科学的成长提供了丰富的"学术资源"；第三，以转型期中国社会秩序的正当性问题为核心而进行的社会理论和法律—政治哲学思考，在努力澄清"中国化的问题意识"的同时，初步阐述了中国社会科学观照"主体性中国"以及当下世界秩序的"哲学承诺"和研究路径。在邓正来的学术生涯中，这三个方面的努力是同时并进且始终坚

① 邓正来：《我的学术之路与中国社会科学的发展——在受聘西南政法大学名誉教授晚会上的致辞》，《现代法学》2004年第3期。

② 邓正来：《我的学术道路》，《学术界》2007年第5期。

③ 邓正来：《临界：中国青年学者的使命与担当》，《华东政法学院学报》2006年第2期。

持不懈的，其间凝聚着一个知识分子所秉持的生命品格——"拉丁格言曰：'它受到赞扬并饥寒而死（laudatur et aglet）'，然而我却对这种'饥寒'心往不已，并视这种'饥寒'为自己的生命品格之所在。"①

《中国社会科学季刊》：建构富有时代性的学术空间

1992、1993 年之交无疑是中国当代史上的一个"关键时刻"，由邓正来创办、主编的《中国社会科学季刊》（以下简称《季刊》）于 1992 年 11 月在香港出版创刊号，可谓恰逢其时。在题为"以学术直面中国"的创刊词中，邓正来引述康德名言"要敢于运用自己的头脑，这就是启蒙运动的座右铭"，谓《季刊》以"学理自由探索"为基础，"为海内外从事中国社会科学研究的学者提供自由讨论和发表意见的场所"；《季刊》是在中国跨入现代化新进程的氛围中诞生的，"时下的中国更需要倡导的是学理的、理性的，且富有时代性的理论探索"。这篇简短的创刊词是对大陆学界"社会科学转向"之态度和旨趣的自觉表述，它所针对的是激进或情绪化的"牢骚"文字（在20 世纪 80 年代的大陆知识分子群体中，这几乎是一种时尚），也不偏好"不具时代使命感的书斋纯考据之学"。从 1992 年 11 月至 1998 年 8 月，《季刊》共出版 24 期（其中 18、19 期合刊），邓正来在回顾中称这份刊物"在很大程度上浓缩并见证了 1990 年代中国社会科学发展史"②。1994 年底，为推进刚刚兴起的中国学术规范化讨论，邓正来又创办、主编《中国书评》（以下简称《书评》），标举其唯一宗旨是"提升中国社会科学、确立学术批评体系、严格学术规范要求。"《季刊》与《书评》作为"姐妹刊物"，前者重在建构中国社会科学的学术传统，后者着意于培育中国社会科学的学术评价体系，体现了邓正来试图通过"学在民间"的方式重建中国社会科学传统的努力。

---

① 邓正来：《八年作业：哈耶克批判的前提性准备（自序）》，载邓正来：《规则·秩序·无知——关于哈耶克自由主义的研究》，生活·读书·新知三联书店 2004 年版，第 9 页。

② 邓正来：《中国社会科学辑刊》复刊词，载邓正来主编：《中国社会科学辑刊》冬季卷，复旦大学出版社，2008 年 12 月（总第 25 期）。

《季刊》每期均设有"主题研讨""学术专论""海外论坛""学术研究动态""书评"等栏目,从 1995 年开始,又不定期地增设"中国社会科学季刊研究基金论文",其中尤以"主题研讨"最能反映邓正来"以学术直面中国"的意图和取向。前五期(从 1992 年 11 月至 1993 年 11 月)的主题研讨是对当下中国体制改革和社会转变的及时回应:"中国现代化"(创刊号)、"市场与社会主义"(第二期)、"思想解放与改革开放"(第三期)以及为纪念毛泽东百年诞辰而设的"毛泽东与中国百年"(第五期),汇聚了一批著名的"改革派知识分子"对中国市场化实践的思考和制度构想;而"市民社会与中国"(第四期)继创刊号发表的邓正来、景跃进"建构中国的市民社会"一文,揭开了 20 世纪 90 年代中国市民社会研究的热潮。此后各期中,"文明的冲突?"(第七期)、"中国与亚洲地区安全"(第十期),依旧保持了对时政问题的及时反应特点,不过总体风格逐渐趋向以经济学和社会学为基础,对中国社会转型阶段的各种现实现象和问题进行切实的研究。当代中国经济史和经济发展战略、国企和银行体系改革、农村经济制度变迁,成为经济学家们关注的核心论题;中国改革开放以来的社会结构变迁是《季刊》持续关注的另一大论题,中国的农村社会和乡镇变迁、城镇化问题、单位制度、心理和行为方式的嬗变等等,吸引了一大批社会学和人类学者参与讨论。总体来看,《季刊》持续关注的市民社会建构、经济体制改革和社会结构变迁三大论题,较为集中地体现了大陆学界 20 世纪 90 年代"社会科学转向"的学术实践和理论成果。

难能可贵的是,《季刊》将研究领域如此宽广、人数如此众多的学者聚集在一个学术平台上,不计报酬(《季刊》上所有发表的文章均无稿酬)地参与讨论、展示重要的学术成果。20 世纪 90 年代中期,正是《季刊》影响的鼎盛期,邓正来虽名为"香港社会科学研究所所长",但许多人都知道,他蜗居在北京六郎庄的一处简易平房里,以如此"饥寒"的条件奇迹般地建成一个相对自主的学术空间。从学术的形式规范(匿名审稿制、注释体例和参考文献的具体要求)到研究论题,《季刊》对整个中国学界均有积极的回馈；更重要的是，邓正来通过《季刊》（以及《书评》）的学术实践，印证了中国社会科学发展的必由之途："无论是中国社会科学的学术传统的建构，还是中国社会科学的学术评价体系的建构，其要害都在于它们必须源出于学术共同体内部的自觉。换言之，它们必须是通过中国学者自己的努力方能成就的目标。"①

在《季刊》最后出版的两年时间里（1997—1998），市场化进程已然导致中国社会的剧烈分化，知识分子群体不仅对中国改革的进程和走向产生分歧。从主题研讨可以看出，《季刊》的编者对这种局面似乎感到无力和无奈，最后一期的主题研讨是极为单薄的"基础理论研究"，由互不相关的两篇文章（"投资活动中的秩序"和"异化论"）拼凑而成，便匆匆收场了。这个尾声对邓正来而言，或许有一些悲凉，但他有自己的理解和选择：一方面审视中国社会科学自主性缺失的原因，另一方面在生活和学术实践领域继续探索"新型知识生产机制"。

"进入体制"的学术担当

2003 年 3 月，邓正来告别了长达十八年的体制外身份，受聘为吉林大学法学院教授，他称这是"我一生当中最具有意义的一件事"。如前所述，邓正来将保证自己能够继续进行独立而自由的学术研究作为进入大学体制的前提性条件，他的选择与所谓"名份"或待遇无关，而是基于一种自觉的学术担当精神："在长期的思考中我意识到，如果我们试图建构起中国社会科学的学术传统，那么我们就不仅需要每个个人的学术努力，而且也需要有良好的学术制度和评价体系的保障，更需要有一个庞大的学术梯队。再者，如果我们试图形成这样一个庞大的学术梯队，那么我们就需要有自由的学术制度和氛围的保障、需要有良好的知识传承制度的保障以及源源不断的追求知识的年轻学子的保障。显而易见，在当今社会中，唯一能够提供这些保障的

---

① 邓正来：《我的学术之路与中国社会科学的发展》，《现代法学》2004 年第 3 期。

便是大学。"① 邓正来最为看重的是大学中源源不断的年轻学子能够形成学术梯队，亦即布迪厄意义上的"集体性知识者"（Collective intellectual）所组成的独立自主的学术社群。②

除了继续展开对中国知识生产机器的反思与批判、从事庞德《法理学》五卷本的研究性翻译，邓正来恪守"教书育人"的教师身份，即使身患喉癌、哮喘病发作，也坚持给学生上课，实践一种平等的、不受"官本位"影响的师生关系。为了打破学生们知识结构的封闭性，他组织了"小南湖读书小组"这一制度化的学术空间，通过师生之间定期的阅读、思考和讨论，对学术大师和经典著作进行"对话式批判"③，并将思考和讨论成果公开出版。此外，吉林大学理论法学研究中心还为邓正来开设了网上"正来学堂"，使全国各地更多的学子可以参与到由他主持的教学活动和学术研究之中。邓正来说，他从学生们的进步中感受到一种"发自内心的愉悦"——这同他世纪之交独自在"未名斋"中从事哈耶克著作翻译和研究所享受的"寂寞的欢愉"，迥然异趣而又遥相呼应。

2008 年 12 月 5 日，复旦大学社会科学高等研究院正式成立。邓正来作为复旦大学特聘教授担任高研院院长——这是他在吉林大学期间拒绝接受的"学术带长"的职务。对邓正来而言，这是一段新的人生和学术旅程的开始，它意味着近二十年前在体制外创办《中国社会科学季刊》时"以学术直面中国"的理论探索和实践尝试，在新的学术空间中得到延伸与突破。

邓正来始终密切关注中国社会科学的整体状况，将它作为知识社会学研

---

① 邓正来：《我的学术道路》，《学术界》2002 年第 5 期。

② 布迪厄所说的"集体性知识者"，既不是"一名为支配者服务的知识分子"，也不是"当一名独立自主的旧式小生产者，其象征便是固守象牙塔只知演讲授课的教授"，它意味着"知识的生产者们能够首先通过确立自身作为一个群体的独立存在，而成为自主的主体，去影响政治"。参见布迪厄、华康德：《实践与反思——反思社会学导引》，中央编译出版社 1998年版，第 61 页。

③ 吉登斯认为，这种对话式批判是社会理论中卓有成效的概念发展的活力源泉。参见吉登斯：《社会学方法的新规则》，社会科学文献出版社 2003 年版，第 48 页。

究课题进行了系统的反思，而且"思""行"并重，以学术组织者的身份为中国社会科学场域自主性的初步形成作出了重要贡献。从 20 世纪 90 年代中期以来，围绕"中国社会科学自主性何以缺失"这一问题，他分别从学术体制、知识类型和知识分子的"契合"行为三个方面展开反思和批判。在他看来，中国社会科学的自主性包括"国内维度"和"国际维度"，前者指社会科学场域的学术判准是否能够独立于各种世俗权力、独立于经济和政治权威的干预，后者则指中国学界能否摆脱对西方社会科学的"前反思性接受"取向，或者说，中国社会科学场域能否自主于西方社会科学场域的"文化霸权"。邓正来的"制度批判"，主要针对中国社会科学自主性缺失的"国内维度"。他注意到，1978 年以来的中国社会科学尽管一直在强调"学科建设"，但却普遍缺乏社会科学研究必须遵从的学术判准或实质性规则，而是"被社会现象牵着鼻子走"："每当一些对于我们社会、政治或经济具有重要意义的现象或热点问题凸显出来时，总有些论者乐此不疲地紧随其后，不经科学地思考，甚至未经足够的知识准备，就对这些现象进行分析，作为对他们'研究成果'的评价之结果，我们便有了许多这些问题的'专家学者'。更为糟糕的是，社会上因此还出现了一些把自己的地位或重要性与其所研究对象的地位或重要性等而视之的社会科学工作者。"[1] 事实上，1978 年以来各门社会科学的恢复建制是由国家大力推动的，社会科学的学科建设过程固然是在摆脱此前"僵化的意识形态"之束缚，但并不能逃避一定程度上的被支配。邓正来坚持认为，如果不对当代的知识生产机器进行反思和批判，"我们所做的任何改革大学的努力、改革评审规则的努力、改革论著出版体制的努力和改革形式学术规范的努力，等等，都有可能转变成粉饰这台知识生产机器的材料；更令人担忧的是，有可能在自己已经沦为这台知识生产机器之一部分的时候我们对此却毫无意识；更可怕的是，还有可能使这台知识生产机器

---

[1]　邓正来：《关于中国社会科学自主性的思考》，载邓正来主编：《中国学术规范化讨论文选》，中国政法大学出版社 2010 年版，第 398 页。

的生产过程更有效，并使其生产和再生产出来的那种知识具有更大的正当性①。至于中国社会科学自主性缺失的"国际维度"，即中国社会科学知识的"移植"品格，邓正来对市民社会与国家的二元分析框架，尤其是对支配中国法学理论的"西方现代化范式"，都有深入的剖析。无论是"制度批判"，还是"知识批判"，都离不开作为行动者的"学术人"之行为选择：他们与现行学术制度之间的"合谋"，以及在西学引进运动中由"被动者"成为"主动者"。不过，邓正来的"行为批判"并不聚焦于对知识分子心态和品格的道德拷问，他甚至对知识分子的处境抱有"同情性理解"的态度，因为知识分子"没有能力使自己完全摆脱生成他们、成就他们的这种学术体制和这个时代，正如理性不可能完全脱离其生成条件而对这些条件进行彻底的反思和批判一般"。②然而，当那些拥有资格或权力"操作""玩弄"学术制度的知识分子与各式人等之间进行交易性"契合"、致使制度化的学术腐败现象大量滋生之时，邓正来也忍不住诘问："作为中国的知识分子，我们对社会生活'言说'的正当性究竟是什么？"③

　　站在个人的角度上，这些对邓正来都不构成困扰。他当初选择以体制外的身份做学问，主要原因之一就是觉得学术体制和教育体制受到了太多的非学术因素的影响和支配。他也并不满足于做一名独善其身的学者，而是努力开辟学术空间。继《中国社会科学季刊》之后，他又于2002年创办、主编了《中国社会科学评论》，2005年恢复出版《中国书评》辑刊。无论是学术研究还是日常的立身行事，他认为关键是要看"你"如何做：可以不生产学术垃圾，可以实践一种不被官本位扭曲的师生关系，甚至，"在今天的中国这么一个制度安排结构当中，我们有相当多的自由去进行我们的学术研究活动"，因为意识形态的外部性支配"要有效的话，一定要取决于

---

① 邓正来：《序言：知识生产机器的反思与批判》，载邓正来主编：《中国学术规范化讨论文选》，中国政法大学出版社2010年版，第6页。

② 邓正来：《临界：中国青年学者的使命与担当》，《华东政法学院学报》2006年第2期。

③ 邓正来：《对知识分子"契合"关系的反思与批判》，《天津社会科学》2004年第6期。

被支配者的合谋和共谋，否则它是没有效力的"①。边缘化的知识生产方式
在任何时代都始终存在着，从"学在民间"到"进入体制"，邓正来以他的
人生经历表明，做一个自由的学者、坚持一种独立的学者人格并非不可能，
而且也会受到承认乃至尊崇。但是他清楚地意识到，"面对建构中国学术传
统这一整体性任务，个人学术研究再重要也不能构成中国社会科学的学术
传统"，要建构起中国社会科学的学术传统，"不仅需要每个人的学术努力，
而且还需要具有良好的学术制度和评价体系的保障，更需要有学界同仁的
集体性努力"②。因此，主持复旦高研院之于邓正来，可谓一次历史性的机
缘，使他有可能将此前学术活动纳入一个集成性的学术平台："在既有知识
生产机制内部建立一种新型的、更符合知识生产规律、更能促进中国社会
科学自主性之学术建制。"③

　　在回应"中国社会科学需要所谓的'高等研究'吗？"这一问题时，邓
正来强调，设立复旦高研院的目的，并不仅仅是为了复制国外著名高等研究
院（如普林斯顿高等研究院）的运作模式，如打破大学知识体制内部的学科
界域，汇聚各类杰出人才，倡导以问题为导向的基础性、前沿性研究，等
等，更重要的是它还承担着当下中国社会科学发展的特殊使命，即建立"根
据中国"的学术标准、实现"走向世界"的"知识转型"，催生中国特色、
中国风格、中国气派的研究成果。显然，邓正来关于复旦高研院的这一学术
定位与他通过"主体性中国"或"中国理想图景"的理论建构而发出的"知
识宣言"有紧密关联，同其他高等研院相比较，复旦高研院最大的特色是倡
导以中国问题为中心的基础性、前沿性纯学术研究，"直面中国文化与政治
需求、直面中国经验、直面中国当下实践"。从具体的学术建制来看，复旦

---

① 邓正来：《我的学术之路与中国社会科学的发展》，《现代法学》2004年第3期。

② 邓正来：《临界：中国青年学者的使命与担当》，《华东政法学院学报》2006年第2期。

③ 邓正来：《迈向中国学术规范化的第三阶段：从对知识生产机器的批判到新型知识生产机制
　的建构》，载邓正来主编：《中国学术规范化讨论文选》，中国政法大学出版社2010年版，
　第2页。

高研院聘请了一大批国内外著名学者担任专职教授和兼职教授，以这些成员为主体举办常规性的学术论坛"双周学术论坛：中国深度研究"和"社会科学高级论坛"，意在"强化学术研究中的中国问题意识，重新审视西方社会科学理论之于中国问题的解释力与有效性，努力地开拓出真正属于我们这个时代的大问题"。其次，专门为培养青年学者设立了"'中国深度研究'跨学科学术工作坊""社会科学暑期高级讲习班"和"通业青年讲坛"。工作坊通过项目申报、初审、现场答辩等严格的学术程序，每年资助国内青年学人的研究；讲习班由学术委员会从报名者中按照纯粹的学术标准经过匿名评审择优录取青年人才，每次二十余名，由海内外著名学者任主讲教授；讲坛则每月举办一次，每次邀请3—4名青年学者主讲。复旦高研院第三项重要的学术建制是将《中国社会科学季刊》复刊作为该院的院刊，更名为《中国社会科学辑刊》，其中的主题研讨更突出中国化的问题意识，从已出版的第25至31期来看，分别为"中国深度研究""重新发现中国"和"主体性中国"。与此相配合的学术平台，还有由邓正来主编的《复旦政治哲学评论》和英文版《当代中国发展论丛》等。

复旦高研院已受到海内外学人的广泛关注。邓正来和他的同人们会通过学术制度的创新，使中国社会科学的自主性真正建立起来吗？病魔过早地夺去了他的生命，让正在进行中的学术事业突然中断了。然而，邓正来已作为一个典范，实现了他学术人生的超越。

二、何谓全球化时代的"中国理想图景"？

在个人学术研究方面，邓正来倾注精力最多的是建构全球化时代的中国法律哲学。从邓正来本人所倡导的"知识—法学"研究路径来看，作为整体的中国法学长期以来一直受着"西方现代化范式"的支配，即"在对西方现代化理论或现代法制／法治发展的结果不加质疑、不予反思和不加批判的情形下便将西方现代法制／法治发展的各种结果视作中国法律／法制发展的当然前提"。① 其结果是，"在整体上讲，中国学术在当下中国的发展过程中对某种未加反思和批判的'移植'入中国的社会秩序施加了一种为人们所忽略的扭曲性或固化性的支配力量"②，进而遮蔽甚至扭曲了中国的现实结构或中国的现实问题，因此，"这是一个没有中国自己理想图景的法学时代"。③ 基于对中国法学理论乃至中国社会科学领域"现代化范式"的批判性认知，邓正来对中国当下的知识生产状况并不乐观，他认为"中国社会科学或者一般意义上的社会科学正处于深刻的危机之中"。④ 当然，正如汉语"危机"一词所表示的那样，"危"中总蕴含着"机"——在邓正来看来，中国社会科学正面临着"知识转型"的时刻，通过对既有知识类型和知识生产机器的批判性研究，揭示隐含在知识生产和再生产过程中的各种社会条件或权力关系，便有可能"开放出更多元的知识生产方式"。大约从 2004 至 2008 年期间，邓正来在两部学术著作《中国法学向何处去》和《谁之全球化？何种法哲学？》中以大部分篇章对中国法学进行反思和批判。前一书里，邓正来详尽剖析了 1978 年以来中国法学界具有重要影响的四种理论模式——以张文显为代表的"权利本位论"、以部门法论者为主力的"法条主义"、梁治平的"法律文化论"和苏力的"本土资源论"，指出这四种很不相同甚至彼此冲突的理论模式都未能摆脱隐含在西方现代化范式中的"规范性信念"的支配。在后一书里，邓正来对中国法学界的"全球化辩论"进行反思和批判，认为其最大的缺点是没有将全球化问题本身"问题化"。⑤ 邓正来针对中国法学理论的知识社会学批判，与他在 20 世纪 90 年

---

① 邓正来：《中国法学向何处去》，商务印书馆 2006 年版，第 78 页。

② 邓正来：《中国法学向何处去》，商务印书馆 2006 年版，第 241 页。

③ 邓正来：《中国法学向何处去》，商务印书馆 2006 年版，第 2 页。

④ 邓正来：《序言：知识生产机器的反思与批判——迈向中国学术规范化讨论的第二阶段》，载邓正来主编：《中国学术规范化讨论文选》，中国政法大学出版社 2010 年版，第 5 页。

⑤ 参见邓正来：《谁之全球化？何种法哲学？》，商务印书馆 2008 年版，第 208—210 页。

代对中国市民社会研究的知识社会学反思是一脉相承的,[①] 他在这一方面的努力乃是要逐渐改变中国社会科学的"移植品格",在学术上确立"主体性的中国"。

正如邓正来所言,他对中国法学的反思和批判只是对中国当代学术进行反思和批判的一个具体个案,"它也可以被视为我对中国未来命运予以关注的一个具体个案"。因为全球化时代的中国法学之建构,在根本上乃是以一种自主的方式重新定义"中国"之努力的一部分,至少是开始要求根据中国本身定义"中国"并建构"中国理想图景"的开始。[②] 由此出发,邓正来阐述了据以建构其法律哲学的三个核心概念:"开放性全球化观""世界结构中的中国"和"中国法律理想图景"。"开放性全球化观"认为,当下的全球化具有三个特点:首先,这是一种国际化与全球化并存且互动的过程,表现在法律上,即是一种从"国家法律一元化"走向以地方、国家和全球为结构的"国家与非国家法律多元化"的进程;其次,当下的全球化是一种充满异质或矛盾的"复数"全球化,一种复杂的和非连续性的过程;更要紧的是,当下的全球化乃是一种主观且可变的历史过程,是一种特定主观思潮对之进行建构之后的产物,故而在很大程度上属于一个可逆且不确定的进程。邓正来甚至认为,全球化或法律全球化"基本上是一个话语问题","是我们将透过

---

① 20 世纪 90 年代初,邓正来和景跃进提出中国市民社会与国家之间的"良性互动"说,从理论上回应自晚清开始的中国政治和社会转型面临的"结构性困境":"政治变革导致权威的合法性危机,进而引起社会结构的解体、普遍的失范、甚或国家的分裂,作为对这种失序状态的回应和补救,政治结构往往向传统回归,借用军事力量并利用原有的或改造过的象征性符号系统来解决合法性危机的问题,又使政治转型胎死腹中"。尽管对转型期中国市民社会的建构包含着对当下现实进程的认识和期待,但邓正来在 1994 年发表的文章中就已经开始自觉反思市民社会与国家的二元分析框架,认为支配中国市民社会研究的"现代化框架",表明了中国论者的思想框架或思维模式具有对西方历史经验和知识传统的"前反思性接受"倾向,在中国的现实经验与西方的概念之间作简单的比附。参见邓正来:《国家与社会——中国市民社会研究》,四川人民出版社 1997 年版,第 2、13、86—87、90、93—98、133—134 页。

② 参见邓正来:《我的学术道路》,《学术界》2007 年第 5 期。

何种视角去查审当下全球化进程及其方向的问题"。① 在经过对全球化问题的"问题化"处理而形成"开放性全球化观"的基础上，邓正来重点分析了全球化时代世界结构的特征及其对中国现实结构或现实问题的影响。他引述吉登斯、贝克等社会理论家阐释的"第一现代世界"和"第二现代世界"概念,② 对"现代化"时代的世界结构与后冷战时代的世界结构之于中国的不同意义作了分疏："第一现代世界"及其结构所生成的"现代化思维方式"对于中国发展的支配性影响，取决于中国知识分子在这种"支配"过程中与"支配者"的"共谋"，换言之，西方的现代化范式对于中国来说只具有一种示范性的意义；而后冷战时代的世界结构由于全球化的建构而形成了一个"第二现代世界"（贝克称之为"全球风险社会"），致使其本身发生了根本性的变化，而中国经由加入 WTO 等国际组织而进入当下的世界结构之中（对中国来说，这才是"三千年未有之真正的大变局"，)③ 此世界结构支配的实效所依凭的是被纳入或"裹挟进"这场"世界游戏"的中国对其所提供的规则或制度安排的承认，故这种支配乃是结构性的或强制性的，而不论中国是否与之进行"共谋"。然而，中国在承诺遵守世界结构规则的同时，也获致了对这种世界结构的正当性或者那些普遍性价值进行发言的资格，更隐含着中国由此获致了参与修改或参与制定世界结构规则的资格，因此，有关中国参与其间的世界结构的讨论，实质上是"有关世界结构之国家政制的法律哲学或政治哲学的问题"④。依邓正来之见，全球化时代的世界结构的双重特性（它不仅是由中心—边缘结构构成的）实际上对中国的发展构成了双重强制，即它为中国的发展引入了两个外部性的"未来"——以第一现代世界为支撑的"现实的未来"和以第二现代世界为支撑的"虚拟的未来"，尽管这种双重强制是以"中国自身在当下所展开的实际进程"为依凭的。这就意味着，我们不

---

① 邓正来：《谁之全球化？何种法哲学？》，商务印书馆 2008 年版，第 182 页。

② 参见邓正来：《谁之全球化？何种法哲学？》，商务印书馆 2008 年版，第 234—240 页。

③ 邓正来：《谁之全球化？何种法哲学？》，商务印书馆 2008 年版，第 228 页。

④ 邓正来：《谁之全球化？何种法哲学？》，商务印书馆 2008 年版，第 15 页。

得不从一种"共时性"的视角去看待或审视中国的问题，因为在实践中，决定中国当下行为的不仅是中国过去所形成的历史性经验，而且还将包括"现实的未来"和"虚拟的未来"。① 然而，在建构和采用"共时性"视角的同时，还必须对这种视角本身进行反思和批判，否则对当下世界结构之既有规则的完全遵从以及对其间的支配、强制关系的彻底承认"将意味着中国失去自己的未来，因为它已经被规定了"。问题是，中国究竟根据什么去反思和批判当下的世界结构？与此紧密相关的是，中国是否拥有、如何拥有中国自己的作为行为和想象之出发点的"理想图景"？邓正来的看法是，全球化时代中国法律哲学或政治哲学的基本使命，在于根据"关系性的视角"形成一种根据中国的中国观和世界观（"世界结构下的中国观"），并根据这种中国观——它是"主体性中国"的核心所在，以一种主动的姿态参与世界结构的重构进程。② 由此可见，邓正来有关全球化时代中国法律哲学的建构，不仅是确立中国社会科学自主性的知识品格，更是探寻"中国之于思想上的主体性"的一种努力。

> 在当下的世界结构中，我们的思想要开始"说话"，但绝不是以一种简单的方式说"不"，而是要在思想的"说话"中显示中国自己的"理想图景"，亦即我们据以形成我们共同记忆的"理想图景"，我们据以生成出对中国之认同的"理想图景"，以及我们想象中国未来的"理想图景"。③

---

① 邓正来：《谁之全球化? 何种法哲学?》，商务印书馆 2008 年版，第 246—247 页。按，所谓"虚拟的未来"，源自贝克和吉登斯的论说。在贝克看来，第二现代世界乃是一个全球性的风险社会，但其中的风险带有"人为制造出来的不确定性"，面对各种大规模的风险（如生态破坏和大规模杀伤性武器引发的威胁），科学理性变得无能为力了。参见贝克：《风险社会》，译林出版社 2004 年版，第 20 页。又参见吉登斯：《现代性的后果》，译林出版社 2000 年版，第 118 页。

② 参见邓正来：《谁之全球化? 何种法哲学?》，商务印书馆 2008 年版，第 251 页。

③ 邓正来：《中国法学向何处去》，商务印书馆 2006 年版，第 22—23 页。

"中国理想图景"或"主体性中国"论纲，是邓正来通过知识社会学批判和政治—法律哲学建构，以摆脱因西方知识引进运动而形成的中国社会科学之"移植"品格，确立中国社会科学自主性的自觉努力。同时，这也是他围绕"转型时期的中国社会秩序问题"，继 20 世纪 90 年代初阐述中国市民社会与国家"良性互动"说之后①，再度思考"中国人究竟应当生活在何种性质的社会秩序之中"——它既是对邓正来长久以来挥之不去的"内心困惑"的回应，又是中国社会科学在当下必须承担的理论使命。他将这一努力称之为"知识宣言"："我认为，我们应当努力在'世界结构的知识社会学'的基础上，在对此前各世纪法理学的反思和否思的基础上并在中国立场的基础上建构一种'世界结构的法理学范式'或'世界结构的中国法学学派'，并由此形成我们在此一特定时空中对人类法律制度与社会秩序的新认识。"并说，他的知识宣言是由"世纪之交"这一时间性因素所载承的社会、经济、政治及文化的演化，这些演化之于中国的意义的认识，以及隐含于其间的"想象的混合体"所决定的。② 无论他个人的理论建构存在多少失误或缺陷，但他的思考本身所开放出来的一系列问题（"问题束"）却是极为重要的，它不仅能够激发中国民众"思考和追究我们自己的根本生活状态之正当性"，而且为中国发展研究论者探寻"公共领域中基本伦理原则"指明了一个可预的方向。

三、中国现代转型中的历史经验和文化记忆

正如邓正来本人所言，他对"中国法律理想图景"所采用的是一种"否定性"的定义方式：它不是"西方法律理想图景"；作为高于现行法律制度／

---

① 中国市民社会与国家之间"良性互动"说的提出，包含着对当下现实进程的认识和想象、批判和期待，市民社会的成长与经济市场化和政治民主化之间的内在关联，正如邓正来在后来的反思中所言，受到西方历史经验和自由主义知识传统（亦即"现代化框架"）的支配。

② 参见邓正来：《谁之全球化？何种法哲学？》，商务印书馆 2008 年版，第 198 页。

法律秩序的原则，它也不是发展主义意识形态下的各种物质性状态。邓正来从肯定性角度对此所作的阐述则是高度抽象的，比如，邓正来强调法律不只是一种中立的技术或实践，而是一种"政治工具"，是为"中国人共享一种更有德性、更有品格和更令人满意的生活"而服务的；"中国法律理想图景"乃是一种有关中国社会秩序之合法性的"中国自然法"，其中包含着对人之基本价值的普世性所做的一种"弱势"承认，因为"人之基本价值的普世性必须受到特定时空之序列的限定"①。依照邓正来所主张的两项"知识铁律"——"有关知识传统与增量的关系的铁律"，以及"有关知识限度与批判的关系的铁律"，邓正来实际上已经在"邀请批判"：他据以形成其"理想图景"的学术资源是什么？他通过怎样的知识脉络展开论述过程？"理想图景"何以是高度抽象的？应通过怎样的方式或途径使"理想图景"逐渐变得具体而丰富？

邓正来的知识社会学批判和政治—法律哲学建构所依据的学术思想资源极为繁复，仅从社会理论这一知识脉络来看，便涉及布迪厄、沃勒斯坦、哈贝马斯、罗尔斯、吉登斯、贝克和哈耶克等当代西方著名社会理论家和政治哲学家的思想。可以说，除了鲍曼之外，邓正来的学术研究和理论建构同当代西方最具影响的社会思想传统之间均建立了"对话式批判"的关系，而且他所阐述的核心观点或理论命题，都是他按照自己设定的问题意识，将前述诸家的某些论述作为"知识参照框架"，进行了广泛的汲取：他对人类社会秩序的型构及其正当性的基本见解，作为社会理论方法论原则的"知识系统"与特定社会秩序及制度间的互动关系，以及知识社会学批判的"知识论基础"，主要是受布迪厄社会理论的影响，又有源自哈耶克、沃勒斯坦乃至批判法学理论等多种成分；他在现代化时代与全球化时代、工业社会与风险社会、第一现代世界与第二现代世界、冷战时代及以前的世界结构与后冷战时代的世界结构等范畴之间所进行的区分，几乎是"前

---

① 邓正来：《中国法学向何处去》，商务印书馆 2006 年版，第 6 页。

反思性"地接受了吉登斯、贝克的看法；他关于"中国法律理想图景"经由"重叠共识"的"反思平衡"过程得以形成、中国凭借其"理想图景"参与重构或重塑全球化时代世界结构的秩序和规则的设想，显而易见是来自同属"康德主义的平等的普遍主义"这一理论"家族"成员罗尔斯、哈贝马斯和戴维·赫尔德的影响。由此自然就会出现两个问题：邓正来意在建立"中国之于思想上的主体性"的努力，在多大程度上摆脱了他一直反思和批判的中国社会科学之"移植"品格？他对各有其"哲学承诺或哲学担当"（philosophical commitment）的社会思想流派进行广泛吸取之时，对于他视为"知识参照框架"的各种论说之间的紧张是否有足够的理论自觉？关于前一个问题，邓正来本人有过说明："作为一种知识类型，社会科学在中国的发展不仅是相当晚近的事情，而且还在发展的过程中蒙遭了各种阻碍或打击，而最为重要的则是这种知识类型的发展在中国不具有传统上的知识资源可以支撑"[①]。因此，邓正来不仅是"靠翻译起家的"，而且研究性翻译贯穿他的学术生涯，尤以对哈耶克著作的翻译和深度研究享誉学界，甚至被称为"近 20 年来我国西学译介工作中最重要的代表人物"[②]。既然回到由经典构成的学术传统之中才能知道我们知识工作的性质和方向，而社会科学这种知识类型最深厚的学术传统又是在西方形成和发展起来的，邓正来有关转型时期中国社会秩序问题的理论思考在学术资源上择取西方社会思想，可以说是无法避免的。邓正来将"百年来因变革而传入的西方文化传统"视为构成中国转型进程之基础的三大知识系统之一，如梁治平所言："从思想史的角度看，当代西方政治哲学的言说传统早已成为中国知识界的一种重要思想资源，在当下有关政治、经济与社会发展的许多重大议题中或隐或显，有着不可替代的作用。……尽管中国当下的问题自有其特殊性，但它们同时也是历史上尤其是当代人类社会问题中的一部分，因此也展现

---

① 邓正来：《我的学术道路》，《学术界》2007 年第 5 期。

② 邓正来：《我的学术之路与中国社会科学的发展》，《现代法学》2004 年第 3 期。

了人类境遇与经验的某些共通性。正是这种共通性为观念的传播、思想的借鉴、制度的移植乃至于文明的长成预备了丰沃的土壤"①。西学和西方发展经验的参照系,对于中国社会科学的发展和中国社会转型的探索,无疑具有重要意义。邓正来所批判的中国社会科学"移植"品格,所针对的是对西学的引进和讨论"缺失一种理论之于中国实践的'介入'意识——讨论的问题是西方论者根据西方情势建构的问题,由于"忽视了西方论者关于社会秩序之性质的讨论本身是具有时空限度的",中国的论者在讨论时便"丢失了当下的'中国'"②。不过,当邓正来一方面主张"知识是无国界的",另一方面在建构中国自身的理想图景时又在"西方的经验"与"中国的现实"之间作出二元式的截然区分,③ 表明中国学者依旧在处理西学"移植"与"参照"的关系问题上有着挥之不去的困扰。

至于对各种"知识参照框架"之间的紧张是否有足够的理论自觉,可以说邓正来并不敏感。尽管对哈耶克自由主义的理论脉络作了深入研究,但邓正来的旨趣最终是要"对哈耶克这一脉理论中所存在的一些基本问题或开放出来的问题进行检讨和批判",他对主导当下"全球治理"规则的新自由主义意识形态也持批判态度,故除"理性有限性"这一观点之外,哈耶克的思想对邓正来的社会理论建构殊少影响,罗尔斯的情况与此相类似。④ 布迪厄、

---

① 梁治平:《导言》,载《转型期的社会公正:问题与前景》,生活·读书·新知三联书店 2010年版,第 2 页。

② 邓正来:《中国法学向何处去》,商务印书馆 2006 年版,第 262 页。

③ 邓正来:《中国法学向何处去》,商务印书馆 2006 年版,第 5 页。

④ 邓正来对康德至罗尔斯一脉自由主义理论的研究,尚未展开。不过,在哈耶克自由主义理论的研究中,"当代自由主义与'社群主义'的论争"部分曾对罗尔斯的义务论伦理学有所评述(参见邓正来:《规则·秩序·无知——关于哈耶克自由主义的研究》,生活·读书·新知三联书店 2004 年版,第 13、91、93—97、117 页)。在邓正来看来,罗尔斯依据对人性和社会性质的虚构性解释而论证的社会正义原则,使他无法对社群主义的挑战做出根本的回答。对于罗尔斯 20 世纪 90 年代以来将其正义论自由主义政治哲学运用于国际政治问题而形成的"虚拟对话的普遍主义",邓正来也持质疑态度(参见邓正来:《谁之全球化?何种法哲学?》,商务印书馆 2008 年版,第 245 页)。

沃勒斯坦、哈贝马斯和吉登斯的思想都与西方的左翼批判思潮有密切联系，但他们各自的价值理念和具体的政治立场有很大差异。① 邓正来对其学术资源所存在的理论不自觉，从他关于人类社会秩序的型构及其正当性的基本见解中便可以看出：

> 知识不仅在人与自然的关系中以及人与人的日常生活中具有某种支配性的力量，而且在特定的情势中还会具有一种赋予它所解释、认识甚或描述的对象以某种正当性的力量，而不论这种性质是扭曲性质的，还是固化性质的。这意味着，那些所谓"正当的"社会秩序及其制度，其本身也许并不具有比其他社会秩序及其制度更正当的品格，而有可能是透过权力或经济力量的运作，更是通过我们不断运用知识对之进行诠释而获致这种正当性的。②

邓正来的见解中包含了几个重要观点：知识对社会秩序及制度的型构

---

① 布迪厄"一直坚持站在法国各种政治思潮中的左翼一边"，但他介入政治领域的方式不同于萨特等左翼知识者，他从思想观念到政治立场都深受福柯的影响，显示出对组织依附的不信任（参见布迪厄、华康德：《实践与反思——反思社会学导引》，中央编译出版社1998年版，第56—57页）。沃勒斯坦对16世纪以来资本主义世界经济体系运作机制的分析，不仅深受马克思的影响，而且由于他对世界体系演进趋势的期望（"社会主义世界政府"的形成）以及所怀抱的平等、自由的价值理念，在西方学术界被视为"新左派"学者或"新马克思主义"学者（参见沃勒斯坦：《现代世界体系》第1卷，高等教育出版社1998年版，第10、384页）。吉登斯关于行动与结构关系的见解，以及现代性制度维度的分析，吸收了马克思的见解，他的"乌托邦现实主义"政治理论，也可以看作是社会民主主义在当代的一种表述方式。至于哈贝马斯，尽管半个世纪以来他的研究论题和思想倾向经历了复杂的演变——1968年事件是一个分水岭，此前的哈贝马斯思想与法兰克福学派有密切关联，20世纪70年代以后，他通过交往理性和商谈伦理的建构，逐渐与左翼思潮疏离，他对罗尔斯的如下评论其实也是夫子自道：罗尔斯是在"对他所捍卫的具体制度和原则作一种意识形态的批判"（转引自万俊人：《政治自由主义的现代建构》，参见罗尔斯：《政治自由主义》附录，译林出版社2011年版，第617页）。
② 邓正来：《规则·秩序·无知——关于哈耶克自由主义的研究》，生活·读书·新知三联书店2004年版，"自序"第6页。

具有支配性力量；社会秩序正当性经由权力或经济力量的运作，更重要的是知识的正当性赋予力量而获致；知识对于特定秩序及制度的正当性赋予，其实质是对现实本身的扭曲或固化（遮蔽），而这是以知识的"批判"本性之丧失为代价的。第一点是对社会秩序如何构成的判定，它所回应的是社会秩序的基本问题，即"社会关系中的什么因素使得有组织的群体生活有了可能"[①]。强调"知识系统"而非经济、技术或其他社会因素对社会秩序的"支配"作用，在哲学和社会理论中属于观念论（idealism）传统，具体而言，邓正来的这一观点受到批判法学理论和布迪厄的影响。他认同批判法学理论关于社会世界"非实体化"的看法："社会生活不是一种客体，不是某种展现在我们面前的东西，而是由人们建构起来的东西"，因此，"法律在很大程度上是人们（当然包括法学家）有关人们应当如何生活或者人们应当生活在何种性质的社会秩序之中的政治观点的产物，更是在于法学家可以在法律'物化'或'客观化'的外衣下向法律'偷偷地'运送自己的某种有关人们应当如何生活或者人们应当生活在何种性质的社会秩序之中的政治主张"[②]。除批判法学理论之外，布迪厄所提供的知识资源或许是关键性的——他创制出一套相互关联的分析概念，如"资本""场域""空间""位置""惯习"等等，以此揭示"社会世界"中种种复杂的关系、结构和动力。在布迪厄的社会理论所刻画的社会生活图景中，各个分立的场域内部，以及域场之间都是冲突和竞争的空间，场域参与者（秉承了特定惯习或性情倾向系统的社会行动者）展开竞争，以增加或维持他们的资本，或通过竞争去改变这种竞争的既有规则。布迪厄还认为，在诸社会场域中，权力场域处于"元场域"的地位，它不仅在某种程度上涵盖了其他场域，而且还对其他场域具有支配性的力量，对某一特定场域的认知，都必须分析它与

---

① 昂格尔：《现代社会中的法律》，译林出版社 2001 年版，第 22 页。

② 邓正来：《谁之全球化？何种法哲学？》，商务印书馆 2008 年版，第 111—112 页。

权力场域相对的位置。① 在布迪厄看似精巧的社会理论中，权力范畴如同在福柯那里一样，因其无处不在的扩散或弥漫，反而使其实体化的暴力特征逐渐变得面目模糊，似乎"象征性暴力"（话语权力）才是根本性的权力。再经过"资本垄断"与"权威垄断"之间的相互转换，社会生活秩序被化约为各种话语权力"争议与冲突"的结果，由于这种争议与冲突是无休止的，任何一种社会秩序及制度无非是"权力竞技场"中种种社会关系的暂时性聚合或动态平衡的产物，社会秩序及制度的正当性则通过符号资本的垄断或合法权威的确立而得以实现。

以邓正来对布迪厄和沃勒斯坦社会理论的汲取而言，可以看出邓正来对各种"知识参照框架"之间的紧张尚缺乏足够的理论自觉。邓正来不仅在社会科学场域的自主性问题上采用布迪厄的看法，而且他关于法律哲学的论述也受布迪厄社会理论的影响，如认为全球化问题"并不只是一个事实性问题，而更是一个话语的问题"；既指出"全球治理规制乃是以西方大国为主导的世界权力结构为基础的，因此如果我们要改变当下的全球治理规制，那么我们必须首先变革这个世界权力结构"，又将中国在全球治理框架中重构或重塑全球化进程及其方向的关键设定为中国是否拥有"理想图景"；② 等等。但与此同时，邓正来对世界结构的形成及其性质的阐述，又以沃勒斯坦的观点为依据。在沃勒斯坦的"世界体系理论"看来，源于 16 世纪的"世界经济"的基本逻辑是不平等地分配积累起来的剩余产品，其变化进程中存在着"中心化过程"和"边缘化过程"，在前一过程中，一些国家在几个地区不断地垄断商品并利用国家机器在世界经济中使其利润最大化，后一过程则是一些国家在世界经济中因不太先进的技术且使用大量的劳动力而成为边缘国家；与这种经济两极化相对应的是政治两极化，即在中心地区出现了强国，而

---

① 邓正来对布迪厄社会理论的评述，参见《关于中国社会科学自主性的思考》一文注释 [5]、[6]、[7]、[8]、[18]、[26]、[43]，载邓正来主编：《中国学术规范化讨论文选》，中国政法大学出版社 2010 年版，第 395—399、402—403 页。

② 参见邓正来：《谁之全球化？何种法哲学？》，商务印书馆 2008 年版，第 191—192 页。

在边缘地区则出现了弱国。① 显然，沃勒斯坦是将秩序及其运作过程中的权力支配关系建立在经济关系的基础上，而且他对世界经济体系的经验描述和历史分析带有马克思政治经济学批判的价值指向，其理论逻辑属唯物论的传统。也就是说，布迪厄和沃勒斯坦关于社会世界的建构，尽管在支配关系上有相似的看法，但其理论依据和价值前提是判然有别的，而邓正来只是将两人的观点视为"知识参照框架"或概念工具加以吸收，这体现了他的理论不自觉。在反思中国法学研究不关注学术传统或理论脉络时，邓正来曾指出，许多论者同时引述卢梭、亚当·斯密、哈耶克的观点支持自己对"自由"的论证，而无视这些人的观点在基本的哲学维度上乃是相互冲突因而分属于不同甚或完全对立的哲学理论脉络，"因此，那些被我们引证来的观点因为信奉不同的哲学观而使得我们关于自由的讨论从一开始就隐含了一种内在的紧张或冲突。……虽说我们煞有介事地引证了众多不同论者的观点来支援我们自己关于某个问题的看法，但是我们自己实际上却是不知道自己在何种学术脉络或哲学传统中发言的，换言之，我们实际上是在学术传统之外进行言说的"②。邓正来本人的法律哲学建构是一项严肃而艰苦的理论工作，与那些仅对西方社会科学持"消费"态度的论者不可同日而语，但他的"主体性中国"论纲亦存在学术资源繁复而理论脉络不甚清晰的问题。

对"中国之于思想上的主体性"这一论题的确立而言，比理论自觉更重要也更紧迫的是价值理念的重构。中国的制度转型，即"探寻一条从当下的中国角度来看更为可欲和正当的道路或者一种更为可欲和正当的社会秩序"，首先是一个国家建设和亿万民众生活实践的问题，而不是一个单

---

① 邓正来对沃勒斯坦的观点作了多次转述，参见邓正来：《中国社会科学的再思考——学科与国家的迷思》，载邓正来主编：《中国学术规范化讨论文选》，中国政法大学出版社 2010 年版，第 412 页；《中国法学向何处去》，商务印书馆 2006 年版，第 11—12 页；《谁之全球化？何种法哲学?》，商务印书馆 2008 年版，第 214—216 页。

② 邓正来：《学术自主性与中国法学研究》，载邓正来主编：《中国学术规范化讨论文选》，中国政法大学出版社 2010 年版，第 506 页。

靠哲学就能解决的问题，如罗尔斯所言，在形成社会统一的政治价值基础的过程中，"哲学只能帮助我们，给我们提供批评性判断和明智判断的政治学原则"①。邓正来在提出"中国理想图景"这一价值命题时，明智地强调不能将其视为某种本质性的、唯一正确的、超越时空的实体性理念，对"中国理想图景"是否可能以及如何达致的思考，一方面，要通过对中国的现实生活做"问题化"的理论处理，亦即从"共时性视角"和"关系性视角"把握"世界结构中的中国"，在经济学和社会学的基础上澄清"中国在特定时空下整个社会秩序的性质或走向"；另一方面，"法律哲学的根本问题，同一切文化性质的'身份'问题和政治性质的'认同'问题一样，都来自活生生的具体的世界空间的体验：来自中国法律制度于当下的具体有限的时间性，同时也来自中国法律制度所负载的历史经验和文化记忆"②。中国"理想图景"之形成须植根于中国的"历史经验"和"文化记忆"，这是一个极为重要的洞识，它涉及邓正来所言的中国转型期三种"知识系统"之间的"紧张、冲突和融合"，换言之，中国"理想图景"之建构还需要引入一种"历时性视角"。遗憾的是，邓正来判定百年来中国论者在研究中国发展问题时一个基本且持续的取向是"固着地依凭一己的认识（sensibility）向西方寻求经验和理论的支援，用以批判中国的传统、界定和评估中国的现状、构设和规划中国发展的目标及其实现的道路"③。这样的总体性反思固然有助于纠正中国学术的"移植"品格，同时也丢失了晚清以降几代学者和思想家寻找"现代中国"认同过程中留下的丰富而复杂的文化资源，加之邓正来对中国古典学术思想脉络的全然陌生和置之不论，使得他有关历史经验和文化记忆的阐述，仅限于无从落实的理论主张，因此也就不难理解他对中国"理想图景"的肯定性界说显得如此

① 罗尔斯：《政治自由主义》，译林出版社1999年版，第461页。
② 邓正来：《谁之全球化？何种法哲学？》，商务印书馆2008年版，第252页。
③ 邓正来：《中国发展研究的检视》，载邓正来：《国家与社会——中国市民社会研究》，四川人民出版社1997年版，第86—87页。

抽象。①

　　纵观最近一百多年来的中国变革，制度转型历经各种"革命"冲击依旧举步维艰，公共领域的基本伦理原则及其价值理念，则因社会运动频繁而难以在民众的生活实践中扎根。中国"理想图景"孕育、生长的"背景文化"，包括植根于中国历史经验和文化记忆中的制度、观念、社会心理和认知模式、行为方式等等，对于当下的中国人来说，或许只能称之为"一个有待发现的谋划"。从积极的角度看，"此刻，中国社会的未来是不确定的，我们必须自己去创造它，也就是说，我们必须自己去确定现代中国的含义"②。

---

① 在去世前不久发表的论文中，邓正来试图构建"生存性智慧理论模式"，在这一构架中阐释血缘亲情网络对于中国社会转型的积极意义，并总结中国发展的实践经验。参见邓正来："生存性智慧"与中国发展研究论纲》，《中国农业大学学报》2010 年第 4 期；"生存性智慧模式"——对中国市民社会研究既有理论模式的检视》，《吉林大学学报》2011 年第 2 期。

② 梁治平：《法治：社会转型时期的制度建构——对中国法律现代化运动的一个内在观察》，收入梁治平：《在边缘处思考》（修订本），法律出版社 2010 年版，第 56 页。

参考文献

一、著作类

[1] 殷海光：《中国文化的展望》，中国和平出版社 1988 年版。

[2] 茅海建：《依然如旧的月色——学术随笔集》，生活·读书·新知三联书店 2014 年版。

[3] 金耀基：《金耀基自选集》，上海教育出版社 2002 年版。

[4] 刘小枫：《现代性社会理论绪论》，上海三联书店 1998 年版。

[5] 丹尼尔·贝尔：《资本主义文化矛盾》，生活·读书·新知三联书店 1989 年版。

[6] 唐文明：《与命与仁——原始儒家伦理精神与现代性问题》，河北大学出版社 2002 年版。

[7] 哈贝马斯：《现代性的哲学话语》，译林出版社 2005 年版。

[8] 金观涛：《历史的巨镜——探索现代社会的起源》，法律出版社 2015 年版。

[9] 格尔茨：《文化的解释》，译林出版社 1999 年版。

[10] 梅洛－庞蒂：《1948 年谈话录》，商务印书馆 2020 年版。

[11] 张灏：《幽暗意识与民主传统》，新星出版社 2006 年版。

[12] 苏国勋：《理性化及其限制——韦伯思想引论》，上海人民出版社 1887 年版。

[13] 金岳霖：《论道》，中国人民大学出版社 2005 年版。

[14] 艾森斯塔特：《反思现代性》，生活·读书·新知三联书店 2006 年版。

[15] 鲁迅：《而已集》，人民文学出版社 2006 年版。

[16] 鲁迅：《且介亭杂文末编》，人民文学出版社 2006 年版。

[17]《章太炎全集》第一卷，上海古籍出版社 1979 年版。

[18]《严复集》第一、三册，中华书局 1986 年版。

[19] 梁启超：《清代学术概论》，上海古籍出版社 1998 年版。

[20]《梁漱溟全集》第一、三、六卷，山东人民出版社 1990—1993 年版。

[21]《潘光旦文集》第 1、2、3、4、5、6、8、9、10 卷，北京大学出版社 1993—2000 年版。

[22]《费孝通文集》第 3、4 卷，团结出版社 1999 年版。

[23] 冯友兰：《中国哲学史新编》第六册，人民出版社 1989 年版。

[24] 冯友兰：《三松堂自序》，人民出版社 1998 年版。

[25] 冯友兰：《贞元六书》上卷，华东师范大学出版社 1999 年版。

[26] 雷海宗：《中国文化与中国的兵》，商务印书馆 2001 年版。

[27] 贺麟：《文化与人生》，商务印书馆 2002 年版。

[28] 钱穆：《国史大纲》，商务印书馆 1997 年版。

[29] 张东荪：《科学与哲学》，商务印书馆 1999 年版。

[30] 张东荪：《张东荪学术文化随笔》，中国青年出版社 2000 年版。

[31]《马克思恩格斯文集》第 1 卷，人民出版社 2009 年版。

[32]《马克思恩格斯全集》第 44 卷，人民出版社 2001 年版。

[33] 钱理群：《我的精神自传》，广西师范大学出版社 2007 年版。

[34] 钱理群：《与鲁迅相遇——北大演讲录之二》，生活·读书·新知三联书店 2003 年版。

[35] 钱理群：《拒绝遗忘》（修订版），中国大百科全书出版社 2009 年版。

[36] 钱理群：《生命的沉湖》，生活·读书·新知三联书店 2006 年版。

[37] 钱理群：《人之患》，浙江文艺出版社 1994 年版。

[38] 钱理群：《致青年朋友——钱理群演讲、书信集》，中国长安出版社 2008 年版。

[39] 邓正来：《国家与社会——中国市民社会研究》，四川人民出版社 1997

年版。

[40] 邓正来：《规则·秩序·无知——关于哈耶克自由主义的研究》，生活·读书·新知三联书店 2004 年版。

[41] 邓正来：《中国法学向何处去》，商务印书馆 2006 年版。

[42] 邓正来：《谁之全球化？何种法哲学？》，商务印书馆 2008 年版。

[43] 邓正来主编：《中国学术规范化讨论文选》，中国政法大学出版社 2010 年版。

[44] 顾准：《顾准文集》，贵州人民出版社 1994 年版。

[45] 王元化：《思辨随笔》，上海文艺出版社 1994 年版。

[46] 罗荣渠：《现代化新论》（增订版），商务印书馆 2004 年版。

[47] 高瑞泉主编：《中国近代社会思潮》，华东师范大学出版社 1996 年版。

[48] 高瑞泉：《中国现代精神传统》，东方出版中心 1999 年版。

[49] 曾乐山：《中西哲学的融合——中国近代进化论的传播》，安徽人民出版社 1991 年版。

[50] 冯契：《中国近代哲学的革命进程》，上海人民出版社 1989 年版。

[51] 朱维铮：《求索真文明——晚清学术史论》，上海古籍出版社 1996 年版。

[52] 朱维铮：《音调未定的传统》，辽宁教育出版社 1995 年版。

[53] 萧公权：《近代中国与新世界：康有为变法与大同思想研究》，江苏人民出版社 1997 年版。

[54] 董光璧主编：《中国近现代科学技术史》（中卷），湖南教育出版社 1997 年版。

[55] 郝翔等：《进化论与中国近代社会观念的变革》，武汉水利电力大学出版社 2000 年版。

[56] 史华兹：《寻求富强：严复与西方》，江苏人民出版社 1989 年版。

[57] 李泽厚：《中国现代思想史论》，安徽文艺出版社 1994 年版。

[58] 李泽厚：《中国近代思想史论》（修订本），安徽文艺出版社 1994 年版。

[59] 汪晖：《汪晖自选集》，广西师范大学出版社 1997 年版。

[60] 汪晖：《现代中国思想的兴起》下卷第二部，生活·读书·新知三联书店2008 年版。

[61] 汪晖：《别求新声：汪晖访谈录》（第二版），北京大学出版社 2010 年版。

[62] 陈旭麓：《近代中国社会的新陈代谢》，上海人民出版社 1992 年版。

[63] 陈旭麓：《浮想偶存》，华东师范大学版社 1997 年版。

[64] 林毓生：《热烈与冷静》，上海文艺出版社 1997 年版。

[65] 林毓生：《中国传统的创造性转化》，生活·读书·新知三联书店 1988 年版。

[66] 林毓生：《现代知识贵族的精神——林毓生思想近作选》，香港中文大学出版社 2023 年版。

[67] 冯客：《近代中国之种族观念》，江苏人民出版社 1999 年版。

[68] ［意］艾儒略：《职方外纪校释》，谢方校译，中华书局 1996 年版。

[69] 爱汉者等编，黄时鉴整理：《东西洋考每月统记传》，中华书局 1997 年版。

[70] 德雷克：《徐继畲及其瀛环志略》，山西人民出版社 1987 年版。

[71] 利玛窦：《中国札记》，中华书局 1983 年版。

[72] 熊月之：《西学东渐与晚清社会》，上海人民出版社 1994 年版。

[73] 张维华：《明清之际中西关系简史》，齐鲁书社 1987 年版。

[74] 《四库全书总目》，中华书局 1965 年版。

[75] 黄时鉴：《中西关系史年表》，浙江人民出版社 1994 年版。

[76] 李约瑟：《中国科学技术史》（第五卷第一分册），科学出版社 1976 年版。

[77] 段治文：《中国现代科学文化的兴起》，上海人民出版社 2001 年版。

[78] 费侠莉：《丁文江：科学与中国新文化》，新星出版社 2006 年版。

[79] Motulsky 主编：《人类遗传学：问题与方法》，人民卫生出版社 1999 年版。

[80] 苏联科学院民族研究所编：《原始社会史——一般问题、人类社会起源问题》，浙江人民出版社 1990 年版。

[81] 蔡俊生：《文明的跃升》，文汇出版社 1992 年版。

[82] 爱德华·威尔逊：《人类本性原论》，中国台湾桂冠股份有限出版公司

1992 年版。

[83] 利奇:《列维－斯特劳斯》,昆仑出版社 1999 年版。

[84] 潘乃穆等编:《中和位育》,中国人民大学出版社 1999 年版。

[85] 陈理等编:《潘光旦先生百年诞辰纪念文集》,中央民族大学出版社 2000 年版。

[86] 闻黎明、侯菊坤编:《闻一多年谱长编》,湖北人民出版社 1994 年版。

[87] 邹韬奋:《经历·抗战以来》,生活·读书·新知三联书店 1958 年版。

[88] 马勇:《梁漱溟评传》,安徽人民出版社 1992 年版。

[89] 许纪霖:《中国知识分子十论》,复旦大学出版社 2003 年版。

[90] 阿古什:《费孝通传》,时事出版社 1985 年出版。

[91] 房德邻:《儒学的危机与嬗变——康有为与近代儒学》,文津出版社 1992 年版。

[92] 黄克武:《自由的所以然:严复对约翰·弥尔自由主义思想的认识与批判》,上海书店出版社 2000 年版。

[93] 安乐哲:《和而不同:比较哲学与中西会通》,北京大学出版社 2002 年版。

[94] 余英时:《现代儒学论》,上海人民出版社 1998 年版。

[95] 余英时:《钱穆与中国文化》,上海远东出版社 1994 年版。

[96] 李强:《自由主义》,中国社会科学出版社 1998 年版。

[97] 拉吉罗:《欧洲自由主义史》,吉林人民出版社 1999 年。

[98] 狄百瑞:《中国的自由传统》,联经出版公司 1983 年版。

[99] 哈佛燕京学社、三联书店主编:《儒家与自由主义》,生活·读书·新知三联书店 2001 年版。

[100] 顾潮:《历劫终教志不灰》,华东师范大学出版社 1997 年版。

[101] 李泉:《傅斯年学术思想评传》,北京图书馆出版社 2000 年版。

[102] 俞可平:《社群主义》,中国社会科学出版社 1998 年版。

[103] 席勒:《人本主义研究》,上海人民出版社 1963 年版。

[104] 杨怀忠:《公共领域论》,人民出版社 2009 年版。

[105] 陈振明：《理解公共事务》，北京大学出版社 2007 年版。

[106] 萧功秦：《中国的大转型》，新星出版社 2008 年版。

[107] 阿伦特：《人的境况》，上海人民出版社 2009 年版。

[108] 陈弱水：《公共意识与中国文化》，新星出版社 2006 年版。

[109] 黑格尔：《法哲学原理》，商务印书馆 1996 年版。

[110] 埃利亚斯：《文明的进程》（第一卷），上海译文出版社 2009 年版。

[111] 列维－斯特劳斯：《神话学：餐桌礼仪的起源》，中国人民大学出版社 2007 年版。

[112] 陈来：《古代宗教与伦理——儒家思想的根源》，生活·读书·新知三联书店 1996 年版。

[113] 王启发：《礼学思想体系探源》，中州古籍出版社 2005 年版。

[114] 吾淳：《中国社会的伦理生活》，中华书局 2008 年版。

[115] 李安宅：《〈仪礼〉与〈礼记〉之社会学的研究》，上海人民出版社 2005 年版。

[116] 北岛、李陀主编：《七十年代》，生活·读书·新知三联书店 2009 年版。

[117] 查建英：《八十年代访谈录》，生活·读书·新知三联书店 2006 年版。

[118] 许纪霖、罗岗等：《启蒙的自我瓦解——1990 年代以来中国思想文化界重大论争研究》，吉林出版有限责任公司 2007 年版。

[119] 甘阳编：《八十年代文化意识》，上海人民出版社 2006 年版。

[120] 郑永年：《中国模式：经验与困局》，浙江人民出版社 2010 年版。

[121] 吴晓波：《吴敬琏传——个中国经济学家的肖像》，中信出版社 2010 年版。

[122] 罗尔斯：《政治自由主义》，译林出版社 1999 年版。

[123] 布迪厄、华康德：《实践与反思——反思社会学导引》，中央编译出版社 1998 年版。

[124] 吉登斯：《社会学方法的新规则》，社会科学文献出版社 2003 年版。

[125] 吉登斯：《现代性的后果》，译林出版社 2000 年版。

[126] 贝克：《风险社会》，译林出版社 2004 年版。

[127] 沃勒斯坦：《现代世界体系》第 1 卷，高等教育出版社 1998 年版。

[128] 昂格尔：《现代社会中的法律》，译林出版社 2001 年版。

[129] 丹尼尔·贝尔：《后工业化社会的来临》，商务印书馆 1984 年版。

[130] 罗兹曼：《中国的现代化》，江苏人民出版社 1989 年版。

[131] 王晓明：《在新意识形态的笼罩下——90 年代的文化和文学分析》，江苏人民出版社 2000 年版。

[132] 梁治平：《在边缘处思考》（修订本），法律出版社 2010 年版。

[133] 梁治平主编：《转型期的社会公正：问题与前景》，生活·读书·新知三联书店 2010 年版。

二、论文类

[1] 哈贝马斯：《现代性：一项未完成的方案》，收入《现代性基本读本》，河南大学出版社 2005 年版。

[2] 列奥·施特劳斯：《现代性的三次浪潮》，收入《现代性基本读本》，河南大学出版社 2005 年版。

[3] 沃格林：《理性：古典经验》，载《思想与文化》第 29 辑，华东师范大学出版社 2023 年版。

[4] 叶颖：《反启蒙者沃格林》，载《思想与文化》第 29 辑，华东师范大学出版社 2023 年版。

[5] 张灏：《我的学思历程》，收入张灏：《转型时代与幽暗意识》，上海人民出版社 2018 年版。

[6] 瓦莱士：《〈近代的正当性〉英译者导言》，南京大学马克思主义社会理论研究中心"实践与文本"网站。

[7] 张志扬：《启蒙思想中死去的和活着的》，《中国书评》1994 年第 4 期。

[8] 尚杰：《现代性与后现代性的基本特征》，《中国社会科学报》2022 年 5 月 30 日。

[9] 万俊人:《现代性的多元镜鉴》,载《中国社会科学》2022 年第 7 期。

[10] 史华慈:《中国与当今千禧年主义——太阳底下的一桩新鲜事》,载史华慈:《思想的跨度与张力——中国思想史论集》,中州古籍出版社 2009 年版。

[11] 童世骏:《"说到底是一个道德问题"——探寻"多重现代性"概念的规范性内容》,见 http://www.xschina,org。

[12] 陈独秀:《〈新青年〉罪案之答辩书》,载《陈独秀文章选编》,生活·读书·新知三联书店 1984 年版。

[13] 陈独秀:《〈科学与人生观〉序一》,载张君劢等:《科学与人生观》,黄山书社 2008 年版。

[14] 胡适:《〈科学与人生观〉序二》,载张君劢等:《科学与人生观》,黄山书社 2008 年版。

[15] 胡适:《我们对于西洋近代文明的态度》,载《胡适文存》(三),黄山书社 1996 年版。

[16] 张君劢:《人生观论战之回顾》,载《民族复兴之学术基础》,中国人民大学出版社 2006 年版。

[17] 陈兼善:《进化论发达史略》,载《民铎》第 3 卷第 5 号,1922 年 12 月 1 日。

[18] 马自毅:《进化论在中国的早期传播与影响》,载《文化史研究集刊》第五辑,复旦大学出版社 1987 年版。

[19] 张汝伦:《理解严复——纪念〈天演论〉发表一百周年》,载《读书》1998 年第 11 期。

[20] 汤志钧:《大同"三世"和天演进化》,载《史林》2002 年第 2 期。

[21] 刘学礼:《西方生物学的传入与中国近代生物学的萌芽》,载《自然辩证法通讯》1991 年第 6 期。

[22] 汪子春、张秉伦:《达尔文学说在中国的传播和影响》,载陈世骧主编:《进化论研究》,科学出版社 1983 年版。

[23] 李强:《严复与中国近代思想的转型》,载刘桂生等主编:《严复思想新论》,清华大学出版社 1999 年版。

[24] 洪业:《考利玛窦世界地图》,载《洪业论学集》,中华书局 1981 年版。

[25] 龚缨晏:《鸦片战争前中国人对英国的认识》,载《东西文化交流论集》,上海文艺出版社 1998 年版。

[26] 钱世训:《近世译书对中国现代化的影响》,载《文献》1986 年第 3 期。

[27] 章鸣九:《〈瀛环志略〉与〈海国图志〉比较研究》,载《近代史研究》1992 年第 1 期。

[28] 邢义田:《天下一家——中国人的天下观》,载《中国文化新论·根源篇》,经联出版事业公司 1984 年版。

[29]《大江会》,侯菊坤整理,载《近代史资料》总 80 号,中国社会科学出版社 1992 年版。

[30] 吕文浩:《议政型自由主义一例——潘光旦》,载香港《二十一世纪》1996 年第 6 期。

[31] 孔飞力:《封建、郡县、自治、立宪——晚清学者对中国政体的理解与倡议》,载《国外中国近代史研究》第 27 辑,中国社会科学出版社 1995 年版。

[32] 刘清平:《论孔孟儒学的血亲团体性特征》,载《哲学门》第一卷第一册,湖北人民出版社 2000 年版。

[33] 伯林:《两种自由概念》,载《市场逻辑与国家观念》,生活·读书·新知三联书店 1995 年版。

[34] 哈贝马斯:《公共领域》,载汪晖、陈燕谷主编:《文化与公共性》,生活·读书·新知三联书店 1998 年版。

[35] 王新生:《现代公共领域:市民社会的次生性层级》,载《教学与研究》2007 年第 4 期。

[36] 章建刚:《儒家伦理、市场伦理和普遍伦理》,载《哲学研究》2000 年第 2 期。

[37] 沈毅:《"家""国"关联的历史社会学分析——兼论"差序格局的宏观建构"》,载《社会学研究》2008 年第 6 期。

[38] 沙莲香:《北京市民公共行为文明指数研究的主导观念——兼说民族性建

设》，载《中国农业大学学报》（社会科学版）2007年第1期。

[39] 王国维：《殷周制度论》，载《观堂集林》，河北教育出版社2001年版。

[40] 姜义华：《小农中国伦理本位的制礼作乐：〈礼记〉文化内涵》，载《现代性：中国重撰》，北京师范大学出版社2008年版。

[41] 邓正来：《关于"国家与市民社会"框架的反思与批判》，载《吉林大学社会科学学报》2006年第3期。

[42] 邓正来：《我的学术道路》，载《学术界》2007年第5期。

[43] 邓正来：《我的学术之路与中国社会科学的发展——在受聘西南政法大学名誉教授晚会上的致辞》，载《现代法学》2004年第3期。

[44] 邓正来：《临界：中国青年学者的使命与担当》，载《华东政法学院学报》2006年第2期。

[45] 邓正来：《中国社会科学辑刊》复刊词，载邓正来主编《中国社会科学辑刊》冬季卷，2008年12月（总第25期）。

[46] 邓正来：《"生存性智慧"与中国发展研究论纲》，载《中国农业大学学报》2010年第4期。

[47] 邓正来：《"生存性智慧模式"——对中国市民社会研究既有理论模式的检视》，载《吉林大学学报》2011年第2期。

[48] 王晓明：《人文精神讨论十年祭》，载《上海交通大学学报》（哲学社会科学版）2004年第1期。

[49] ［美］彼得·卡赞斯坦：《多元多维文明构成的世界》，载《世界经济与政治》2010年第11期。

责任编辑：曹　春

封面设计：木　辛

图书在版编目（CIP）数据

中国文化传统在现代化进程中的传承与转化研究／曹丽，杨胜荣　著 . —
　　北京：人民出版社，2024.3

ISBN 978 - 7 - 01 - 026304 - 5

I.①中… 　 II.①曹… ②杨… 　 III.①中华文化－关系－现代化建设－研究－
　　中国 　 IV.① K203 ② D61

中国国家版本馆 CIP 数据核字（2024）第 032552 号

中国文化传统在现代化进程中的传承与转化研究
ZHONGGUO WENHUA CHUANTONG ZAI XIANDAIHUA JINCHENG ZHONG DE
CHUANCHENG YU ZHUANHUA YANJIU

曹　丽　杨胜荣　著

人民出版社 出版发行

（100706　北京市东城区隆福寺街 99 号）

北京九州迅驰传媒文化有限公司印刷　新华书店经销

2024 年 3 月第 1 版　2024 年 3 月北京第 1 次印刷
开本：710 毫米 × 1000 毫米 1/16　印张：13.75
字数：198 千字

ISBN 978 - 7 - 01 - 026304 - 5　定价：88.00 元

邮购地址 100706　北京市东城区隆福寺街 99 号
人民东方图书销售中心　电话（010）65250042　65289539